Rita Hartleb
Nicaragua – Experiment Paradies
Ein Erfahrungsbericht

Bibliografische Information der Deutschen Nationalbibliothek
Die Deutsche Nationalbibliothek verzeichnet diese Publikation
in der Deutschen Nationalbibliografie; detaillierte bibliografische
Daten sind im Internet über http://dnb.d-nb.de abrufbar.

1. Auflage 2014, 1.000 Exemplare
© 2014 BUCHER Verlag
Hohenems – Wien – Vaduz
www.bucherverlag.com
Alle Rechte vorbehalten

Text: Rita Hartleb
Fotos: Rita Hartleb (RH), Manuel Böck (MB), Marian Sztab (MS)
Lektorat: Robert Lackner, Dornbirn
Gestaltung: Bruno Reis, Hohenems
Papier: 300g Conqueror gerippt;
100g Munken Print 15; 135g Core Silk
Produktion: BUCHER Druck, Hohenems
Gedruckt auf FSC- und PEFC-zertifiziertes Papier

Printed in Austria

ISBN 978-3-99018-243-7

Rita Hartleb

Experiment Paradies

NICARAGUA

BUCHER

Inhaltsverzeichnis

*Verweise auf einzelne Bilder sind unter
Hinweis auf die Bildnummer in den Text
eingefügt, z. B. (s. F1)*

Wie alles begann

Es ist Mai 2012, ich sitze hier in meinem Paradies und beginne zu schreiben. Vor einigen Jahren sagte ich in einem Spanischkurs auf die Frage, was wir in unserem Leben Besonderes machen wollen, ganz spontan, ich werde irgendwann ein Buch schreiben. Damals war mein Umfeld ein ganz anderes. Ich arbeitete für eine Telekommunikationsfirma in Wien und war immer sehr gestresst, wenn ich zum Kurs kam. Trotzdem versäumte ich keine Stunde, um ja nichts von dem zu vergessen, was ich schon gelernt hatte. Schließlich wollte ich etwas in meinem Leben ändern. Ich spürte schon längst, dass das, was ich machte, nicht mehr richtig zu mir passte. Jeden Tag von Montag bis Freitag in der Früh durch den Verkehrsstau ins Büro eilen, jede Woche bereits am Donnerstag ein gewisses Gefühl der Überarbeitung zu spüren, jedes Jahr werden die persönlich zu erreichenden Ziele in der Firma nach oben geschraubt. Wo soll das hinführen? Diese Frage stellte ich mir immer öfter. Brauchen wir wirklich alles, was wir besitzen? Wofür arbeiten wir so viel? Schließlich sind meine Söhne erwachsen und leben ihr eigenes Leben. Gibt es eine einfachere Art zu leben, ohne Stress, ohne diesen Druck?

Wenn ich den Blick hebe, sehe ich das Meer und eine nicht endende Weite. In mir ist Ruhe, wenn ich das Bild aufnehme. Ein paar Wolken ziehen am Himmel dahin und einige Zopilote kreisen, das sind große, schwarze, elegante Rabengeier. Es ist schön warm, eine leichte Brise kommt durch das offene Fenster, Zikaden höre ich, ein gelber Schmetterling fliegt am Fenster vorbei. Ein Vogel pfeift fröhlich vor sich hin, ein anderer mit grellgelbem Bauch kreischt und fliegt ganz aufgeregt auf die Fensterbank, um sich im spiegelnden Glas zu betrachten. Über dem Swimmingpool tummeln sich zwei Libellen. Die kommen gern, da es hier Wasser gibt. Erde und Pflanzen sind mittlerweile sehr trocken, und die Tiere suchen jeden Tropfen Wasser. Ein Gecko hat sich gerade bemerkbar gemacht. Diese lieben kleinen, eidechsenartigen Tierchen sind meine Haustiere, und es gibt sie überall auf der Terrasse und im Haus. Sie vertilgen ganz schön viele Insekten. Diese Atmosphäre und die Wärme liebe ich. Das ist der ideale Platz zum Träumen und die Seele baumeln lassen.

Die Ankunft

Mehr als fünf Jahre liegen zwischen diesen zwei Welten, und ungefähr vierzehn Flugstunden. Ich habe mein Paradies gefunden. Alles begann damit, dass mein jüngerer Sohn Auslandszivildienst machte und in Nicaragua landete. Für mich war klar, dass ich ihn besuchen werde. Reisen war meine große Leidenschaft. Jeden Urlaubstag nutzte ich damals, um neue Gegenden und Regionen dieser Welt kennenzulernen. So machte ich mich Mitte Dezember 2006 auf den Weg über Madrid nach San José in Costa Rica. Ich erinnere mich genau, wie schön warm es war, als ich aus dem Flughafengebäude trat. Sofort war ich umschwirrt von vielen Taxifahrern mit lateinamerikanischem Temperament. Aber ich wurde von Silvio abgeholt und hielt Ausschau nach ihm. Es dauerte nicht lange und er entdeckte mich. Unrasiert, einen kleinen Rucksack auf dem Rücken und eine Gitarre in der Hand, so umarmte und begrüßte er mich. Schließlich hatten wir uns mehr als neun Monate nicht gesehen und freuten uns sehr auf diesen Moment. Er brachte einen Taxifahrer aus der Stadt mit, der führte uns in ein Hotel gleich um die Ecke der Bushaltestelle. Der Besitzer zeigte uns das Zimmer und meinte, er werde uns die Betten zusammenstellen. Silvio und ich amüsierten uns. Es schien, er hatte den Eindruck, dass ich mit meinem jungen Liebhaber hier bin. Silvio erklärte ihm, das sei nicht notwendig, da ich seine Mutter sei. Er tat ganz erstaunt und meinte, ich sehe sehr jung aus. Jede 46-jährige Frau hört so etwas gern, und ich würde erleben, dass solche und ähnliche Momente immer wieder vorkommen. Obwohl es fast Mitternacht war, plauderten wir noch lange im Innenhof des Hotels, schließlich gab es viel zu erzählen.

Mich faszinierte, wie fließend Silvio Spanisch sprach. Er konnte kein Wort, als er sich zu seinem Abenteuer aufmachte. Natürlich sagte er, er mache viele Fehler, aber er konnte sich perfekt verständigen, und ich war froh darüber, da ich merkte, dass ich trotz meiner Kurse in der Volkshochschule und am Lateinamerikanischen Institut praktisch hilflos war. Vor allem verstand ich fast gar nichts. Und wenn ich etwas sagen wollte, suchte ich verzweifelt nach dem richtigen Vokabular.

Das zeitige Aufstehen fiel durch die Zeitverschiebung sehr leicht. Im Hotel gab es Frühstück, mein erstes Gallo Pinto, Reis mit Bohnen, die Nationalspeise in Costa Rica und in Nicaragua. Vor allem bei den armen Leuten kommt diese Speise täglich auf den Tisch, und ich liebe sie. Anschließend fuhren wir mit dem Bus von San José nach Nicaragua. Es war sehr beeindruckend, wunderschöne Landschaften, meine ersten Kaffeeplantagen sah ich entlang der Panamericana, überall war es sehr grün, die großen Bäume, aber auch die Bananenplantagen, alles war besonders. Die Panamericana ist teilweise sehr kurvig und hat viele Steigungen. Sie ist die einzige Nord-Süd-Verbindung, alle großen Lastwagen fahren hier, und trotzdem ist sie nur zweispurig, eine Spur Richtung Süden, eine Richtung Norden. Da heißt

es oft, über weite Strecken hinter einem sich langsam empor-
arbeitenden Lkw herfahren. Aber wenn der Bus freie Fahrt
hatte, war er ganz schön zügig unterwegs.

Nach Stunden erreichten wir die Grenze. Und damit begann eine umfangreiche Prozedur. Eine lange Lkw-Kolonne
wartete auf die Abfertigung, auf der einzigen Spur, die zur
Grenze führte. Also begann der Bus zu überholen, was spannend wurde, als Gegenverkehr kam. Der Busfahrer setzte
zurück, bis er eine Lücke zwischen zwei Lastwagen fand.
Das wiederholte sich noch zweimal, bis wir es endlich zur
Grenze geschafft hatten. (Mittlerweile müssen Busse diese
Hürde nicht mehr nehmen, da die Spur zur Grenze verbrei-
tert wurde.) Die Pässe wurden dem Busbegleiter gegeben,
dann hieß es warten, bis alle den Ausreisestempel von Costa
Rica bekommen hatten. Dasselbe galt für die Einreise nach
Nicaragua – ein paar Dollar für die Staatskasse sind obliga-
torisch für den Erhalt des Einreisestempels in den Pass. Dann
wurde ein Teil der Koffer überprüft. Ich hatte Glück, meine
blieben unkontrolliert. Was wäre passiert mit all dem Käse,
dem Brot, dem Speck, der Schokolade, den Gummibärlis und
all den guten Sachen? Insgesamt 17 kg gutes österreichisches
Essen waren in der Reisetasche, das ich für die fünf österreichischen Zivildiener mitgebracht hatte. Sie freuten sich schon
seit Wochen auf diese Köstlichkeiten aus der Heimat. Nach
Monaten Reis und Bohnen essen, war das eine willkommene
Abwechslung auf dem Speisezettel. Nach Beendigung der
Kontrollen ging es weiter. Die ersten Kilometer in Nicaragua
waren spannend für mich. Ich hatte den Eindruck, die Häuser
und Hütten an der Panamericana waren kleiner, etwas
ärmlicher als in Costa Rica. Da und dort sah man Müll entlang der Straße, hauptsächlich bunte Plastiktüten, die der

Wind in der Gegend verteilte. Aber da kamen wir zum Nicaraguasee, und es tat sich ein tolles Bild auf. Die zwei Vulkane im See leuchteten in der Abendsonne, beide mit einer rosaroten Wolkenhaube, sehr beeindruckend. Der Vulkan Maderas ist der etwas kleinere im Süden, der höhere Concepción bildet den nördlichen Teil der Insel Ometepe. Die Einheimischen nennen den See auch Cocibolca. Er ist mit zirka 180 km Länge und fast 70 km Breite nach dem Titicacasee der zweitgrößte in ganz Lateinamerika. Im See gibt es mehr als 400 Inseln. Früher lebten Bullenhaie mit einer Länge von bis zu drei Metern im See. Es wurde aber schon jahrelang keiner mehr gesichtet. In der Zeit des Diktators Somoza, hört man, wurden sie fleißig gejagt.

In La Virgen, einer kleinen Ortschaft am See, stiegen wir aus dem Bus. Hier ist die Abzweigung nach San Juan del Sur. Wir stellten uns an den Straßenrand und warteten auf den nächsten Bus. Der war zwar schon voll, aber mit etwas gutem Willen gingen noch ein paar Leute mehr hinein. Die Reisetasche kam auf das Dach, der Koffer in den Bus. Nun begann das letzte Stück meiner Anreise. Schlimmer konnte es gar nicht kommen. Wir wurden gerüttelt und geschüttelt, noch nie in meinem Leben fuhr ich auf so einer schlechten Straße. Sogar die Feldwege bei uns sind um Welten besser als diese Straße, die zum wichtigsten Tourismusort von Nicaragua führt. Der Bus fuhr rechts, links, immer hin und her auf der Suche nach dem kleinsten Loch. Und am Horizont ging langsam die Sonne unter. Der Abendhimmel war orangegelb über den Hügeln im Westen. Leider schafften wir es nicht zum Sonnenuntergang am Meer. Ungefähr sechs Uhr war es, als wir nach San Juan kamen. Ich sah gar nichts, es war stockdunkel. Silvio sagte: „Wieder einmal Stromausfall, das ist hier ganz normal." Heute, mehr als sieben Jahre später, hat sich daran nicht allzu viel geändert. Der Unterschied zu damals, es kommt nicht mehr so häufig vor und es gibt mittlerweile Geschäfte und viele Restaurants mit einem Generator, somit ist die Stadt auch ohne Strom nicht so finster wie damals bei meiner Ankunft. Die Auswirkungen dieser Unterbrechungen sind unterschiedlichster Natur, ich freute mich auf einen guten Espresso, leider nein, hieß es im Kaffeehaus – Stromausfall. Handyguthaben aufladen, nicht möglich – Stromausfall. Internet, zurzeit nicht verfügbar – Stromausfall. Diese Situation gibt es mindestens einmal, oft mehrmals pro Woche, und es kann nur kurz oder stundenlang dauern. In Nicaragua regt sich niemand darüber auf, das ist ganz normal.

In Nicaragua gibt es zwei Telefonanbieter, einer ist Movistar, ein Tochterunternehmen der spanischen Firma Telefónica, der zweite ist ein mexikanisches Unternehmen, das hier in Nicaragua „Claro" heißt und den lateinamerikanischen Markt sehr gut besetzt. Diese zwei Anbieter teilen sich den nicaraguanischen Kuchen. Der Besitzer des mexikanischen Anbieters ist zurzeit der reichste Mann der Welt, und das wundert mich nicht. Die Preise hier sind nicht gerade niedrig und vor allem von einem Netz in das andere ganz schön saftig, sicher zehnmal so hoch wie in Österreich. Wenn man sieht, wie ärmlich viele der Menschen hier wohnen, wundert man sich, dass jeder mit einem Mobiltelefon durch die Gegend rennt, selbst die Kinder. Die Prioritäten sind ganz klar: Essen, Fernseher, Mobiltelefon, erst dann kommt die Wohnqualität.

San Juan del Sur

Mein erster Eindruck von San Juan war also im wahrsten Sinne des Wortes finster. Das dauerte etwas mehr als eine Stunde, dann kam der Strom und es wurde hell in der Stadt. Nicht so hell wie in unseren Städten. Wir nahmen Quartier bei einer Frau in der Nähe der Busstation, ganz einfach, die Dusche am Gang, unter dem Dach war ein breiter Spalt einfach offen. Entsprechend konnte man alles, was sich draußen abspielte, drinnen hören. Da gab es die seltsamsten Geräusche, zu fortgeschrittener Stunde auch eindeutige. Irgendwann zwischen Mitternacht und in der Früh hörten wir Trommelwirbel und Geschrei, Böller gingen los, so laut, dass wir unwillkürlich hellwach in den Betten saßen. Silvio rannte zur Straße, um zu sehen, was da los war. Eine Gruppe von Leuten verschwand um die Ecke, ein Trommler machte das Schlusslicht. Am nächsten Tag erfuhren wir, dass da ein Heiliger gefeiert worden war. Diese Feiern gibt es hier ein paar Mal im Jahr und immer gleich mehrere Tage, sprich Nächte lang. Keinen scheint dieser Lärm zu stören.

Mit Tagesanbruch begann das Leben draußen. Da hörte man die Busse hupen, und lautstark verkündeten die Busbegleiter das Fahrtziel. Genauso riefen die Taxifahrer „Rivas, Rivas, Rivas ..." Ungefähr ab dem dritten Tag schaffte ich es, die Geräuschkulisse beim Schlafen auszublenden. Das ist gut hier, wenn man das kann. Zwei Zivildienerkollegen von Silvio kamen und holten die Reisetasche mit den Lebensmitteln ab. Wir tranken gemeinsam einen Jugo natural, einen frisch zubereiteten Fruchtsaft. Es ist köstlich, was da angeboten wird, Saft aus Orangen, Mandarinen, Ananas, Bananen, Melonen, Wassermelonen, Maracuja, Tamarindo usw., oder auch gemischt. Was die Natur gerade anbietet. Die Früchte kommen in den Mixer mit Wasser, Eiswürfeln und Zucker dazu. Für den westeuropäischen Geschmack empfiehlt es sich, um wenig Eis und ohne Zuckerzusatz zu bitten, da der Saft sonst sehr süß ist.

Zum ersten Mal sah ich die hufeisenförmige Bucht *(s. F1, F2)*. Sie ist einfach traumhaft schön und das Wahrzeichen von San Juan. Viele kleine Fischerboote, sogenannte Pangas, waren im Hafen, einige Segelboote und einige private Motorboote. Das Zentrum der Stadt besteht aus ein paar Straßen parallel zum Strand, ein paar im rechten Winkel dazu in Richtung Meer, der Kirche mit dem Parque (Kirchplatz) davor, vielen kleinen Geschäften, dem Mercado, das ist der Markt mit Obst- und Gemüseständen, einer Fleischerei und Comedores (einfache Essplätze). Entlang der Bucht gibt es Restaurants und Bars. Alles ist sehr bunt und einfach.

Reiche Einheimische aus Managua haben hier ihre Zweitwohnsitze, und mittlerweile gibt es immer mehr Ausländer, die sich teilweise oder ganz hier niedergelassen haben. Besonders beliebt ist die Gegend bei den Surfern. Das Touristenstädtchen erwacht zu Weihnachten, Neujahr und in der Osterwoche. Wer kein Partytiger ist, meidet die Gegend dann lieber. Denn dann geht es richtig ab in San Juan. Man bekommt kein freies Bett, und die Preise sind fast doppelt so hoch zu dieser Zeit. Vor allem Nicaraguaner strömen in Massen in das Städtchen. Am Strand werden Stände mit Essen und Trinken, Bühnen für Discos und Livemusik aufgebaut, und dann wird gefeiert, nach dem Motto „je lauter, desto besser".

San Juan ist ein ehemaliges Fischerdorf, heute ein Städtchen mit ungefähr 17.000 Einwohnern, wovon aber nur ungefähr 8.000 im städtischen Gebiet wohnen, der Rest verteilt sich auf etwas mehr als 400 Quadratkilometer Gemeindegebiet, das ist ungefähr die Fläche von ganz Wien. Fünfzig Kilometer grenzen an die Pazifikküste, ungefähr vierzig weitgehend unberührte Strände gehören zu diesem Paradies für einheimische und ausländische Touristen. Bereits 1523 wurde diese geschützte Bucht von den Spaniern entdeckt. Wirkliche Bedeutung erreichte das Gebiet aber erst zur Zeit des kalifornischen Goldrausches in der Mitte des neunzehnten Jahrhunderts. Vor der Fertigstellung der amerikanischen transkontinentalen Eisenbahn ging durch San Juan del Sur der schnellste, kürzeste und sicherste Weg von Ost- nach Westamerika. Ausgehend von der Karibikküste über den Rio San Juan und den Nicaraguasee reisten tausende Nordamerikaner bis zum Pazifik. Sie mussten nur die kurze Strecke vom See über Rivas nach San Juan auf dem Landweg zurücklegen. Damals wurde auf der Trasse der heutigen La Chocolata *(s. F18)*, das ist die alte Verbindungsstraße von San Juan nach Rivas, eine Eisenbahn gebaut. Heute stehen dort noch ein Windrad und ein Wassertank als Überbleibsel aus dieser Zeit. In der geschützten Bucht bestiegen die Abenteurer, Reisenden und Goldsucher wieder ein Schiff, und es ging weiter Richtung Norden. Auch Mark Twain nahm einst diese Route.

Heute ist San Juan Ziel vieler Kreuzfahrtschiffe, kleinere mit Segeln, aber auch große mit mehr als 2.500 Passagieren an Bord. Wenn eins vor Anker liegt, ist immer viel los in der Stadt. In der Früh wartet eine Vielzahl von Bussen auf die Touristen, um sie nach Granada und Masaya zu bringen. Andere besuchen die Strände der Umgebung oder bummeln der Bucht entlang oder in der Stadt und geben ein paar Dollar im einen oder anderen Restaurant aus.

Playa el Coco

Weiter ging die Reise mit dem Taxi zum Playa el Coco *(s. F3)*, dort leistete Silvio seinen Zivildienst ab. Es war ein Tourismusprojekt. Ein ehemaliger Tiroler Jesuitenpater hatte hier auf einem wunderschönen Areal Häuser zum Vermieten gebaut, ein Restaurant, ein kleines Geschäft, eine Schule. Er vermittelte den Einheimischen Arbeit und Bildung. Sie bekamen einen angemessenen Lohn und Essen. Zur Ausbildung kamen immer Zivildiener aus Österreich. Mittlerweile hatte der fast Achtzigjährige einen nicaraguanischen Geschäftsführer eingesetzt und das Projekt hatte den Sozialcharakter verloren. Daher war Silvio dort der letzte Zivildiener aus Österreich. Er arbeitete im Restaurant, wo er die Damen, alles Küchenpersonal war weiblich, Hygiene und internationale Küche lehren sollte. Das Restaurant ist wunderschön gelegen, direkt am Strand. Playa el Coco hat als Wahrzeichen einen sehr markanten Felsen mit Kakteen auf dem Hügel. Jeder, der einmal da war, wird dieses Symbol sofort zuordnen können. Der helle Sandstrand erstreckt sich mehr als einen Kilometer lang Richtung Süden, die Berge der nördlichsten Halbinsel Costa Ricas erscheinen ganz nahe, das Wasser der Wellen, die sich in Strandnähe mit gewaltigem Getöse brechen, ist glasklar. Die Sonnenuntergänge sind unvergesslich schön, und es ist jeden Tag einer der Höhepunkte, wie die orangegelbe bis rote Kugel langsam im Meer versinkt und dann den Himmel einfärbt in allen warmen Farbtönen, die so sehr beeindrucken.

In der Früh saß Silvios Kollege im Rancho (überdachte Terrasse) auf dem Sessel, als ob er auf etwas wartete. Nach dem Duschen, als ich ihn immer noch sitzend, wartend, beobachtend oder träumend sah, fragte ich ihn, was er hier mache, da meinte er „Schauen". Das war komisch. Einfach sitzen und schauen? Wir sind es doch gewohnt, ständig etwas Nützliches zu tun oder wenigstens lesen oder fernsehen oder im Internet surfen. Nun ja, einen Fernseher gab es hier nicht. Überrascht war ich, als ich mich drei Tage später selbst dabei ertappte, einfach nur dazusitzen, inmitten der grünen Bäume, die Umgebung betrachtend, die Natur und die zwitschernden Vögel beobachtend, vor mich hin sinnierend. Ich war ganz entspannt. Damals gewann ich eine wichtige Erkenntnis. Wir in unserer Welt haben weder die Zeit noch die Muße, uns so zu entspannen und einfach nichts zu tun. Immer gibt es da etwas, das ablenkt. Ich merkte, wie ich mich Tag für Tag mehr auf diese Lebensart einlassen konnte, und wie ich zunehmend innere Ruhe fand. Hier war der richtige Platz dafür. Natürlich war ich im Urlaub, aber selbst dann war ich sonst immer aktiv und fühlte mich immer gedrängt, etwas Neues zu unternehmen und zu erleben. Der Tagesablauf hier unterstützte die Entspannung. Meistens aß ich im Restaurant, spazierte an den Strand, legte mich unter einen Baum, ging ins herrlich warme Wasser schwimmen, las ein Buch in der Hängematte im Rancho am Strand, plauderte zwischendurch mit den Zivildienern, das alles bei wunderschönem Ambiente. Ab und zu machte ich

Wanderungen dem Strand entlang. Am Abend saßen wir oft stundenlang zusammen und plauderten. Irgendwann sagte ich so zum Spaß: „Eigentlich bin ich ja nur hergekommen, um zu sehen, ob Nicaragua für einen Alterswohnsitz geeignet ist." Silvio hörte das und hakte gleich ein. „Ja, Mama, kauf dir ein Grundstück, jetzt ist es noch billig, aber es wird immer teurer ..." Und er war ganz begeistert und ließ nicht mehr locker, die Idee gefiel ihm sehr. Das war die Geburtsstunde meines nicaraguanischen Experiments.

Eines Abends fuhren wir an den Strand La Flor, nicht weit weg vom Playa Coco. Dort ist ein geschütztes Resort für die Fortpflanzung der Oliv-Bastardschildkröte. Sie wird etwa 70 Zentimeter lang und 50 Kilogramm schwer und zählt zu den kleineren Arten der Meeresschildkröten. Vor allem zwischen August und November kommen sie in Massen an den Strand zur Eiablage, aber auch außerhalb dieser Zeit kann man Glück haben und diesem eindrucksvollen Ereignis beiwohnen. Hier werden die Eier beschützt vor Dieben. Die Einheimischen lieben diese Delikatessen, daher gibt es damit gutes Geld zu verdienen. Dies gilt es zu verhindern, damit diese großartigen Meerestiere überleben. Wir bekamen von den Aufsehern genaue Instruktionen. Man darf auf keinen Fall die Taschenlampe einschalten, frühestens, wenn die Schildkröte beim Eierlegen ist, von hinten leuchten, um die Eier herausplumpsen zu sehen. Ideal wäre ein rotes Licht. Die Schildkröten orientieren sich bei der Rückkehr ins Meer am spiegelnden Mondlicht im Wasser. Wenn sie nun durch eine andere Lichtquelle abgelenkt werden, finden sie nicht mehr ins Wasser zurück. Wir gingen am Strand gemeinsam mit einem Naturwächter auf die Suche nach Schildkröten, und nach etwas Geduld wurden wir fündig. Das tischgroße, gepanzerte Tier grub eifrig ein großes Loch mit den vorderen Flossen, dann begann es mit der Eiablage. In kurzen Abständen plumpsten immer nacheinander zwei tischtennisballgroße Eier in die Sandgrube. Es war sehr faszinierend zu beobachten, wie die Schildkröte wie in Trance Schwerstarbeit leistete. Ein ganzer Haufen Eier war in der Mulde, als sie begann, die Grube wieder mit Sand zu füllen. Nun musste es ganz finster sein, damit die Schildkröte den Weg zurück fand. Ganz schwerfällig watschelte sie ins Wasser, und weg war sie. Nächstes Jahr würde sie wieder hierherkommen, und einige der Kleinen würden es überleben. Ein unbeschreibliches Glücksgefühl durchströmte mich, dass ich dieses Naturereignis habe erleben dürfen.

Granada

Ungezählte Male besuchte ich Granada, neben San Juan del Sur meine Lieblingsstadt in Nicaragua. Auf dem Weg vom Süden nach Managua führt eine der drei Strecken über Granada, und wenn ein bisschen Zeit bleibt, gibt es besten Espresso im Hotel Colón am Parque Central. Außerdem ist die Stadt für Besucher ein Muss. Granada beeindruckt mit etlichen Kirchen und vor allem alten, gut erhaltenen und renovierten Kolonialbauten mit wunderschönen Innenhöfen. Die heute drittgrößte Stadt Nicaraguas wurde bereits 1524 vom spanischen Eroberer Francesco Hernandez de Córdoba gegründet und ist somit eine der ältesten Städte auf dem amerikanischen Kontinent. Während der Kolonialzeit gab es hier einen bedeutenden Hafen. Granada hatte Handelsverbindungen nach El Salvador, Guatemala, Panama, Kolumbien und Peru. Im 17. Jahrhundert überfielen Piraten dreimal die Stadt und raubten sie aus, beim dritten Mal setzten sie Granada in Brand, und Mitte des 19. Jahrhunderts wurde sie noch einmal zerstört, dieses Mal durch Söldner des Amerikaners William Walker, dem damals selbsternannten Präsidenten von Nicaragua.

Granada liegt direkt am Nicaraguasee und am Fuße des Vulkanes Mombacho. Der Vulkan hat keinen Kegel, den sprengte es vor zirka 20.000 Jahren bei einem Ausbruch weg. Die Steinhaufen bildeten Inseln im See, man sagt, es sind 365, also für jeden Tag im Jahr eine. Nachgezählt habe ich nicht, aber viele sind es auf jeden Fall, in unterschiedlichster Größe. Die Kirche La Merced besitzt einen sehr schönen Glockenturm, von dem man für einen Dollar einen wunderschönen Rundblick auf die Stadt, den Vulkan und die Umgebung genießen kann. Wir kletterten die steilen Stufen hoch. Unter uns beobachteten wir das rege Treiben, Pferdewagen, mit denen Waren transportiert werden, oder Kutschen für eine Stadtrundfahrt, Frauen mit Körben auf dem Kopf, die unterschiedliche Waren und Speisen verkauften. Alles ist bunt, auch die Häuser. Die meisten Dächer sind aus den Tonziegeln, die wie ein halbes Rohr gebogen, einer nach oben, einer nach unten, verlegt werden. Das gibt dem Bild etwas Einheitliches. In den Innenhöfen und zwischen den Häusern wachsen Palmen und Mangobäume. Der Blick reicht bis zum Mombacho im Süden, über den See im Osten und in die Ebene im Norden. Mitten in der Stadt ist der Parque Central. Das ist sicher der beeindruckendste Teil, mit Palmen und vor Weihnachten mit großem, künstlichem Christbaum, umgeben von wunderschönen Bauten, vor allem der Kathedrale mit ihrer Kuppel *(s. F7)*. Viele Kinder tummelten sich rund um die Verkaufsstände, an einem Ende gibt es zwei kleine Essplätze mit Sesseln im Freien. Hier werden einheimische Spezialitäten angeboten.

Vom Platz aus führt die Calle „La Calzada" Richtung See. Das ist das Zentrum der Abendunterhaltung mit vielen Restaurants, Bars und Straßenkünstlern, angefangen von der traditionellen „La Gigantona", einer überdimensional großen Puppenfrau, die vorgeführt wird mit dem kleinen Nicaraguaner, der die Trommel schlägt. Aber auch Breakdance und Folkloremusik werden geboten und Straßenverkäufer versuchen ihr Glück. Das Hotel Darío liegt hier, eines der Vier-Sterne-Hotels im Kolonialstil. Es hat ein wunderschönes Ambiente, tolle Innenhöfe mit exotischen Pflanzen, im einen plätschert ein Brunnen, im anderen gibt es einen Swimmingpool. Eine unglaubliche Ruhe strahlt dieses Haus aus. Mit meinem Bruder Josef wohnten wir hier. Am Morgen beim Frühstück im Hotel wurde interessante und amüsante Unterhaltung geboten. Wir beobachteten ein Fotoshooting. Die Dame wurde im Hotel geschminkt und dann gemeinsam mit einem männlichen Model in jeder erdenklichen Position fotografiert.

Eine Bootsfahrt zu den Isletas *(s. F9)* darf nicht fehlen. Wir bezahlten fünfzig US-Dollar für drei Stunden. Heute weiß ich, dass es mindestens fünfzehn Dollar zu viel waren, aber das tolle Erlebnis war es wert. Mittlerweile war ich mehrfach dort. Am Schönsten ist es in der Abendstimmung *(s. F11)*, wenn das Sonnenlicht die Wasseroberfläche zum Leuchten bringt, vor den blühenden Bäumen und dem Mombacho im Hintergrund kann man dahingleiten und die Seele baumeln lassen. Zwischen Wasserpflanzen und vorbei an all den kleineren und größeren Inseln ging es mit der Panga, so werden die Boote hier genannt. Wir sahen Papageien, aber auch schwarze Vögel mit gelben Schwänzen, die als Beutel hängende Nester in die Bäume bauen *(s. F10)*. Das sieht sehr lustig aus. Bei einem Restaurant blieben wir stehen. Wir machten den Fehler, Essen zu bestellen. Das dauerte ewig, und so wurde die Bootsfahrt erheblich gekürzt. Wir besuchten die Affeninsel. Die Bewohner waren an die Touristen gewöhnt. Es gab dort sowohl Weißkopf- als auch

Spinnenaffen. Wir stellten fest, dass vor allem reiche Nicaraguaner wie die Expräsidenten und Industrielle, aber auch einige Ausländer Inseln besitzen und dort eines ihrer Anwesen bauten. Auf einer kleinen Insel liegt das Fort San Pablo (s. F12), das im 18. Jahrhundert gebaut wurde, um die Stadt Granada vor Piratenüberfällen zu schützen. Früher lebten auf den vielen Inseln Einheimische, die zu Somozazeiten gezwungen wurden, die Inseln zu verlassen. Nach der Revolution gaben die Sandinisten viele der Inseln wieder den ursprünglichen Besitzern zurück. Als 1990 die Wahlen von den Liberalen gewonnen wurden, hatten die meisten den Besitz noch nicht im Grundbuch eingetragen, und so mussten sie ein zweites Mal ihr Land verlassen. Damals kauften viele Reiche ihre eigene Insel und bauten ihre Residenzen dort. Wir genehmigten uns nach der Tour einen Kaffee im Plaza Colón und etwas Süßes dazu. Die Terrasse des Hotels ist der ideale Ort, um das rege Treiben auf dem großen Parque zu beobachten. Und unbedingt muss man einen Blick in die Innenhöfe der beiden am Platz gelegenen Hotels werfen. Die bieten, genauso wie das Darío, diese tolle Architektur, jenes Erbe, das die Spanier hier hinterließen.

„Casa de los Tres Mundos", das Haus der drei Welten, besuchten wir anschließend. Ende der Achtzigerjahre wurde vom Dichter, ehemaligen Priester und Kulturminister Ernesto Cardenal gemeinsam mit dem Schauspieler Dietmar Schönherr der ehemalige Gouverneurspalast restauriert. Er ist eine Art Künstlerschmiede. Maler und Bildhauer lehren und lernen hier, Musikunterricht und Tanz werden angeboten und Dichterlesungen finden statt. Gemälde einheimischer Künstler sind hier ausgestellt. Es gibt viele unterschiedliche Veranstaltungen und vor allem Projekte mit Kindern, die von der Straße weggeholt werden. Pan y Arte ist das Motto – Brot und Kunst. Ganz in der Nähe ist das ehemalige Franziskanerkloster *(s. F8)*, das bereits kurz nach der Eroberung der Gegend 1529 gegründet wurde. Im 19. Jahrhundert wurde es als Universität genutzt. In der Kirche bekommt man unter anderem einen Einblick in die Architektur von Granada. Die alten Häuser wurden alle mit Lehm und Stroh gebaut. Ein Ausschnitt in der Wand lässt hinter die Kulissen, sprich hinter den Verputz schauen. Selbst die Kirche und das Kloster wurden so errichtet. Besonders gefiel mir die Säulenhalle gleich links neben der Kirche, bevor man ins Museum geht. Dort ist in aussagekräftiger Bildsprache die Geschichte an die Wand gemalt, angefangen vom Leben der indigenen Bevölkerung über deren Eroberung und Unterwerfung durch die Spanier, die Christianisierung usw. Wir besichtigten eine Ausstellung über Nicaragua. Sie zeigte, wie die Menschen vor Kolumbus gelebt hatten. Die Exponate aus präkolumbianischer Zeit von den Isletas und der Insel Zapatero sind interessant. Gegen Trinkgeld wird eine Führung angeboten, wenn man Glück hat, auch in Englisch. Das macht die Besichtigung spannender und die Qualität der Erklärungen ist durchaus gut.

Interessant ist auch das Mi Museo, ein kleines Museum in der Nähe des Parque Central mit einer Sammlung von präkolumbianischer Keramik mit teilweise faszinierenden Mustern und Bemalungen. Der Eintritt ist frei und es dauert nicht allzu lange, sich einen Eindruck zu verschaffen.

Zum Mittagessen gingen wir in das Restaurant „Tres Ojos", das bedeutet drei Augen, gleich neben dem Kloster. Das Essen ist dort nicht billig, aber sehr gut, mittlerweile sind die Portionen kleiner geraten. Zum Abendessen fuhren wir mit dem Taxi durch halb Granada zu Charlys Restaurant. Silvio wollte wieder einmal deftige europäische Kost essen. Das Lokal gehört einem Deutschen, der seit ungefähr zwanzig Jahren hier ist, und er serviert unter anderem Weißwürste mit Sauerkraut. Das Nachtleben in Granada spielt sich unter anderem in der Disco La Nuit ab, ein Lokal teils unter freiem Himmel, mit Livemusik ab zehn Uhr am Abend. Hier tranken wir unter Palmen einen Cocktail und hörten der Musik zu. Einmal war ich mit Zivildienerkollegen von Silvio da, einige Einheimische waren auch mit. Wir konsumierten einiges an Rum miteinander. Es war sehr lustig, die Livemusik war ziemlich gut und es wurde fleißig getanzt. Da war ein Paar, er ungefähr einen Meter sechzig und dünn, sie einen Kopf größer und sehr üppig. Oder ein schwules Paar, das sich unglaublich gut bewegte, und alle hatten offensichtlich viel Spaß. Einer der Einheimischen wollte mit mir tanzen. Durch den Rum war ich mutig genug. Es ist nicht einfach, sich auf die Tanzfläche zu wagen – hier, wo es aussieht, als ob alle schon von Geburt an das Tanzen lernen. Ich hatte den Eindruck, um das Tanzen ging es meinem Kavalier gar nicht. Er wollte mit mir ins Hotelzimmer. Unglaublich, er war dreiundzwanzig und gerade Papa geworden. Ich machte ihm klar, dass er mein Sohn sein könnte. Das störte ihn überhaupt nicht. Die Einheimischen machten sich dann auf den langen Weg zurück nach Hause, und das trotz kräftigen Zuspruchs zum Alkohol. Alkomaten gab es hier im Land noch keine. Als wir Österreicher aufbrachen, war die Nacht nicht mehr lang, aber erstaunlicherweise fühlte ich mich in der Früh trotz des vielen Rums ganz gut.

Mombacho und Laguna de Apoyo

Von Granada ist es nicht weit mit dem Taxi zur Laguna de Apoyo. Als wir über die Kuppe kamen, tat sich ein herrlicher Blick auf den Kratersee auf, umgeben von Wald, der sich im Süden bis zum Mombacho hochzieht. Das dunkle Blau des Sees hob sich vom grünen Umfeld ab, darüber der wolkenlose Himmel. Der Anblick hatte etwas Märchenhaftes, Kitschiges im positivsten Sinne. Wir nahmen einen Drink in einem Restaurant. Alles hier ist in rosaroten, hellgrünen, blauen, gelben und roten Farben bemalt, die Sessel und die Tische, die Pfosten, die das mit Palmwedeln gedeckte Dach stützen, der Zaun rundherum, und dazwischen gab es bunte Hängematten. Die Hühner liefen unter den Tischen herum, vor uns badeten zwei Schweine im See, das eine schwarz, das andere rosa. Wir spazierten ein Stück den See entlang, vorbei an einigen Häusern, die sich zwischen den Bäumen versteckten und genossen die Wanderung in diesem Trichter. Der Großteil des Seeufers ist unberührt und naturbelassen, nur der Teil, wo die Straße zum Wasser führt, ist etwas verbaut. Das Schönste war das Schwimmen im warmen, klaren, sehr weichen Wasser.

Die Laguna de Apoyo beeindruckt auch aus anderer Perspektive. Auf dem Weg von Managua nach San Juan del

Sur sollte man unbedingt einen Zwischenstopp in Catarina, dem Blumendorf, einlegen. Der Aussichtspunkt ist der ideale Platz, die Lagune mit sechs Kilometern Durchmesser von oben zu überblicken *(s. F13)*. Der Vulkan Mombacho im Süden hat meistens eine Wolkenhaube, Richtung Osten am Horizont liegt der Nicaraguasee und an seinem Ufer die Stadt Granada. Ich erlebte diese landschaftliche Besonderheit in verschiedensten Stimmungen. Besonders in Erinnerung blieb mir der Regenguss über der Lagune. Die Wolken näherten sich tiefschwarz und drohend, von Windböen begleitet. Über dem See im Osten kam es zur Entladung, wie eine Wasserwand ergoss sich der Regen in den Krater. Hinter uns im Westen stand die tiefe Sonne, beleuchtete die Szenerie und überzog das Ganze mit einem warmen Farbton. Es gibt hier etliche Restaurants mit Ausblick, jedoch mit Touristenpreisen. Auch die Gegend um Catarina mit den vielen Gärtnereien und dem Kunsthandwerk, vor allem Keramik und Holzhandwerk, das hier überall produziert und angeboten wird, ist sehenswert.

Ein weiterer Höhepunkt war die Fahrt zum Mombacho. Hier gibt es neben dem Vulkan Maderas den einzigen Ort mit Nebelwald auf der Pazifikseite Nicaraguas. Die ganze Region wird organisch bewirtschaftet, Kaffee und Tabak von hier sind sehr beliebt. Mit meinem Bruder Josef machten wir eine Canopy Tour (Zip Line). Die Seile, auf denen man sozusagen über die Natur segelt, sind zwar maximal 300 Meter lang, aber wir hatten furchtbar viel Spaß. Jeder bekam einen Helm und eine Kletterausrüstung, um sich bei den Drahtseilen einzuhängen, und einen Lederhandschuh fast wie beim Baseball, um zu bremsen. Die Typen, die mit uns die Runde machten, waren wirklich verrückt und hatten unglaublich viel Spaß daran, genauso wie wir, uns in verschiedenen Lagen die Seile überqueren zu lassen, unter anderem Kopf nach unten oder am Rücken eingehängt, als ob man fliegen würde. Beim letzten Seil zog einer auf und ab, somit fühlte man sich wie auf einer Hochschaubahn. Das ist für Abenteuerlustige genau das Richtige. Ein anderes Mal fuhren wir vorbei an den Kaffeeplantagen ganz auf den Vulkan hinauf, um eine Wanderung rund um den Krater zu machen. Meistens hängen hier die Wolken über dem Gipfel, entsprechend ist hier alles üppig verwachsen. Der Spaziergang ist gemütlich, durch tiefgrüne Natur, exotische Pflanzen und Orchideen. Entlang des Weges gibt es Löcher in der Erde, aus denen warmer Wasserdampf aus dem Inneren des Vulkans entweicht, der sehr gesund für die Atemwege sein soll. Und auf der Ostseite ist der Ausblick auf die Stadt Granada und den Nicaraguasee unbeschreiblich schön. Wenn man sich den Eintritt auf den Vulkan sparen will, der nicht ganz billig ist, kann man bis zur Kaffeefinca fahren und den Ausblick Richtung Westen am Fuße des Vulkans und einen guten Kaffee genießen oder eine geführte Tour durch die Plantage machen.

Masaya

Mit meinen ausländischen Gästen besuchte ich in Masaya immer wieder den Mercado Artisanía, den Kunstmarkt *(s. F14)*. Selbst das Gebäude, in dem der Markt untergebracht wurde, das um 1900 herum entstand und „Mercado viejo", alter Markt genannt wird, ist sehenswert. Heute ist es ein Touristenzentrum, wo jeden Donnerstag die „Noche de Verbena" mit Folkloretänzen dargeboten wird. Im Markt selbst wird Kunsthandwerk aus allen Teilen Nicaraguas verkauft. Auch wenn man nichts erstehen will, einen Besuch hier sollte man unbedingt einplanen. Angeboten werden fein gearbeitete Holzfiguren, -schüsseln, geschnitzte Fischlein oder Vögel, bunt bemalt, und diverse andere Holzprodukte, kunstvoll gefertigte Keramik genauso wie Gemälde im typischen nicaraguanischen Malstil mit kräftigen Farben, naive Malerei genannt, Hängematten, Hängesessel und vieles mehr. Ich kaufte mir ein paar bunt bemalte Fischlein und Vögel aus Holz. Eine alte Frau wollte mir irgendwelche Getränkepulver verkaufen. Zu Silvios damaliger Freundin Heiky sagte sie, hilf mir beim Geschäfte machen, du bist eine von uns. Ich kaufte ihr zwei Säckchen ab. Ehrlich, ich wusste nicht wirklich, was ich damit anfangen sollte und irgendwann entsorgte ich das Pulver in Wien in den Biomüll.

Die Stadt selbst hat knapp 150.000 Einwohner und liegt an der Laguna de Masaya und am Fuße des Vulkans desselben Namens. Das historische Zentrum besteht aus einigen großen Plätzen sowie zwei barocken Kirchen aus dem 16. Jahrhundert und weiteren Kirchen aus der Kolonialzeit. Das Fest des Jerónimo wird jedes Jahr mit Folkloretänzen und karnevalsähnlichen Umzügen durch die Straßen mit satirischen Darbietungen über lokale und nationale politische Figuren groß gefeiert.

Auf einem Hügel im Norden von Masaya liegt die Befestigungsanlage Fortress Coyotepe. Diese wurde zu Beginn des 20. Jahrhunderts vom damaligen Präsidenten Zelaya in Auftrag gegeben. 1912 fand dort ein blutiger Kampf zwischen den einheimischen Truppen und den gelandeten amerikanischen Marines statt. Unter Somozas Zeiten war es ein Gefängnis für politische Gefangene und auch unter der Revolutionsregierung wurde das Gebäude als Gefängnis genutzt. In den 43 Zellen waren bis zu 1.000 Insassen untergebracht. Mittlerweile ist die Anlage in ein Museum umfunktioniert worden und ein Besichtigungsobjekt mit Aussicht auf die ganze Umgebung. Wir spazierten auf den Außenmauern rundherum und blickten von dort auf den Managua- und den Nicaraguasee, die Laguna de Masaya und den Vulkan Masaya, aber auch auf die fruchtbaren Ebenen mit den großen Anbauflächen.

Mehrfach fuhr ich zum Vulkan Masaya *(s. F15)*. Die asphaltierte Straße führt bis zum Kraterrand hoch. Das ganze Gelände ist ein Nationalpark. Wir zahlten fünf Dollar Eintritt pro Person, das ist der Touristenpreis, für die Einheimischen gibt es immer angemessene Preise, damit sie sich die Sehenswürdigkeiten auch leisten können, sie bezahlen einen Dollar.

Das Museum ist im Preis inkludiert und einen Besuch wert. Es gibt sehr anschaulich Auskunft über die Entstehung des Vulkans und über Flora und Fauna des Nationalparks. Der Vulkan selbst ist unglaublich beeindruckend, nicht nur, dass er einem durch den Schwefelnebel eindeutig klar macht, dass es sich um einen aktiven Vulkan handelt, das Loch, das sich da auftut ist gigantisch, es soll ungefähr dreihundert Meter tief sein und ich schätze, auch der Durchmesser ist in dieser Größenordnung. In den Kraterwänden nisten Papageien und Spechte, die der Schwefeldampf nicht zu stören scheint. Wir versuchten so weit wie möglich in das große Loch zu sehen, spazierten die Treppe nach oben, die bis zum Kreuz hoch führt. Wir konnten den Grund gar nicht sehen, obwohl wir von hier einen noch besseren Einblick in das Kraterloch hatten und außerdem einen schönen Rundblick genossen. Kaum war eine Schwefelwolke in der Nähe, meldete sich Hustenreiz. Es wird aus gesundheitlichen Gründen dringend empfohlen, nicht länger als zwanzig Minuten auf dem Vulkan zu bleiben, aber das genügt, um sich das Bild dieses Naturschauspiels einzuprägen. Anno dazumal glaubte die indigene Bevölkerung, die Ausbrüche des Vulkans seien ein Zeichen verärgerter Götter und opferten Kinder oder Jungfrauen zu ihrer Besänftigung. Die spanischen Eroberer beschrieben die Lava im Krater als flüssiges Gold und ließen Leute in die Tiefe hinunter, um das wertvolle Metall zu holen. Bei diesem Versuch mussten Menschen das Leben lassen. Sie nannten den Krater den Schlund zur Hölle, und zum Schutz gegen den Teufel stellten sie bereits im 16. Jahrhundert ein Kreuz am Rande des Kraters auf. 2001 wurden bei einer Eruption Gesteinsbrocken bis zu 500 Meter hoch geschleudert und zerstörten geparkte Autos. Mit viel Glück blieben die Menschen unverletzt. Die letzten größeren Aktivitäten gab es 2008. Damals kam es zu explosiver Tätigkeit und Ascheregen. Auf dem Gebiet des Nationalparks gibt es noch vier weitere Krater und insgesamt zwanzig Kilometer lange Wanderwege, auch geführte Nachtwanderungen werden angeboten.

León und Umgebung

León ist so wie Granada eine Kolonialstadt, von den Spaniern gegründet. Sie liegt westlich von Managua in einer Ebene, nicht weit vom Pazifik entfernt, mit ungefähr 150.000 Einwohnern. Die Stadt gilt als intellektuelle und liberale Metropole des Landes. Bereits zu Beginn des 19. Jahrhunderts wurde hier eine Universität gegründet. In der ersten Hälfte des 19. Jahrhunderts war León im Wettstreit mit Granada immer wieder Hauptstadt von Nicaragua. Erst als in den 1850er Jahren entschieden wurde, Managua zur Hauptstadt zu machen, war dieser Streit beseitigt. Der berühmte nicaraguanische Dichter Rubén Dario hatte seinen Wohnsitz in der Stadt und der Diktator Anastasio Somoza wurde 1956 in León von einem jungen Dichter erschossen. Das änderte damals nichts an der politischen Situation, da sein Sohn die Macht übernahm. León war später Zentrum der Revolutionskämpfe. In der Umgebung der Stadt werden unter anderem Zuckerrohr und Erdnüsse angebaut. Es ist eine heiße Stadt, die Temperaturen liegen immer über denen in San Juan del Sur oder Granada. Salzburg unterhält eine Städtepartnerschaft zu León und unterstützt erfolgreich Tourismus- und Bildungsprojekte.

Mit Daniel, dem Zivildienerkollegen von Silvio, machte ich den ersten Ausflug dorthin. Um von San Juan del Sur mit dem Bus bis León zu fahren, mussten wir in Managua von einem Busbahnhof zum nächsten mit dem Taxi fahren. So ist das hier, es gibt mehrere Busstationen, von wo aus in unterschiedliche Richtungen transportiert wird. Besonders beeindruckend ist die Kathedrale, sie gilt als die größte und älteste in Mittelamerika. Wenn man gegen geringen Obolus auf das Dach der Kathedrale steigt, hat man einen schönen Ausblick über die Dächer der Stadt und die Umgebung. 100 Jahre wurde an dieser imposanten Kirche gebaut. Im Inneren wurde sie schön renoviert. Zwei Hochzeiten fanden statt, als wir da waren. Das Leben pulsierte auf den Plätzen und im Markt, und die Museen sind nicht nur interessant, sondern auch geeignete Plätze, um der Hitze zu entgehen.

Am darauffolgenden Tag fuhren wir mit dem Bus Richtung Viejo León (UNESCO Weltkulturerbe). Das liegt nahe dem Momotombo am Managuasee. Dieser Vulkan ist ein symmetrischer Kegel und dominiert die Umgebung. Während der Somozadiktatur wurden Leichen unerwünschter Personen im Krater entsorgt und erst nach der Diktatur entdeckt. Wir legten das letzte Stück bis zum Ufer des Managuasees mit dem Taxi zurück. Traurig, dass angespülter Müll am Ufer lag. Das störte die Idylle der Szenerie. Ein paar Fischerboote ankerten am Ufer. Alles war sehr ursprünglich. Im Restaurant liefen Hühner herum und ein Spinnenaffe wurde an der Kette als Haustier gehalten. Ein freundlicher Affe, er gab mir die Hand zur Begrüßung. Viel Auswahl an Essen gab es nicht und wir bestellten Tostones con Queso frito, Kochbananen und Nicakäse frittiert. Wir spazierten zur Ausgrabungsstätte. Dort wurde bereits 1524 von den

Spaniern León gegründet. Ein Erdbeben zerstörte 1609 die Stadt und der Vulkanausbruch des Momotombo legte seine Asche darüber. Daher blieb die bauliche Struktur der Stadt erhalten. Seit 1968 wird durch archäologische Grabungen die alte Stadt freigelegt. León wurde damals weit genug entfernt vom Geschehen am heutigen Standort neu aufgebaut. Die Ausgrabungen waren sehr interessant, u.a. sahen wir die Grundmauern der Kathedrale, des Gouverneurspalastes und eines Klosters.

Weiter ging es mit dem Bus nach San Jacinto. Das Busfahren war sehr spannend, besonders in den abgelegeneren Landesteilen. In Jacinto angekommen, einem verschlafenen kleinen Nest, rannten gleich ein paar Kinder heran und wollten Fremdenführer spielen. Im Reiseführer lasen wir, dass man ihnen den Gefallen tun und ein paar Cordobas für die Dienste geben soll. Das haben wir dann auch gemacht. Drei Burschen gingen mit und zeigten uns die sprudelnden Schlammlöcher in den unterschiedlichsten Grau- und Brauntönen. Ganz motiviert erzählten uns die Jungs von den „Hervederos de San Jacinto" und wo wir gehen sollten, damit wir nicht in eines der kochenden Löcher fielen. Dazwischen war da und dort eine Plastikflasche zu sehen. Auf die Frage, warum die da liegen, bekamen wir die Antwort, dass der Hurrikan „Mitch" den Müll hier angeschwemmt hatte. Interessantes Detail am Rande: Der Hurrikan war bereits 1998 und acht Jahre lang wäre Zeit gewesen, den Mist wegzuräumen. Dieser Hurrikan war der tödlichste seit dem 18. Jahrhundert. Geschätzte 11.000 Menschen kamen damals bei den zwei Wochen anhaltenden schweren Regenfällen in Honduras, Guatemala und Nicaragua ums Leben. Zwischen den Schlammlöchern graste friedlich ein Pferd. Es vervollständigte dieses friedliche Bild, dieses Farbenspiel der verschiedenen Erdtöne, mit dem saftigen Grün dazwischen und diesen nahe dem Boden entlangziehenden weißen Dampfwölkchen vom sprudelnden Schlamm.

In einem Dorf zwischen León und Managua übernachteten wir. Es gab zwei Hospedajen (Unterkünfte). Die erste war sehr zweifelhaft bezüglich Hygiene, die zweite allerdings war zwar sehr einfach, aber sauber. Als Dusche gab es ein Plastikrohr, aus dem das Wasser von oben herauskam. Kalt duschen ist in Nicaragua sowieso Standard. Man muss das natürlich relativieren. Wenn wir bei uns kalt duschen, dann ist das Wasser wirklich kalt. Hier ist es lauwarm bis warm und sehr angenehm, da es draußen ja immer warm ist. Die Straße im Dorf würden wir mit den vielen Löchern und Steinen gar nicht als Straße bezeichnen. Ein Restaurant gab es, aber nur mit Glück bekamen wir etwas zum Essen, hauptsächlich wurde dort getrunken. Die Freude war groß, Touristen im Lokal zu haben und die Männer plauderten mit uns. Gut, dass am Straßenrand kein Auto stand (das sie sich ohnehin nicht leisten könnten), sondern ein Pferd, das geduldig wartete, bis der betrunkene Besitzer nach Hause zu bringen war. So lange der nicht herunterfiel, war es ein geeignetes Transportmittel für solche Fälle. Zurück im Quartier war dann nicht etwa angenehme Ruhe, sondern wir mussten uns lautstark die Predigt einer Sektenkirche anhören. Ich verstand nicht wirklich, was gesagt wurde, aber wenn ein Pfarrer mit mir so schreien würde, müsste ich aufstehen und gehen. Die Draufgabe war das Mikrofon, das hier immer verwendet wird, selbst wenn es eine kleine Kirche mit nur zehn Leuten ist. Wahrscheinlich macht es richtig Eindruck auf die Gläubigen, denn es hallt dann furchtbar.

Die Menschen in Nicaragua

Ich gewann damals das Land wirklich lieb. Auch wegen der Bevölkerung. Die Menschen sind arm, aber fröhlich. Das Leben spielt sich vielfach im Freien ab. Sie freuen sich über jedes Wort, das man mit ihnen spricht, auch wenn das Spanisch sehr zu wünschen übrig lässt. Sie vermitteln das Gefühl, dass sie glücklich sind, obwohl sie teilweise in Hütten mit gestampftem Erdboden wohnen. Gekocht wird sehr oft auf dem offenen Feuer, häufig ohne richtigen Abzug. Die Hühner und die Schweine laufen auf dem Grundstück herum und kommen bis in die offene Küche. Sogar bei den Comedores (Essplätze der Einheimischen) kann man das beobachten. Wir lachten und sagten, die Schweine gehen freiwillig bis zum Kochtopf. Es gibt noch Dörfer, die keinen Strom und kein fließendes Wasser haben. Die Bewohner vieler Hütten holen das Wasser aus dem Brunnen, der irgendwo auf dem Grundstück gegraben wurde. Und die Toilette ist ein Outhaus, ein Loch im Boden mit Sitzgelegenheit und einer kleinen Hütte darüber. Trotzdem sind die Leute sehr gepflegt, wenn sie unterwegs sind. Ich hatte nicht meine schönste Kleidung nach Nicaragua mitgenommen und keinen Schmuck. Schließlich wollte ich nicht unseren Reichtum zur Schau tragen im zweitärmsten Land auf dem amerikanischen Kontinent (nach Haiti). Ich fühlte mich dann ab und zu nicht ganz angemessen gekleidet, wenn ich unterwegs war, womöglich staubig von den Schotterstraßen. Und ich wunderte mich oft, wie die Einheimischen es schafften, trotzdem immer sehr gepflegt und sauber aufzutreten. Die Wäsche wird täglich gewechselt und von den Frauen mit viel Waschpulver mit der Hand gewaschen. In den vollgestopften Bussen hatte man selten jemanden mit unangenehmer Körperausdünstung neben sich. Da ist man ganz erstaunt, wenn man in Wien mit der U-Bahn fährt und es einem fast schlecht wird von den Gerüchen, die sich verbreiten, kaum dass es draußen etwas wärmer wird.

Wie können diese Menschen unter diesen Verhältnissen glücklich sein, fragte ich mich. Ein Punkt ist sicher der allgemeine Standard. Wenn man durch das Land fährt, gibt es ganz viele, die in armen Verhältnissen wohnen. Man misst sich bekanntlich mit den anderen. Und jemand unter Gleichen zu sein, gibt Zufriedenheit. Ich las ein Buch mit dem Titel „The Naturalist in Nicaragua" von Thomas Belt (Tipp: Herunterladen auf den Kindle ist kostenlos). Der Engländer Thomas Belt war in den 1870er Jahren im Auftrag einer Goldminenfirma in Nicaragua unterwegs. Er beschrieb sehr ausführlich die Natur und die Menschen. Die Parallelen zu heute sind für mich unglaublich erstaunlich. Ich hatte oft das Gefühl, genau so, wie er die Bewohner und ihr Dasein beschrieb, ist es heute noch. Er gab den Nicaraguanern ein gutes Zeugnis als friedliebende Menschen, sie seien offen und zugänglich, aber nicht die Fleißigsten. Viele hielten sich am liebsten in der Hängematte auf. Manche lögen ganz ungeniert, und Kritik ertrügen sie sehr schlecht. So schreibt Thomas Belt. Der größte Unterschied zu damals vor 140

Jahren ist sicher der Fernseher. Da kann die Hütte noch so ärmlich sein, sie hat eine Satellitenschüssel auf dem Dach oder doch zumindest eine selbstgebastelte Antenne. Vor allem die Frauen lieben die Telenovelas, wie hier diese Serien mit Herz, Schmerz, natürlich immer im Umfeld der Reichen, genannt werden. Die Telenovelas laufen den ganzen Tag. Sie verzerren mit Sicherheit das Weltbild dieser Menschen. Hier gibt es viele Leute, die brav arbeiten, aber einen sehr geringen Lohn dafür bekommen und keine Absicherung bei Krankheit bzw. für das Alter haben. Nur bei offiziellen Arbeitsverhältnissen – das betrifft nicht einmal die Hälfte aller Beschäftigten – gibt es diese Vorteile. Diejenigen, die hier und dort projektbezogen arbeiten, eine Tätigkeit nur tageweise ausüben oder eine kleine Finca (landwirtschaftlicher Betrieb) besitzen, fallen großteils durch die Maschen des Systems. Arbeitslosengeld gibt es sowieso nicht. Die Mentalität, nur dann zu arbeiten, wenn man Geld zum Überleben braucht, ist relativ verbreitet. So erzählte mir eine Bekannte, deren Sohn mit einer Nicaraguanerin verheiratet ist, dass der Vater der 14-köpfigen Familie Fischer ist. Wenn er erfolgreich war und einen guten Fang nach Hause brachte, den er auch noch gut verkaufen konnte, ging er erst wieder fischen, wenn das Geld aufgebraucht war.

Essen und Trinken in Nicaragua

Es gibt oft sehr nette, einfache Essplätze, meistens mit guter nicaraguanischer Küche und das sehr preisgünstig. Aber auch gute Restaurants mit nettem Ambiente und etwas höheren, aber immer noch akzeptablen Preisen, vor allem in den Tourismusorten oder Teilen Managuas, wo viele der reichen Leute wohnen. In San Juan gibt es besonders gute Fischsuppe im El Timón. Das Filetsteak und der Kaffee schmecken uns am besten im Barrio Café, aber auch bei Klaas im Black Whale gibt es gute Fleischspeisen, und etwas Abwechslung auf der Speisekarte bietet El Colibrí. In Rivas gibt es sehr gute und preisgünstige Küche in Buffetform im Comedor Mesón. In Managua aßen wir einmal im Sushi Ito, einem japanischen Restaurant. Das Essen wurde außer den Maki und Sushi direkt vor uns auf einer Herdplatte zubereitet und schmeckte ausgezeichnet. Die Finca ist ein Restaurant für gute nicaraguanische Kost, vor allem Fleisch. Silvio empfahl eine Platte mit typischen nicaraguanischen Speisen, unter anderem Blutwurst, knusprig frittierter Schweineschwarte, Vigorón genannt, und gegrilltem Rind- und Schweinefleisch. Es werden dort auch Stierhoden angeboten, die potenzfördernd sein sollen. Musste ich nicht haben und kostete sie auch nicht, doch Silvio meinte: „Die schmecken sehr gut."

Im Casa Café gibt es herrlichen Espresso oder nach Wunsch Cappuccino, oder doch lieber einen Eiskaffee, bei den angenehm warmen Temperaturen? Der nicaraguanische Rum Flor de Caña ist auch international unter Rumkennern ein anerkanntes Produkt. In vielen Rankings steht er ganz weit oben. Der Gran Reserva, 7-jährig, ist besonders beliebt, in Nicaragua ist 1 Liter um 10 Dollar erhältlich. Er schmeckt auch pur sehr gut oder einfach nur mit Eis serviert.

Ich koche sehr gerne, und mit all den guten Zutaten aus der Natur, die es hier am Mercado (Markt) gibt, dem frischen Fisch und den Meeresfrüchten, macht das richtig Spaß. Gallo Pinto ist die Nationalspeise Nicaraguas schlechthin. Zuerst wird Zwiebel geröstet, dann werden die gekochten Bohnen dazu gegeben und ein Teil davon mit einer Gabel zerdrückt, mit Salz und Pfeffer, eventuell auch etwas Knoblauch, gewürzt. Dann gibt man gekochten Reis dazu, lässt das Ganze bei kleiner Flamme und unter gelegentlichem Rühren noch einige Zeit ziehen. Hauptsächlich wird Gallo Pinto zum Frühstück mit Ei nach gewünschter Zubereitungsart, Nicakäse und Plátanos oder Maduros, den reifen Kochbananen, angeboten. Reis und Bohnen gibt es aber auch zu Mittag, dieses Mal getrennt, ganz beliebt ist auch das Bohnenmus, das unter anderem zu den Tostones serviert wird.

Tostones con Queso frito: Die Tostones sind flachgedrückte Scheiben von Kochbananen, die frittiert werden, dazu wird Nicakäse in Fett herausgebraten. Das ist weißer Frischkäse, meistens ziemlich salzig. Es gibt ihn als weiche und harte Art. Die Einheimischen essen ihn täglich, sehr gerne mit Gallo Pinto bereits zum Frühstück, entweder kalt oder angebraten.

Suppen in Nicaragua sind nicht so wie bei uns. Da gibt es eine richtig große Schüssel voll mit verschiedenen Gemüsen und etlichen Fleischstücken drinnen, entweder Huhn oder Rind. Oder Fischsuppe mit einem ganzen kleinen Fisch, Shrimps, einer kleinen Languste, Muscheln, Krabben, Tintenfisch und Gemüse. Da wird nichts klein geschnitten, sondern alles schwimmt in großen Stücken in guter Suppenbrühe. Danach ist man richtig satt.

Krabbensuppe nach der Empfehlung von Antonio, dem Krabbenfänger: Er erklärte mir, man gibt Zwiebel, Paprika, Tomaten, Knoblauch und Pasta de Mariscos (Meeresfrüchtepasta von Knorr – auch in dieser Weltgegend funktioniert die Werbung) in die Suppe. Ich persönlich fand die Suppe besser ohne diese Paste. Den Krabben wird der Panzer geknackt, das heißt, man schlägt zum Beispiel mit dem Messerrücken drauf, dann springt er. Ich gab außerdem noch einen kleinen Fisch dazu. Das schmeckte köstlich. Wie die Auswirkung auf die Kraft ist? Antonio erzählte uns, diese Suppe mache Männer richtig stark. Selbst ausprobieren.

Seviche ist ein Gericht, das in Lateinamerika sehr beliebt ist. Hergestellt wird es aus rohem, klein geschnittenem Fisch, der wird mit Limettensaft ein bis zwei Stunden lang mariniert, dann kommt fein geschnittener roter Zwiebel dazu und eventuell kleine Stückchen von Jalapeño, das ist eine Pfefferoni Art, die erträglich scharf ist. Auch in kleine Stücke geschnittene Tomaten schmecken gut dazu. Gerne geben sie hier in Nicaragua grünen Cilantro dazu, das ist aber nicht derselbe Koriander wie jener bei uns. Kühl gestellt und nach ein bis zwei Stunden wird serviert.

Avocados sind unglaublich gesund, haben viele Mineralien und Vitamine und schmecken ausgezeichnet. Ich mache zu

Fleisch- und Fischgerichten gerne Guacamole. Dazu wird die Avocado geschält und mit der Gabel zerdrückt, ein hartgekochtes Ei und Zwiebel ganz klein geschnitten, mit Limetten- oder Zitronensaft, Salz und Pfeffer gewürzt und alles gut durchgemischt. Schmeckt köstlich.

„Papaya mag ich nicht", sagte mir Marian. Ich darauf, dass ich ihm das nicht glaube. Mir und anderen ist es genauso gegangen. Bis ich hierher kam und von den Einheimischen lernte, wann man die Papaya isst. Sie muss ganz reif sein. Nämlich an ein bis zwei Stellen sollte schon der Verrottungsprozess begonnen haben. Das sind dann kleine runde Flecken, an welchen sie ganz weich wird und ein bisschen einfällt. Dann soll man die Frucht aufschneiden. Die Papayas werden zum Teil riesig. Auf meinem Papayabaum *(s. F35)* waren sie bis zu einem halben Meter lang. Man isst soviel man mag und gibt den Rest bereits geschält in den Kühlschrank. Dort kann man die Frucht noch drei bis vier Tage aufbewahren. Ehrlich gesagt, es gibt kaum eine köstlichere Frucht. Marian konnte nicht genug davon bekommen und vor seinem Rückflug meinte er: „Vor allem Mangos und Papayas werde ich vermissen." Und die Marmelade oder das Kompott, ein Genuss. Ins Kompott kommen etwas gemahlener Zimt und Muskatnuss, dazu noch 1 Zimtstange, etwas Zucker – hier gibt es braune Zuckerblöcke, das ist reiner Naturzucker mit köstlichem Aroma, alles einige Minuten mit etwas Wasser aufgekocht, danach gebe ich ein paar Rosinen hinein, und wenn es etwas abgekühlt ist, den Saft einer Limette und einer Orange, können auch zwei sein. Im Kühlschrank aufbewahrt eine köstliche und erfrischende Nachspeise, die mit einem Schuss Flor de Caña aufgebessert werden kann, das ist der nicaraguanische Rum, einer der besten der Welt.

Dulce de Leche ist Kuhmilch mit Zucker, eventuell Vanille und Zimt, alles wird bei niedriger Hitze unter ständigem Rühren bis zur gewünschten Konsistenz eingekocht. In Nicaragua wird die Masse oft von einheimischen Frauen auf dem Markt oder in den Autobussen leicht getrocknet als Bonbons verkauft. Es schmeckt sehr gut.

So oft wie möglich trinken wir das Wasser der Kokosnüsse, das ist reines Elektrolyt, enthält Kalium, Calcium, Magnesium, Selen, Vitamin C, ist besonders hilfreich nach Alkoholkonsum und schmeckt ausgezeichnet. Auch das Fruchtfleisch ist sehr gesund und gut. Wir gönnen uns diesen natürlichen Lebensquell praktisch täglich.

Ein anderes sehr gutes Getränk ist der nicaraguanische Kaffee, der schmeckt exzellent. Leider können sich viele Restaurants keine Kaffeemaschine leisten, daher verkaufen sie oft Instant-Kaffee. Man muss einfach wissen, wo es eine Espressomaschine gibt und hoffen, dass der Strom nicht ausfällt. Sonst sollte man besser fragen, wie der Kaffee zubereitet wird.

Tamarindo ist die Schotenfrucht eines immergrünen Baumes mit gefiederten Blättern und rot-gelben Blüten. In den Schoten befindet sich ein süß-säuerliches Fruchtfleisch, in das die Kerne eingebettet sind. Dieses Fruchtfleisch ist sehr gut zum Essen und enthält etliche Mineralien, wie Eisen, Kalzium, Phosphor, aber auch einige Vitamine. Hier in Nicaragua wird oft Tamarindofruchtsaft angeboten. Dazu weicht man das Fruchtfleisch mit den Kernen in Wasser ein. Die Kerne nach einigen Stunden entfernen und das Fruchtfleisch mit Wasser im Standmixer pürieren, süßen und eventuell das Ganze durch ein Sieb lassen. Köstlich und sehr gesund.

Der Macuá ist ein vorzüglicher Cocktail, der für einen landesweiten Wettbewerb kreiert wurde. Es ging darum, ein nicaraguanisches Nationalgetränk zu finden. Damit sollte die Identität Nicaraguas gestärkt werden. Ich liebe ihn. Er ist nicht zu süß, erfrischend und fruchtig, hat etwas mehr Alkoholgehalt als Wein und wird aus dem weißen Rum Flor de Caña extra lite (4-jährig), frischem Zitronensaft, Guavennektar, etwas Zuckersirup und Orangensaft zubereitet.

Weihnachten und andere Fiestas in Nicaragua

Die Nicaraguaner feiern sehr gerne und sehr laut, welchen Grund auch immer sie für eine Fiesta haben. Das erste Fest, das ich bei meinem ersten Aufenthalt im Land miterlebte, war Weihnachten. Einen Weihnachtsbaum gibt es hier auch, aus Plastik, mit viel Schmuck und sehr bunt. Oder einfach nur ein Gerüst in Baumform mit Lichtern. Aufgestellt wird der Baum irgendwann im Dezember und gleich nach Weihnachten wieder weggeräumt. Auf den Dorfplätzen gibt es Weihnachtsdekorationen, vor allem Krippen, die oft mit fast lebensgroßen Figuren bestückt sind. So richtige Weihnachtsstimmung kam bei mir hier nicht auf. Das liegt auch daran, dass wir diese Feiertage mit Winter, Kälte und im besten Fall natürlich mit Schnee in Verbindung bringen – und gefeiert wird bei uns mit der Familie. Hier in Nicaragua ist die Natur schön grün und die Temperaturen sind wie bei uns im Sommer, auch das Meerwasser ist sehr angenehm. Weihnachten ist nicht besinnlich wie bei uns, gefeiert wird laut und mit möglichst vielen Freunden. Die Preise für die Unterkünfte sind zu Weihnachten fast doppelt so hoch als üblich, da viele Einheimische gerne am Meer feiern.

Bei meinem ersten Besuch zur Weihnachtszeit waren wir elf Österreicher am Playa de Coco, südlich von San Juan del

Sur. Im Restaurant am Coco gab es ein ausgezeichnetes siebengängiges Festmenü mit Weinbegleitung um 50 US-Dollar pro Person, zusammengestellt und gekocht unter der Aufsicht von Silvio. Dazu wurde ein Unterhaltungsprogramm geboten. Nein, keine Weihnachtslieder. Silvio, Daniel und Gerhard, die Zivildiener, übten fleißig mit ihren Gitarren für den Heiligen Abend. Sie hatten einen Auftritt, und Laura, die Freiwillige aus Tirol, machte bei den Folkloretänzen mit. Wir ließen uns das nicht entgehen, einzig Silvio stand in der Küche und musste fleißig arbeiten. Wir genossen das tolle Essen und die Tanzvorführung. Dann sahen wir einen sehr erotischen Tanz, präsentiert vom Kellner Fredis mit einer jungen Dame. Der Musikauftritt der Burschen war der Abschluss des Programms. Obwohl Silvio erst einige Monate Gitarre spielte, war es ganz ordentlich. Spannend war die Auswahl der Musik für den Weihnachtsabend: von den Ärzten „Meine Freundin explodiert", von Bob Marley „Redemption Song" und von Antonio Banderas „Mariachi". Wir verbrachten einen sehr lustigen Heiligen Abend.

Am Weihnachtstag waren wir alle bei unseren amerikanischen Freunden von Casa Mariposa eingeladen, insgesamt 27 Leute. Lukas, der Vorarlberger Zivildiener, hatte Geburtstag. Er wünschte sich richtige Vorarlberger Käsespätzle und ich machte eine Riesenschüssel davon für ihn und uns alle. Den Vorarlberger Bergkäse hatte seine Mama gesponsert, ich mitgebracht und für diese Gelegenheit reserviert. Die Gastgeber grillten tolle Steaks – Salate, Nachspeisen und Kartoffeln wurden dazu serviert. Daniel hatte die Gitarre mit. Es waren ein toller Nachmittag und Abend mit Sonnenuntergang am Infinity Pool und sehr netter Gesellschaft. Ich saß da und sinnierte vor mich hin: „Wenn du ein schönes Haus in dieser Lage hast, was willst du mehr vom Leben. Dann hast du es geschafft. Das ist ein Traum."

Aber Weihnachten kann auch anders sein. 2011 feierten wir in Ostional, mit der Familie von Eunice, mittlerweile Silvios Frau. Es gab Disco im Veranstaltungszentrum des Dorfes, schön laut, und zur Discomusik wurde getanzt, Jung und Alt waren hier, das halbe Dorf. Nach dem Fest brachte jede der verwandten Familien etwas zum Essen mit, auch Silvio und ich beteiligten uns am Kochen. Eine lange Tafel war gedeckt unter dem Sternenhimmel und die Vielzahl der Speisen wurde aufgetragen. Gegessen wurde erst um Mitternacht.

Silvester am Playa de Coco war einer der Höhepunkte. Silvio musste wieder in der Küche arbeiten, es gab dasselbe Menü wie am Heiligen Abend. Wir kochten selber in der Küche der Zivildiener bei der Schule, Spaghetti Bolognese gab es. Silvio wäre liebend gerne nach San Juan gefahren, um richtig zu feiern, wie er meinte, aber er wurde überstimmt. Als er im Restaurant fertig war, gingen wir mit einer Flasche Rum an den Strand. Wir hatten schon ein wenig vorgewärmt mit Alkohol und Silvio beschloss, das nachzuholen. Doch war er das Trinken nicht gewohnt und so war er nach seinem Rum schon sehr gut drauf. Am Strand sah er Leute und in seinem Schwips lud er zum gemeinsamen Feiern ein. Es stellte sich heraus, dass es Verwandte des Expräsidenten Bolaños waren, der ein Haus am Strand besitzt. Sie sagten zwar ja dazu, aber er merkte nicht, dass die Leute lieber allein wären. Wir wünschten daraufhin alles Gute für das Neue Jahr und machten uns davon. Wir hatten unglaublich viel Spaß, besonders mit Silvio, dessen ständiges Lachen sehr ansteckend wirkte. Um Mitternacht prosteten wir am

Strand mit Rum im Plastikbecher auf das neue Jahr an und gingen anschließend schwimmen. Daniel hatte die Gitarre mit. Im Rancho spielte er und gemeinsam sangen wir, die Lieder bekamen teilweise neue Texte. Wir waren sehr ausgelassen, nur Silvio wurde bald müde und schlief in der Hängematte ein. Die Nacht war traumhaft bei angenehmer Temperatur und die Sterne am Himmel waren ungezählt.

Den Jahreswechsel 2011/12 feierten wir im „Casa Maderas". Dort genossen wir die Nähe der ruhigen, schönen Strände und verbrachten den Abend mit netten Leuten, die auch im Hotel untergebracht waren. Da gab es Kanadier, Russen, Amerikaner, Deutsche und Franzosen. Das Jahr darauf war ich das erste Mal in der Stadt San Juan del Sur. Ich hatte schon viel über das Silvesterfeiern hier gehört. Nun also erlebten wir Silvester so, wie es vor allem die Nicaraguaner lieben, und dafür kommen sie jedes Jahr scharenweise hierher, schlafen sogar am Strand, wenn es keine freien Quartiere mehr gibt. Bereits am 29. Dezember war es die ganze Nacht dermaßen laut, dass wir in der Früh nicht richtig ausgeschlafen waren, da der Schall bekanntlich nach oben geht. Die eigens am Strand aufgebauten Discos spielten bis halb fünf Uhr in der Früh mit einer Lautstärke, die bei uns niemals erlaubt würde. Die Musik der Discos war nicht mehr als solche wahrzunehmen, das war einfach nur noch Krawall, der sich hier in der Bucht fing wie in einem Amphitheater. Die einzige Lösung war, Fenster und Türen zu und selbst Musik hören. Und Tag und Nacht wurden Kracher und Raketen abgeschossen, der Wettbewerb war, wer hat die Lautesten, nicht wer hat die Schönsten. Wir begrüßten den Jahresbeginn auf der Terrasse mit einem Glas guten chilenischen Rotwein und beobachteten das Feuerwerk in der

Bucht. Es dauerte alles in allem zirka fünfzehn Minuten und war durch die Reflexion im Wasser besonders nett anzusehen. Beim Haus des Politikers auf dem Jesushügel gegenüber wurde am meisten Geld in die Luft geschossen. Ab zweiten Jänner kehrte endlich wieder Normalität und Ruhe ein und wir genossen das so richtig.

Semana Santa (Osterwoche) in San Juan del Sur, das ist wirklich verrückt. Da wird noch wilder gefeiert als zu Silvester, das ist wie Ausnahmezustand. Ostern 2013 haben wir diesen Zirkus live miterlebt und einmal muss man das gesehen haben, da man sonst keine Vorstellung von diesem Treiben hat. Wenn wer mag, dass es so richtig abgeht, dann ist das die richtige Zeit für diesen Ort, sonst ist es sicher vernünftig, das Hiersein zu vermeiden. Unglaublich viele Menschen aus dem ganzen Land kommen an den Strand, nun ist es die Stadt der Einheimischen, ob reich oder arm, alle sind sie hier. In der Zeitung schrieb man von 120.000 Menschen, die zum Feiern kamen. Da gibt es ganz viele Straßenverkäufer, überall werden Stände aufgebaut, da werden Essen, Trinken, Kitsch, Naschereien, selbstgefertigter Schmuck und alles Mögliche und Unmögliche angeboten. Ein Rummelplatz und einige Bühnen direkt am Strand oder an der Strandpromenade werden aufgebaut, und von Donnerstag bis Sonntag geht es darum, möglichst laute Musik zu bieten an allen Ecken der Stadt. Sehen und gesehen werden ist die Devise, viele junge Mädchen, teilweise mit Modelfiguren, gekleidet in heiße Shorts und sonst möglichst wenig sieht man überall in dem sonst so beschaulichen Touristenstädtchen. Wir gingen zum Black Whale auf ein Getränk. Direkt davor gab es Bühnen von Flor de Caña auf beiden Seiten der Straße. Es war ohrenbetäubend laut dort vorbei zu gehen.

Im Black Whale waren ein paar Einheimische mit ihren Musikinstrumenten und spielten für die Gäste nicaraguanische Folklore. Auf der Straße kam eine Gruppe mit der Riesenpuppe, der „La Gigantona", vorbei und die Begleiter trommelten, was das Zeug hielt. Das war eine einzige Geräuschkulisse, ein Mix aus Techno bis Ursprünglichem. Am Abend legen sich die Leute überall zum Schlafen nieder. Jedes verfügbare Zimmer ist vermietet, die, die keines mehr gefunden haben oder sich keines leisten können, liegen auf den Gehsteigen oder am Strand auf Kartons oder Schaumstoff, oft neben ihren Verkaufsständen. Wir hörten in unserem gemieteten Haus oberhalb des Städtchens all die verschiedenen Geräusche und vor allem die laute Musik bis gegen fünf Uhr in der Früh.

Wie gesagt, die Nicaraguaner feiern und tanzen sehr gerne. Da werden oft auch private Partys organisiert. Wir waren von einer Köchin des Restaurants am Coco, einer Kollegin von Silvio, eingeladen. Auf der Ladefläche eines Pickup Trucks wurden wir – sechs Österreicher – um 22 Uhr durch die einsame Nacht gekarrt. Wir hatten eine Rumflasche mit, da war das Gehoppel und Gerüttel über den Feldweg nicht so schlimm. Der einzige Verkehr waren Vierbeiner, Pferde und Ackergäule, die jeweils ein Paar oben sitzen hatten, das auch unterwegs zur Fiesta oder schon auf dem Rückweg war. Glücklicherweise kennt das Pferd den Weg, und für diese Fortbewegungsart gibt es keine Promillegrenze. Wir näherten uns dem Ort des Geschehens. Die Musik kam über Lautsprecher dem ganzen Dorf zugute und auf dem Platz vor dem Haus der Gastgeber wurde getanzt, auf festgetretener Erde. Außer uns waren nur Einheimische da und wir waren die Attraktion der Party. Ich bin sicher, dass sich vor uns ganz selten Touristen hierher verirrt hatten. Wir mischten uns unter die Tanzenden und hatten sehr viel Spaß. Als Getränke wurden Cola und Rum verkauft, damit ein paar Cordoba in die Haushaltskasse kamen.

Ein anderes Mal waren wir bei einer Geburtstagsparty eingeladen, im Kreise einer typischen nicaraguanischen Familie auf dem Land. Wir brachten eine Torte mit, sehr zur Freude des Geburtstagskindes. Da wurde „Cumpleaño Feliz" (Happy Birthday) gesungen, aber der Höhepunkt kam, als die Torte angeschnitten wurde. Die Creme des ersten Stückes landete zur Belustigung aller im Gesicht des Geburtstagskindes und dieses wurde ordentlich gefeiert. In armen Haushalten gibt es keine Kuchenteller und Kuchengabeln usw., nein, jeder nahm sein Tortenstück in die Hand und biss herunter. Da konnte man nur hoffen, dass nicht gerade das Wasser abgeschaltet war, was öfters passierte, damit man anschließend die süß-klebrige Masse von den Fingern waschen konnte. Dazu gab es dann noch extra süße Limonade oder Cola. Aber ganz viel Spaß und Freude war immer dabei.

Die Insel Ometepe

Bei meiner ersten Reise beschlossen Silvio und ich, Ometepe zu besuchen. Wir waren zu dritt, da Silvio zwei Tage vorher in Rivas Sarah kennen gelernt hatte. Sie wohnte am See, sah die Insel jeden Tag, war aber mit ihren siebzehn Jahren noch nie dort. Wir mussten zuerst bei ihrer Mama für sie die Erlaubnis für die Reise einholen. Mit dem Taxi ging es zur Fähre. Am Hafen in San Jorge herrschte reges Treiben. Kochbananen wurden von einem Boot abgeladen und die Fähre wurde mit allem Möglichen, was auf der Insel benötigt wurde, beladen. Wir gingen an Bord und beobachteten, wie ein großer LKW mit langem Hänger auf die Fähre eingewiesen wurde. Das war Zentimeterarbeit und dauerte, aber schlussendlich gelang die Operation. Es musste ein Traum sein für Sarah, endlich einmal die Insel zu besuchen. Der Nicaraguasee hatte ziemliche Wellen und die Fähre schaukelte ein bisschen. Mir machte das nichts aus.

Der Sage nach entstanden der See und die Insel durch eine tragische Liebesgeschichte. Die Häuptlingkinder zweier verfeindeter Indianerstämme verliebten sich ineinander. Dies war ihnen jedoch strengstens verboten. So flohen die beiden aus ihren Dörfern und versteckten sich in einem Tal. Sie wurden verfolgt, da entschlossen sie in ihrer Verzweiflung, sich die Pulsadern aufzuschneiden. Das Mädchen namens Ometeptl stürzte auf den Rücken, der Bursche taumelte noch einige Schritte, bevor er zu Boden fiel. Das Blut der beiden füllte das Tal, der heutige See, nur die Brüste von Ometeptl schauten heraus, die heutigen Vulkane Maderas und Concepción. Der Körper des Burschen bildete die Insel Zapatera weiter im Norden.

Langsam näherten wir uns der Insel Ometepe. Sie ist weltweit die größte vulkanische Insel in einem Süßwassersee. Der Concepción ist einer der aktivsten Vulkane in Nicaragua, sehr majestätisch mit dem formvollendeten Kegel, er beeindruckt mich immer wieder. Angekommen nahmen wir den Bus, der bis auf die Ostseite des Vulkans Maderas fährt. Wir stiegen bei der Finca Zopilote aus und gingen einige Minuten über einen idyllischen Pfad bergauf. Zopilote ist die Ökolodge eines Italieners, unglaublich schön gelegen, angeschmiegt an den Fuß des Vulkans. Überall blühen wunderschöne exotische Blumen. Außerdem gibt es Früchte, die den Gästen kostenlos angeboten werden. Ins Gelände wurden einige strohgedeckte Holzhütten gebaut, teils nur für Paare und Zweisamkeit, teils als Dormitorio (Schlafsaal) mit mehreren Betten. Weiters gab es eine Gemeinschaftsküche, in der die Gäste selbst kochen konnten, einen Pizzaofen, da wurde auf Vorbestellung am Abend Pizza gebacken. Die Duschen waren unter freiem Himmel, nur mit Wänden rundherum oder die sogenannte japanische Dusche, einfach mit hohem Schilf umgeben. Es arbeiteten Freiwillige dort, junge Leute, gegen Unterkunft und Verpflegung. Bei der Rezeption trafen wir Lukas und Flo, die Zivildienerkollegen, die aber noch am selben Tag aufbrachen. Silvio organisierte die Zimmer. Ich übernachtete im Dormitorio, das war unterhaltsamer und kommunikativer. Ich hätte nicht den kiffenden Franzosen kennengelernt, der jedes Jahr nur vier Monate arbeitete und dann irgendwo auf dieser Welt unterwegs war, die jungen Amerikaner und Kanadier, die sich unterwegs trafen und jetzt ein paar Tage miteinander reisten. Wir marschierten später mit Sarah ins Dorf und erkundeten die nähere Umgebung, auch die Finca Magdalena. Dort werden Kaffee, Kochbananen, Milch, Bohnen, Reis und Gemüse in biologischem Anbau produziert.

Am nächsten Tag wollten wir zum Wasserfall San Ramón auf die Westseite des Vulkans gehen. Andere Gäste, ein deutsches Paar und eine Holländerin, schlossen sich uns an. Nach kurzer Zeit meinte Silvio, er würde ein Auto auftreiben. Bei einem Haus stand ein Pickup Truck und er ging hinein und fragte den Besitzer, ob er mit uns auf die Westseite fahre. Der meinte, er hätte keine Zeit. Silvio und Sarah warteten geduldig auf eine Mitfahrgelegenheit. Wir anderen gingen weiter. Vor einem bescheidenen Häuschen spielten mehrere Kinder. Als sie meinen Fotoapparat sahen, wollten sie, dass ich ein Foto von ihnen mache. Sie stellten sich auf wie die Orgelpfeifen, sieben Stück, jedes Jahr eines. Ich zeigte ihnen das Foto am Display. Der Zweitjüngste sagte: „Dollar". Der wollte sich bezahlen lassen für das Modellstehen, so ein Gauner. Die ältere Schwester wies ihn gleich zurecht. Nach etwas mehr als einer halben Stunde kam der Pickup Truck und lud uns auf. Silvio erzählte, der Besitzer hatte ihm ungefähr eine halbe Stunde später die Fahrt angeboten. Wir waren dann doch froh, nicht weitergehen zu müssen, da die Sonne ziemlich erbarmungslos herunterbrannte. Jeder zahlte seinen Anteil, da hielten sich die Kosten in Grenzen. Silvio handelte mit dem Fahrer gleich die Rückfahrt für den Abend um sechs Uhr aus und sagte, wenn er pünktlich sei, gäbe es einen Bonus. Im Restaurant nahmen wir einen Imbiss, dann spazierten wir zum Wasserfall hoch. Laut Angaben waren es drei Kilometer, wobei es schien, dass der dritte Kilometer viel länger war als die ersten zwei. Ein toller Spaziergang war es allemal, und das Wasser fiel aus einer Höhe von 50 Metern über eine bemooste Felswand in ein flaches Becken mitten im Dschungel. Am schönsten ist der Wasserfall während und nach der Regenzeit, ein wunderschönes Plätzchen. Wir gingen alle baden und duschen in dem erfrischenden Wasser, eine tolle Belohnung nach dem Marsch. Erstaunlicherweise kam unser Chauffeur pünktlich und wir waren rechtzeitig zum Pizza Essen wieder zurück in der Finca. Für den nächsten Tag planten wir die Besteigung des Vulkans Maderas. Er ist nicht ganz 1400 Meter hoch und neben dem Vulkan Mombacho der einzige Ort mit Nebelwald in der Pazifikregion Nicaraguas. Für uns bedeutete das ungefähr 1.350 Höhenmeter, die wir zu bezwingen hatten.

Silvio war auf der Suche nach geeigneten Schuhen für unseren Ausflug. Er war nur mit Flip Flops ausgestattet. Alle Besucher der Finca fragte er, ob sie Schuhe für ihn hätten. Ein paar zerrissene Turnschuhe wurden ihm angeboten. Ehrlich, ich würde meine auch niemandem borgen, schon gar nicht, wenn man weiß, wie schmutzig sie nach der Vulkanbesteigung sind. In der Früh mussten wir also zuerst Turnschuhe für Silvio auftreiben. Wir erfuhren, dass es ein Geschäft mit Schuhen gebe. Dort gab es eine kleine Glasvitrine mit einigen Paaren drin, unter anderem einem Paar Turnschuhen mit Größe 41. Silvio meinte, zur Not gehe eine Nummer kleiner auch. Es wurde darauf hingewiesen, dass man nicht ohne Führer auf den Vulkan gehen dürfe. Anscheinend waren irgendwann drei Leute verschwunden. Im oberen Drittel gab es meist tiefhängende Wolken, daher Nebelwald. Silvio wollte unser Führer sein, da er vor kurzem erst oben war und meinte, es sei nicht schwer hinauf zu finden. Das deutsche Paar aus der Stuttgarter Gegend beteiligte sich wieder an unserem Abenteuer, die Frau musste jedoch bald umkehren, da sie gesundheitliche Probleme hatte. Anscheinend laborierte sie an einer Nierenbeckenentzündung. Durch die Schuhsuche gingen wir erst um halb elf weg. Wir marschierten zügig bergauf durch die Bananenplantagen. Weiter oben wechselte der Anbau und wir gingen entlang von Kaffeebüschen. Auf einer Lichtung hatten wir einen tollen Ausblick auf den Isthmus der Insel und auf den Vulkan Concepción. Der See war so groß, dass Richtung Osten das Ufer nicht sichtbar war. Dann wechselte die Vegetation immer mehr von tropischem Trockenwald in Nebelwald. Eine andere Gruppe mit Führer begegnete uns. Er meinte, wir seien spät dran. Aber er wusste nicht, dass wir geländegängige Mitteleuropäer und gut zu Fuß waren. Der Weg begann rutschig zu werden, die Bäume, Büsche und Gräser trieften immer mehr und der Pflanzenwuchs wurde dichter. Wir kamen an Urwaldriesen vorbei, die dicht mit Bromelien, Orchideen und Lianen behangen waren. Man hörte Brüllaffen in der Nähe, wir sahen viele Vögel, schöne bunte Schmetterlinge, unter anderem große blaue. Weiter oben gab es dann überall Moose, teilweise von den Bäumen herunterhängend. Die Natur sah sehr mystisch aus, die Wolken hingen tief. Pflanzen mit riesigen Blättern standen am Wegrand. Teilweise rannen kleine Bächlein auf dem Weg oder wir sanken im knöcheltiefen Schlamm ein. Irgendwann waren wir oben auf der Kuppe und es ging bergab ins Vulkaninnere. Wir sahen nicht viel, weil der Nebel die Aussicht verhüllte. Es dauerte nicht lange und wir kamen auf eine Ebene, eine Wiese, und da lichtete sich der Nebel etwas und wir sahen kurz die Lagune. Wie in einem Märchen sah alles verwunschen aus. Man konnte meinen, gleich steige irgendwo ein Drache oder eine Riesenschlange aus dem See. Einige Meter hoben sich die Wolken, dann war der See wieder verhüllt. Es war kalt. Wir gönnten uns nur eine kurze Pause, um uns etwas zu stärken, dann machten wir uns auf den Rückweg. Beim Bergabgehen in die Lagune schmerzten Silvio die zu kleinen Schuhe so sehr, dass er sie vor dem Abstieg auszog und tatsächlich barfuß den ganzen Vulkan hinunter ging. Wir waren sehr flott unterwegs. Zuerst machte ich mir ja noch Gedanken, ob es nicht ein Fehler war, Sarah mitzunehmen, da Silvio sie am Tag zuvor zum Wasserfall bergauf teilweise getragen hatte, und gegen die heutige Wanderung war das ein Spaziergang gewesen. Umso erstaunter war ich, als sie den ganzen Tag unser Tempo mithielt. Das letzte Stück war dann wie eine Erholung, als es wieder trocken wurde unter unseren Schuhen. Der erste Bursche, der uns begegnete und ungefähr die passende Schuhgröße hatte, bekam die Turnschuhe von Silvio, sehr schmutzig, aber nagelneu. Der freute sich sehr. Es war ein anstrengender, aber sehr schöner Ausflug. Zu guter Letzt war die größte Herausforderung das Putzen der Schuhe. Bis zu den Knien waren wir schmutzig.

Am Tag darauf machten wir den Umweg zum Ojo de Agua *(s. F24)*, ein Naturschwimmbecken mit frischem Wasserzulauf, das am unteren Ende wieder abläuft. Herrlich, mitten im Grünen, von großen Bäumen umgeben. Von einem Baum hing ein Seil mit einem Holzgriff, von dem aus die Jugendlichen auspendelten und dann in den See hüpften, einfache Konstruktion mit großem Spaßfaktor. Das Wasser lud ein zum Schwimmen, glasklar, angenehme Temperatur. Ein bisschen entspannen auf den Liegestühlen, dann machten wir uns auf den Weg zurück zur Straße, Silvio mit der Gitarre auf der Schulter, die ihn überall hin begleitete, und Sarah an der Hand. Wir beschlossen, ein Auto zu stoppen, um zur Fähre zu kommen. Dann hieß es Abschied nehmen von der schönen Insel. Es gibt hier überall viele Blumen vor den kleinen, gepflegten Häuschen entlang der Straße am Fuße des Concepción. Sarah war traurig, dass der Ausflug dem Ende zuging.

Das war nicht das einzige Mal, dass es mich auf diesen schönen Fleck der Erde gezogen hat. Mit meinen Eltern, Silvio, Heiky und Gloria, einer Nicaraguanerin, die mit einem österreichischen Koch in Amerika verheiratet ist, quartierten wir uns im Hotel Villa Paraíso ein, die Besitzerin ist Österreicherin. Es liegt in Santo Domingo auf der Ostseite der Insel zwischen den zwei Vulkanen direkt am See. Den Sack voll mit Mangos, die man zur Saison in Rivas fast geschenkt bekommt, legten wir auf den Tisch vor dem gemieteten Häuschen, sehr zur Freude der Urracas, die sich über unsere Früchte hermachten (s. F43). Die Urracas sind sehr laute Vögel, mit weißem Bauch und blauen Flügeln, langem Schwanz mit weißer Unterseite und blauer Oberseite, genauso wie der Rücken. Um Hals und Kopf haben sie einen schwarzen Ring und am Kopf ein zirka zwei Zentimeter langes Federbüschel. Bis zu zwanzig verschiedene Vogelstimmen können sie imitieren. Wir überließen ihnen die zwei angepickten Früchte und legten sie auf das Geländer der Terrasse. Den Rest brachten wir in Sicherheit. Nun konnten wir aus nächster Nähe die frechen Diebe beobachten. Sie schienen hier noch weniger scheu zu sein als sonst. Später machte ich einen Spaziergang am Ufer des Sees. Da gab es orange blühende Bäume mit wunderschönen Blüten, die ein bisschen die Form von Orchideen haben. Santo Domingo besitzt einen langen Sandstrand und der See macht hier richtige Wellen. Man könnte meinen, man ist am Meer, nur Wasser, so weit das Auge reicht, so schön blau ist es allerdings nicht. Wir beschlossen, am nächsten Tag rund um den Vulkan Maderas zu fahren. Das war ein Halbtagesausflug, nicht auf die Länge der Strecke bezogen, sondern auf Grund der Zeit, die uns diese Strecke kostete. Damals gab es nur bis kurz vor Playa Domingo eine gepflasterte Straße, die Pflastersteine für ein weiteres Stück waren bereits geliefert. Der Großteil der Straße war in fürchterlichem Zustand. Verkehr gab es so gut wie keinen, wenn man absieht von den Pferden, die uns begegneten, oder den Hühnern, Schweinen und Kühen auf der Straße, oder den Kindern. Die Landschaft war unglaublich schön, und öfters sahen wir Anbauflächen von Plátanos, Bohnen oder Mais, auch Fruchtbäume gab es bei den Häusern. Die Leute leben hier sehr einfach und zufrieden, hauptsächlich von Reis, Bohnen, den eigenen Hühnern, Fisch aus dem See und Plátanos, das sind die Grundnahrungsmittel. Es ist zu weit, um jeden Tag einkaufen zu gehen, die Menschen versorgen sich hier hauptsächlich mit Eigenbau. Es schüttelte und rüttelte uns so richtig durch und durch auf der Holperstraße, aber wir bereuten die Entscheidung für die Fahrt nicht, es war ein prägendes Erlebnis. Zur Entspannung gingen wir anschließend ins Ojo de Agua schwimmen und genossen das klare und warme Wasser und die Idylle inmitten der Natur. Auf der Rückfahrt mit der Fähre waren die Wellen noch etwas höher als bei der Hinfahrt und Mama hatte große Mühe damit. Kurz nach der Abfahrt verschwand sie auf der Toilette und kam erst wieder heraus, als wir in San Jorge anlegten. Die Ärmste war ganz weiß im Gesicht und entleert. Auf festem Boden erholte sie sich sehr schnell.

Als Marian sagte, er hätte gehört, dass Ometepe so schön sei, aber allein wolle er dort nicht hin, dachte ich, das ist die Chance – sowohl als auch. Ich hatte große Lust, ihn näher kennen zu lernen, und ich wollte schon immer den Vulkan Concepción besteigen. Mein Angebot war, falls er mit mir auf den großen Vulkan gehe, würde ich ihn begleiten. Abgemacht. Wir beschlossen, einen gemeinsamen Ausflug nach Ometepe zu machen. Wir trafen uns beim Taxistand, fuhren nach Rivas mit dem Colectivo (Sammeltaxi), von dort mit dem nächsten Colectivo nach San Jorge. Das spart Geld, kostete uns pro Person zwei Euro, die Fähre inkludiert gaben wir nicht einmal vier Euro aus und befanden uns auf der Insel. Wir beschlossen, ein Moped auszuborgen, jedoch hatten wir beide keinen Führerschein mit und ohne gab es keines. Daran hatten wir nicht gedacht. Also gingen wir zu Fuß und versuchten, Autostopp zu machen, wir hatten nicht Lust zu stehen und auf den Autobus zu warten. Wir gingen ein ordentliches Stück zu Fuß. Aber das machte richtig Spaß und wir nahmen die Umgebung besonders unmittelbar wahr. Unterwegs ergab sich eine wichtige Frage, getrennte Zimmer, ja oder nein? Gemeinsam war es natürlich billiger und wir entschieden uns für diese Variante. Irgendwann kam der Bus und wir fuhren mit ihm bis zu unserem Hotel Villa Paraíso am Playa Santo Domingo, das ich schon vom letzten Aufenthalt kannte. Es gab nur noch ein freies Häuschen mit einem Zimmer, also keine Alternative. Das Lustige war, das Zimmer hatte ein Gefälle, das Fundament hatte sich auf einer Seite gesetzt. Man musste also aufpassen, dass man nicht von einem Bett in das andere rutschte, für den Fall, dass man sich nicht näher kommen wollte. So begann unser Liebesabenteuer auf der Insel Ometepe, es ließ sich nicht verhindern.

Gleich für den nächsten Tag buchten wir eine geführte Tour auf den großen Vulkan. Da hieß es früh aufstehen. Wir bekamen ein Lunchpaket mit und wurden gemeinsam mit dem Berg- und Naturführer Douglas mit dem Auto zum Fuße des Concepción geführt. Dann ging der Fußmarsch los, zuerst noch durch bewohntes Gebiet, dann durch Bananenplantagen, die teilweise im Schatten von großen Bäumen lagen, immer bergauf und je weiter wir kamen, umso herausfordernder wurde der Weg, steiler und steiler, die Vegetation hatte sich geändert, wir kamen durch Gelände mit Buschwerk, die Bäume hatten wir hinter uns gelassen. Immer wieder sahen wir verschiedene Orchideen entlang des Pfades und der Ausblick war fantastisch. Der Blick fiel auf den Isthmus zwischen den zwei Vulkanen und auf den kleineren Bruder Maderas, rundherum Wasser, soweit das Auge reichte *(s. F23)*. Douglas erklärte uns die Nutzung verschiedener Pflanzen, da gab es zum Beispiel eine, mit deren Blättern sich die Einheimischen einrieben, um die Moskitos fernzuhalten. Eine andere hatte Blüten mit besonders viel Vitamin C, die man essen konnte. Sie schmeckten süß-sauer. Marian hatte leider nur Sandalen mit, das war eindeutig ein Handicap. Es waren zwar sehr gute, konnten aber mit meinen festen Wanderschuhen nicht konkurrieren. Er hatte mir später gestanden, nur der Anblick meiner Rückseite motivierte ihn, so weit den Berg hochzugehen. An der Rezeption des Hotels wurde uns gesagt, die Besteigung sei nur bis 1.000 Höhenmeter erlaubt. Ich wollte natürlich ganz hinauf. Aber 2010 gab es einen Ausbruch, bei dem Gas und Asche bis zu 150 Meter hoch in die Luft geschleudert wurden und die Dörfer rundherum mit einer Ascheschicht bedeckten. Der ungefähr 1610 Meter hohe Berg ist unberechenbar und einer der aktivsten Vulkane in Nicaragua, daher gab es diese Vorsichtsmaßnahme. Douglas meinte, wenn sich die Wolkendecke hebe, würde er mit mir weiter gehen, wenn nicht, sei es zu gefährlich, weil unter der Wolkendecke gefährliche Dämpfe hängen bleiben könnten. Marian hätte auf uns gewartet, da er mit seinen Sandalen nicht weiter gehen wollte und konnte. Der Weg wurde immer schwieriger, er war nicht mehr sehr befestigt, sondern es gab immer mehr loses Material, welches das Gehen nicht einfacher machte. Man musste bei jedem Schritt aufpassen, dass man sich mehr nach vorne als nach rückwärts bewegte. Als wir zur Wolkengrenze kamen, machten wir Pause und aßen und tranken. Mit einer zünftigen Jause, die wir auf unseren Bergen essen würden, hatte das mitgebrachte Lunchpaket aus dem Hotel nichts zu tun. Da sich die Wolkensituation nicht änderte, hieß es dann umkehren und mein Ziel, einmal diesen Berg zu bezwingen, musste ich auf ein anderes Mal verschieben. Wir begannen den Abstieg. Wir trafen zwei Einheimische, die mit dem Fahrrad die geernteten Plátanos transportierten. Sie zeigten uns ein Blatt, das sehr schön verzweigt war und drückten es auf unseren Handrücken. Der Abdruck war weiß und hielt für die nächsten Stunden. Faszinierend, was die Natur so alles zu bieten hatte, ein gratis Tattoo, das ganz von alleine wieder verschwindet. Es war ein wunderschöner Tag. Als wir zurück im Hotel waren, nahmen wir mit Douglas noch ein Getränk. Während der ganzen Wanderung übersetzte ich für Marian die spanischen Erklärungen auf Deutsch. Nun, als wir zurück waren, registrierten wir, dass er sehr gut Englisch sprach. Marian und er unterhielten sich bestens. Wir trafen zwei andere Österreicher, die einen Privatführer engagiert hatten und eine Tour durch Costa Rica und Nicaragua machten. Dann hieß es duschen, entspannen, Abendessen. Ein genialer Tag. Schwimmen im Ojo de Agua stand am nächsten Tag am Programm. Dazu tranken wir einen Coco loco, eine verrückte Kokosnuss. Dafür wird eine ganze Kokosnuss geöffnet und dazu gibt es ein Glas Rum Flor de Caña. Man trinkt einen ordentlichen Schluck des Kokoswassers aus der Nuss und schüttet den Rum hinein. Mit dem Strohhalm wird etwas gerührt, dann kommt der wahre Genuss, besser geht nicht und trotz Schuss ist das immer noch sehr gesund, mit den vielen Mineralien und Vitaminen. Wir hatten so viel Spaß miteinander und genossen einfach nur unser Dasein. Ich war mir sicher, viele Menschen können einfach nur träumen von einem Leben wie ich es gerade führte und in vollen Zügen inhalierte. Auf dem Weg zur Fähre machten wir Autostopp. Marian war skeptisch, aber am Sonntag fuhr kein Bus, es gab keine Alternative. Das erste Auto blieb auch gleich stehen. Es war ein Einheimischer, der für ein Hotel den Shuttledienst machte. Schade, dass er bald abbiegen musste, aber immerhin waren wir ein ordentliches Stück weiter gekommen. Wir spazierten, bis wieder ein Auto kam. Das waren zwei Männer, die an den elektrischen Leitungen arbeiteten. Sie blieben stehen und sagten, leider müssten sie da vorne zum Arbeiten stehen bleiben. Also hieß es weiter gehen. Es war so entspannend und wir hatten Zeit, alles genau zu beobachten, die vielen Blumen in den Gärten, die schönen Bäume, die spielenden

Kinder, grüßende Menschen, die Kühe auf den Weiden, den Vulkan, der wieder seine ganze Größe preisgab. Ich sagte zu Marian: „Gib zu, dass du dir die Wolken herbei gewünscht hast, damit du nicht so weit hinauf gehen musst." Klar war er froh, dass wir umkehren mussten. Er meinte, seine Kondition war so schon ausreichend gefordert. Ein Auto blieb neben uns stehen, die Elektriker von vorher folgten uns und nahmen uns ein schönes Stück mit. Wir unterhielten uns köstlich, sie hatten richtig Spaß daran, mit uns zu plaudern und uns mitzunehmen, das spürten wir, vor allem der Beifahrer hatte so ein ansteckendes Lachen und ein frohes Gemüt. Sie mussten wieder stehen bleiben und arbeiten. Marian, der anfangs sehr skeptisch war, was das Fahren per Anhalter anbelangte, war nun ganz begeistert, wie toll das funktionierte und wie gut ich mich mit den Leuten unterhielt. Es machte Spaß, sich mit diesen freundlichen und hilfsbereiten Menschen auszutauschen. Sie interessierten sich für uns und unsere Herkunft und beantworteten gerne unsere Fragen. Das nächste Auto blieb stehen und nahm uns mit. Es war ein Ehepaar, er aus Guatemala, sie aus Nicaragua. Sie waren hier im Urlaub bei der Familie, hatten aber auch geschäftlich zu tun. Wir plauderten nett. Sie gaben uns eine Visitenkarte und ich sah, dass er Chef einer großen Firma war, die auch in Nicaragua vertreten ist, und für den Chef hier hatte Silvio am Playa Coco einen Rancho (überdachte Terrasse) gebaut. Wir erreichten zeitgerecht die Fähre. Das war unsere erste kleine gemeinsame Reise und wir hatten keine Ahnung, was dem folgen würde.

Rivas

Die Hauptstadt des Departementos (Verwaltungsbezirk) mit
seinen ungefähr 28.000 Einwohnern wurde in der ersten
Hälfte des 18. Jahrhunderts gegründet und stieg während
des kalifornischen Goldrauschs zu Bedeutung auf. Die Kirche
San Pedro stammt noch aus der spanischen Kolonialzeit. Sie
ist von außen sehr beeindruckend, obwohl mittlerweile der
Anstrich von den Regenzeiten etwas beeinträchtigt ist. Auch
innen könnte sie eine Restaurierung vertragen. Der Parque,
der Platz vor der Kirche mit vielen Palmen, ist beliebter
Treffpunkt der Einheimischen. Für uns ist Rivas immer
wieder ein Fixpunkt, da wir hier die meisten Dinge einkaufen, die man in San Juan nicht bekommt. Die Bank ist in
Rivas und die Eltern meiner Schwiegertochter Eunice wohnen hier. Das Ballestero oder der Comedor Mesón sind immer ein Fixpunkt. Im Ballestero, das ist eine Bäckerei, gibt
es einerseits ein gutes Mittagsbuffet, sehr günstig, aber noch
wichtiger, einen guten Kaffee aus der Espressomaschine, vor-
ausgesetzt, die Maschine ist nicht wegen erforderlicher
Reparatur außer Betrieb. Der Comedor Mesón ist ausgezeichnet und sehr preisgünstig zum Mittagessen, auch in
Buffetform und mit einer sehr guten Auswahl. In Rivas ließ
ich bei einem Sattler Polsterauflagen für meine Poolliegen

anfertigen, und einen guten Schuster gibt es hier auch. Mittlerweile befindet sich ein Geschäft für Poolequipment und Poolchemie mit sehr gutem Sortiment in der Stadt. Der Mercado (Markt) *(s. F20)* ist sehr groß, da gibt es alles Mögliche und Unmögliche zu kaufen. Vor allem Obst und Gemüse sind hier billiger als in San Juan del Sur. Ein großer Sack mit ungefähr zwei Kilogramm Suppengemüse kostet weniger als einen Dollar. Riesenmangos kaufte ich das Stück um einen halben Dollar, die waren ungefähr 25 Zentimeter lang und ich hatte nie zuvor so gute Mangos gegessen. Einige Ferreterías (Baumärkte) und Fachgeschäfte gibt es hier. Auch unser Mechaniker hat seine Werkstätte etwas außerhalb der Stadt. Meine alten Batterien konnte ich hier entsorgen und bekam sogar einige Dollar dafür. Das zu San Juan nächstgelegene Krankenhaus befindet sich in Rivas und der Busbahnhof ist Ausgangspunkt für die Weiterreise zu den Ortschaften der Umgebung und auch nach Managua. Für die Expressbusse jedoch gibt es eine Haltestelle beim Kreisverkehr an der Panamericana. Violeta Chamorro war die erste Frau, die zur Präsidentin von Nicaragua gewählt wurde, aber auch die erste des ganzen amerikanischen Kontinents. Sie wurde in Rivas geboren und regierte das Land von 1990 bis 1996. Der geplante Kanal von der Karibik bis zum Pazifik, zu dem es im Jahr 2012 einen Parlamentsbeschluss gab, soll in der Nähe von Rivas vom See zum Meer geführt werden.

Erfahrungen mit Ärzten in Nicaragua

Elf Monate war es her, dass der Zahnarzt in Österreich Silvios Zähne kontrolliert hatte und alles war damals vor seinem Zivildienst in Ordnung. Irgendwann vor Jahren hatte er eine kleine weiße Plombe bekommen, sonst waren alle seine Zähne top. Außerdem versicherte mir Silvio, dass er die Zähne immer besonders gründlich geputzt hatte. Aber seit einiger Zeit spürte er Zahnschmerzen. Der Zahnarzt in Managua machte ein Röntgen und kontrollierte sein Gebiss ganz genau. Er meinte, für den einen Zahn, der schon länger wehtat, müsse eine Krone angefertigt werden und außerdem fand er sechs Löcher. Das war heftig. Ich war mir sicher, dass die Zähne vom vielen gezuckerten Fruchtsaft ruiniert wurden. Silvio musste öfters nach Managua kommen, bis alles fertig war. Ich vertraute dem Zahnarzt, bezahlte alles im Voraus mit der Kreditkarte und nahm ihm das Versprechen ab, gute Arbeit zu leisten. 1.350 US-Dollar für eine Porzellankrone und sechs weiße Füllungen, das war nicht wenig. Er enttäuschte mich nicht, leistete gute Arbeit und alle Reparaturen hielten bis heute.

In Nicaragua sieht man schon die Kinder mit der Machete in der Hand. Als Silvio auf Grundstückssuche war, arbeitete er sich am Ende der Regenzeit mit der Machete durch das

Gelände, das dichte Gestrüpp vor sich abhackend. Nicht geübt in dieser Tätigkeit, rutschte Silvio ab und schnitt sich mit dem langen Messer ins Knie. Er hatte sich eine ordentliche Wunde eingehandelt. In San Juan del Sur gibt es ein „Center de salud" (Krankenstation) und es blieb ihm nichts anderes übrig, als sich da verarzten zu lassen. Eine Ärztin nähte seine etwa sieben Zentimeter lange Wunde tadellos und sie verheilte sehr schön. Er wollte bezahlen, aber es wurde ihm erklärt, sie dürften kein Geld nehmen. Ob er etwas spenden dürfe für das Gesundheitszentrum wegen der guten Betreuung? Das wurde akzeptiert. Diese Gesundheitszentren gibt es in allen etwas größeren Dörfern und die Behandlung ist für die Bevölkerung kostenlos. Das nächstgelegene Krankenhaus ist in Rivas und soll sehr gut sein, das hörte ich von mehreren Personen, unter anderem von einem Deutschen, dessen Frau dort entbunden hatte.

Ich selbst hatte ein Schönheitsproblem mit einem meiner Zähne. Nach einer Wurzelbehandlung in Österreich färbte sich einer meiner Zähne dunkel und das war gut sichtbar, wenn ich lachte. Es störte mich ungemein. Es war der zweite Zahn oben links und ich konnte nicht mehr den Mund aufmachen, wenn jemand ein Foto machte. Nun entschied ich mich, die einheimischen Zahnärzte selbst auszuprobieren. Durch eine Facebook-Werbung und die Homepage des Zahnarztes fasste ich Vertrauen zu einer Zahnklinik in Managua und schickte vorerst ein Mail mit einem Foto vom Zahn und ein paar Fragen, unter anderem auch, wie viel die Reparatur kosten würde. Dann machte ich mich auf nach Managua zu meinem ersten Termin und war nicht wenig erstaunt. Die Ordination war sehr elegant und modern eingerichtet, die einzelnen Behandlungszimmer hatten große

Fenster mit exotischen Pflanzen davor. Da gab es in die Decke eingebaute Flachbildschirme, damit sich die Kunden, während sie warten mussten oder während der Behandlung, ablenken konnten. Welches Programm ich sehen wolle, wurde ich gefragt, es gab es auch ein deutsches. Es wurde ein Röntgen gemacht, dann bekam ich ein Angebot. Ich ging davon aus, dass eine Krone notwendig war. Aber der Zahnarzt erklärte mir, manchmal komme es vor, dass sich nach der Wurzelbehandlung etwas Blut im Zahn bilde und das verfärbe dann den Zahn. Das könne man durch Bleichen entfernen, man nehme die Füllung raus, gebe das Mittel hinein, nach acht Tagen sollte alles erledigt sein. Wenn nicht, würde der Vorgang wiederholt, so erklärte man mir. Das Bleichmittel werde herausgeholt, neue Füllung rein, erledigt. Koste 150 Dollar. Das war schwer in Ordnung für mich. Ich ließ mir außerdem von der einzigen in den USA ausgebildeten nicaraguanischen Spezialistin für Zahnhygiene eine professionelle Zahnreinigung machen, das kostete mich 70 Dollar. Bei mir musste der Bleichvorgang zweimal wiederholt werden. Nach der dritten Behandlung wunderte ich mich schon, da jedes Mal ganz schön viel Zeit an meinem Zahn gearbeitet wurde, dass es nicht mehr kostete. Ich sollte besonders vorsichtig sein, keine harten Sachen beißen, da der Zahn momentan ziemlich fragil sei. Prompt brach mir zwei Tage vor meinem letzten Termin beim Yucca Chips essen der Großteil des Zahnes heraus – und geschluckt hatte ich ihn auch noch, aus Versehen. Oje, das war jetzt sicher nicht gut für meine Geldbörse. Aber Glück im Unglück, der Zahn daneben zeigte nun so offen daliegend eine vorher versteckte Stelle mit Karies. Die wäre nicht entdeckt worden. Der wurde repariert und dieses wirklich kleine Stück des Zahnes, der noch vorhanden war, wurde exzellent in den neu zu modellierenden Zahn integriert. Ich bezahlte noch 80 Dollar zusätzlich, für insgesamt vier Termine und sicher fast fünf Stunden Behandlung. Das waren insgesamt keine 270 Euro inklusive Zahnreinigung und ich war sehr zufrieden. Diese Zahnprofis kann ich an jeden weiter empfehlen. Ich hatte schon mehrfach gehört, dass es gute Zahnärzte in Nicaragua gebe. Nun kann ich das bestätigen. Natürlich ist diese Zahnklinik für Nicaragua sehr teuer, man kann hier alles auch billiger haben, ich wollte nur kein Risiko eingehen.

Grundstückskauf

Mein erster Urlaub in Nicaragua war zu Ende. Wieder zurück in Wien bekämpfte ich erfolgreich meinen Jetlag. Wie ich das mache? Wichtig ist, nicht der Müdigkeit nachzugeben und am Ankunftstag erst zur normalen mitteleuropäischen Zeit schlafen zu gehen. Da heißt es aktiv sein, Wäsche waschen, was auch immer, anschließend kann ich bis in der Früh durchschlafen, wenn der Wecker abgeht, aufstehen und ins Büro fahren. Funktioniert bei mir immer ganz toll.

Mit meinen Gedanken war ich ganz weit weg. Schon länger fühlte ich mich immer mehr eingeengt von meinem Beruf und den Rahmenbedingungen. Auch bei meiner Beziehung wusste ich, dass sie im Gefühlsbereich abgeschlossen war. Aber momentan sah ich keinen Bedarf, alles auf den Kopf zu stellen. Ich hatte viel zu erzählen und auch mit Wolfhart, einem lieben Kollegen und Freund, plauderte ich bei einem Kaffee. Es gab wieder ein Abfertigungsmodell in der Firma und er gestand mir später, er befürchtete, dass ich gleich aussteige, da ich so schwärmte und Fernweh hatte und ihm von der Idee erzählte, ein Grundstück zu kaufen. Aber es war wie jedes Mal, wenn ich von einem tollen Urlaub zurückkam. Viel schneller als mir lieb war, fraß mich der Alltag auf, ich war wieder in der alten Mühle, die sich drehte und drehte und ich entkam ihr nicht. Silvio war sehr aktiv in Nicaragua, sobald er den Zivildienst abgeschlossen hatte, ging er auf Grundstückssuche. Ich erteilte ihm genaue Suchkriterien: weit genug weg vom Meer auf einem Hügel, damit der Tsunami keine Chance hat, traumhafter Meerblick und Wasser müssen da sein. Außerdem sollte es in der Umgebung die wichtigste Infrastruktur für ein gemütliches Leben geben. Und der Preis musste stimmen. Wenn diese Punkte nicht zusammen treffen, dann sollte es nicht sein und wir würden es bleiben lassen.

Die Tage und Wochen gingen dahin, Silvio beschloss, zu Fuß von Nicaragua durch ganz Honduras bis nach Guatemala zu gehen – und zwar allein. Fünf Wochen war er unterwegs auf Abenteuer. Es war ein tolles, wichtiges und herausforderndes Erlebnis für ihn. Zurück in Nicaragua beschäftigte er sich wieder aktiv mit der Grundstückssuche. Er schickte mir in regelmäßigen Abständen Fotos und rief mich an, um die Rahmenbedingungen der Objekte zu besprechen. Immer wieder musste ich sagen, das ist es nicht. Doch zirka 4 Wochen vor seiner Rückreise nach Österreich traf er in San Juan einen Deutschen, der größere Ländereien besitzt und ab und zu ein Grundstück verkaufte. Nach Beschreibung und Fotos und Gefühl dachte ich, vielleicht sollte es so sein. Wir entschieden uns zu kaufen. Silvio leitete alles Notwendige in die Wege und das Geschäft wurde abgeschlossen. Nun war ich Grundstücksbesitzerin in Nicaragua, im Gemeindegebiet von San Juan del Sur, auf einem sanft ansteigenden Hügel ca. 800 Meter vom Strand „Playa Marsella" entfernt, mit Meerblick. Wow, wer hätte das gedacht. Es war gar nicht schwierig, Silvio sprach gut Spanisch, der Verkäufer Deutsch, wir beauftragten einen Anwalt mit der Vertragsgeschichte und der Grundstückseintragung. Der Verkauf war problemlos über die Bühne gegangen, auch die Eintragung ins Register war einige Monate später erledigt. Mein Anteil daran war das Geld zu schicken. Silvio war glücklich, dass wir die Entscheidung getroffen und umgesetzt hatten und kam Ende Juli 2007, nach knapp eineinhalb Jahren Nicaragua, wieder nach Wien. Er wollte sobald als möglich wieder dahin zurück, es schien, die Welt dort passte besser für ihn als unsere. Für das Rote Kreuz warb er Mitglieder und er ging tatsächlich von Tür zu Tür, zuerst in Niederösterreich, dann in Wien. Das Geld auf diese Art zu verdienen war schwerer, als er dachte, aber er gab nicht auf, er hatte ein klares Ziel vor Augen. Sein Resümee, wenn arm sein, lieber in Nicaragua als in Wien. Er erzählte mir, dass er oft ärmliche Verhältnisse antraf in den Wiener Wohnungen. In Nicaragua bist du einer von vielen. Hier in Wien ist das anders und es ist außerdem im Winter bitterkalt, wenn du kein Geld zum Heizen hast.

Veränderungen in meinem Leben

Im Jahr 2008 war das Jahr der vielen Entscheidungen und der Neuausrichtungen. Mein langjähriger Lebensgefährte und ich beendeten unsere Beziehung. Ich übersiedelte nach Wien in meine Wohnung, die ich ein paar Jahre zuvor gekauft hatte. Das laufende Abfertigungsmodell der Firma überzeugte mich und ich verhandelte mit der Personalabteilung meinen Ausstiegsvertrag. Teil dieses Paketes war auch ein finanziertes Ausbildungsprogramm. Meine Chefs und meine Kollegen waren alle ganz perplex über meine Entscheidung. Schließlich hatte ich einen gut bezahlten Job, der mir auch Spaß machte, war dreißig Jahre bei der Firma und unkündbare Mitarbeiterin. Der Spaßfaktor war allerdings in letzter Zeit nachlassend und der Stress zunehmend. Immer öfters gab es Fälle von Burnout bei Kollegen. Ich wollte nicht meine Gesundheit aufs Spiel setzen und ich hatte Träume.

Am 30. September 2008 war mein letzter Arbeitstag. Ich belegte zwei Semester im Berufsförderungsinstitut im Bereich Tourismus mit Schwerpunkt Reiseleiterin. Nebenbei besuchte ich Spanischkurse. Mitte Oktober begannen die Ausbildungen. Ich hatte das erste Mal in meinem Leben so richtig Zeit für mich selber und genoss das in vollen Zügen. Das war aber nur ein Teil meiner Ziele. Mein Sohn Silvio wollte endgültig nach Nicaragua gehen und ich beauftragte ihn, dort für mich ein Haus zu bauen. Im November übersiedelte er. Einige Tage dauerte es, dann rief er mich an, ich sollte unbedingt noch ein Grundstück kaufen, er hatte ein noch viel Schöneres mit traumhaftem Meerblick gefunden. Wirtschaftskrise, bröckelnde Banken, da dachte ich, besser noch ein Grundstück als zu viel Geld auf der Bank und gab ihm grünes Licht für die Investition.

Hausbau in Nicaragua

Während ich in Wien fleißig meine Kurse besuchte, hatte Silvio in Nicaragua viel zu tun. Alle Genehmigungen mussten bei der Gemeinde beantragt werden, ein Brunnen und eine Straße gebaut werden. Der Besitzer der umliegenden Grundstücke und ich bezahlten diese Projekte gemeinsam und Silvio war oft vor Ort, um nach dem Rechten zu sehen. Einige Bäume mussten der Wegtrasse weichen. Er rief mich an und erzählte mir: Eines Tages kam jemand von der Gemeinde und überprüfte die gefällten Bäume. Da gab es anscheinend ein neues Gesetz, dass gewisse Bäume *(s. F36)* unter Schutz stehen und es werden bei Verstoß hohe Strafen verhängt. Es schien, einer unserer Arbeiter hätte uns verpfiffen. Nicht wissen schützt vor Strafe nicht, heißt es. Drei Bäume fielen in das Verbot und der Beauftragte deutete an, dass um die 20.000 Dollar zu bezahlen seien. Zwei der Bäume waren auf den Grundstücken des Nachbarn, einer auf meinem. Der Deutsche sprach beim Bürgermeister vor und verhandelte die Strafe auf ein erträgliches Maß herunter. Am Ende kostete es mich 1.500 Dollar, für die wir durchaus eine bessere Verwendung gefunden hätten.

Silvio drängte mich, ich sollte mein Haus entwerfen, er wollte einen Plan bekommen, damit er recherchieren könne, mit welchen Kosten wir grob rechnen müssten. Das war leichter gesagt als getan. Erstens hatte ich mein Grundstück noch nie gesehen und hatte keine Vorstellung, zweitens auch keine Idee. Doch eines Morgens, als ich aufwachte, war da ein Gefühl, jetzt musst du dein Haus skizzieren. Und ich begann auf einem Blatt Papier einen Entwurf zu machen. Ein Freund von Silvio, der Architektur studierte, arbeitete mir den Entwurf mit ein paar Tipps von ihm in ein Computerprogramm ein. Ganz wichtig für mich war der freie Blick auf das Meer, daher Richtung Westen große Fenster, sowohl im Wohnraum als auch im Schlafzimmer. Ich wollte, wenn ich aufwachte, vom Bett aus das Meer sehen, weiters eine große Terrasse mit einem Swimmingpool.

Als ich 2009 bei meinem zweiten Aufenthalt das erste Mal auf meinem Grundstück stand, war ich unglaublich überwältigt und es war erstaunlich, wie gut meine Phantasievorstellung zur Realität passte. Mit dem Ingenieur planten wir, wo das Haus stehen solle und zeichneten ansatzweise den Grundriss in den Schotter. Außerdem wurde die Lage der Kläranlage und des Wasserturms besprochen. Ich war sehr glücklich und es war ein tolles Gefühl, mir vorzustellen, dass hier bald mein Haus stehen würde.

Silvio und ich nutzten einen Aufenthalt in Managua, um Preisinformationen für den Hausbau einzuholen. Angefangen von Baumaterialien, Installationsmaterial, verzinktem Blech für das Dach über Abwasserrohre, Wassertank, Holz, Steinplatten für die Terrasse bis zu Fliesen, Elektrogeräten usw. Wir fuhren teilweise mit dem Taxi, gingen aber auch ein ganz schönes Stück zu Fuß. In Nicaragua sind immer Geschäfte mit demselben Angebot in derselben Gegend, das hat für den Konsumenten den Vorteil, dass man relativ einfach

Preis- und Qualitätsvergleiche einholen kann. Vieles gab es zu erledigen. In Rivas besorgten wir einen 2.500 Liter Wassertank. Zwischendurch kontrollierten wir den Baufortschritt an der Straße und auf der Baustelle. Der Graben für die Wasserleitung war fertig und Baubaracken für die Arbeiter und das Material wurden bereits gebaut. Die Arbeiter sollten während des Hausbaus vor Ort wohnen und nur jedes zweite Wochenende frei haben. In Nicaragua gibt es eine 6-Tage-Woche. So konnten sie dann zwei Tage frei nehmen und hatten mehr vom Wochenende.

Vor meinem Abflug waren die Straße, das Dormitorio (Schlafplatz) für die Arbeiter, die Terrasse für das Haus und die Ausgrabungen für das Fundament meines Hauses schon fast fertig. Leider hatte die Inbetriebnahme der Wasserpumpe im Brunnen nicht funktioniert. Nun musste der Fehler gefunden werden. Das sollte uns noch einiges an Extraauslagen bringen, da wir einige Wochen lang Wasser für den Hausbau mit einem Wassertank hinführen lassen mussten.

Bei meinem nächsten Besuch im Juni war bereits die Dachkonstruktion in Arbeit. Auf die Holzbalken wurde das verzinkte Blech montiert, dann mit den gebrannten Ziegeln gedeckt, die ein gutes Raumklima erzeugen, da sie die Hitze abhalten. Die ersten Fenster wurden bereits eingebaut, mit dem Fliesenlegen und Verputzen wurde begonnen. Auch der Aushub für das Schwimmbad war fertig, alles von Hand erledigt. Das wäre bei uns undenkbar, aber hier mit den billigen Arbeitskräften eine gute Lösung. Ich hätte nie gedacht, dass der Baufortschritt so groß sein würde. Und das, obwohl nicht immer alles nach Wunsch lief. Wir waren richtig froh, als wir den Bau mit dem eigenen Wasser fortführen konnten. Die Transportkosten für das Material waren relativ hoch, da das Haus acht Kilometer außerhalb des Städtchens liegt und die Zufahrtsstraße zum Maderas nicht die beste ist. Wir mussten den gesamten Strom mit einem Generator produzieren, da ein Stromanschluss viel zu teuer wäre. Das war der Grund, dass wir eine Solaranlage einbauen ließen, aber auch die Idee, unabhängig vom Netz zu sein, was sich als Vorteil herausstellte, da wir nicht von den dauernden Stromausfällen betroffen sind und nicht die hohen Stromkosten in Kauf nehmen müssen. Auch was die Arbeiter anbelangt, gab es öfters Herausforderungen. Der Onkel von Heiky war der Bauleiter. Da Silvio registrierte, dass der Baufortschritt sehr zögernd von statten ging, sah er sich gezwungen, ein ernstes Gespräch mit ihm zu führen und in weiterer Folge degradierte er ihn. Er erkannte, dass er ein sehr genauer und guter Arbeiter, aber kein Chef war. Ihm war klar, wenn er das nicht änderte, würden ihn die Arbeiter nicht ernst nehmen. Er beauftragte einen anderen Onkel, der in Costa Rica Häuser gebaut hatte und gerade zurückgekommen war, die Bauleitung zu übernehmen. Von diesem Zeitpunkt an ging laut Silvio die Arbeit zügig voran.

In Managua holten Silvio und ich viele Erkundigungen über das Solarsystem usw. ein. Zum Beispiel wollte ich für die Küche eine Arbeitsplatte aus Granit. Wir fragten in verschiedenen Geschäften danach. Da gab es um gutes Geld sogar italienischen Marmor. Wir fanden heraus, dass in der Nähe des großen Friedhofes ein guter Platz für das Gesuchte war. Also machten wir uns auf den Weg dorthin. Hier gab es zwei, drei Steinmetze, die nicht nur Grabsteine produzierten. Wir prüften das Angebot. Es gab Granit aus Guatemala, der wesentlich billiger war als die Steine aus Italien. Wir suchten uns eine Platte aus. Da meine Küche U-Form hat und sehr geräumig ist, benötigten wir ein großes Stück. Der Stein, das Schneiden und das Einbauen kosteten weniger als 1.000 Euro. Dazu musste der Steinmetz zweimal nach San Juan fahren, einmal zum Abmessen, einmal zum Einbauen. Ich freute mich sehr über die neueste Errungenschaft. Die Küchen in Nicaragua sind sehr interessant, der Korpus und die Barplatte werden betoniert, nur die Kastentüren, Schubladen und die Hängeschränke werden aus Holz eingebaut.

Bereits im September meldete mir Silvio, dass das Haus im Großen und Ganzen fertig sei – und das nach sieben Monaten Bauzeit. Es fehlten noch die Solaranlage und die Pooltechnik, das war natürlich noch einmal eine beträchtliche finanzielle Auslage. Mit einem Wort gesagt, das Abenteuer Hausbau hatte mehr gekostet als wir erwartet hatten, einerseits durch unsere fehlende Erfahrung, aber auch durch gewisse unvorhergesehene Ausgaben. Auf der anderen Seite wurde mir von mehreren Hausherren bestätigt, wo auch immer gebaut wurde, es koste immer mehr als geplant. Nach dem Vergleich vieler Angebote und langem hin und her bestellten wir die komplette Solaranlage in Miami und ließen sie einführen. Das Einfuhrszenario war eine besondere Herausforderung und im Nachhinein stellten wir fest, hätten wir alles vorher gewusst, hätten wir besser etwas mehr bezahlt und ein einheimisches Unternehmen damit beauftragt. Die Einfuhr und die Herausgabe beim Zoll dauerten Wochen. Dann beauftragte Silvio über Empfehlung einen Elektriker, die Anlage zu installieren. Endlich war es so weit. Ein Probebetrieb wurde gestartet, alles funktionierte prächtig und die Freude bei Silvio war groß. Er rief mich an und erzählte mir, jetzt werde er den Swimmingpool mit Wasser befüllen, dann könnten wir das Haus vermieten. Alles war bereit dafür.

Auch die Blumen im Garten wuchsen brav in der Regenzeit. Wir konnten also demnächst mit dem Geldverdienen beginnen. Das Haus sollte sich durch Mieteinnahmen selbst erhalten und ein bisschen davon sollte noch für meine Tasche übrig bleiben. Das böse Erwachen kam, als die Poolpumpe in Betrieb genommen wurde. Sobald die bereits aufgeladenen Batterien leer waren, war es aus mit dem Strom. Der Elektriker musste wieder her. Er arbeitete auch fleißig, jedoch ohne erwünschtes Resultat. Wir konnten keinen Strom produzieren. Jeder, der ein Schwimmbad besitzt, weiß, was es bedeutet, wenn die Poolpumpe nicht in Betrieb ist. Der Algenwuchs begann. Das Wasser wurde grün und das Becken war bald dermaßen voll mit Algen, dass das Wasser wieder ausgelassen werden musste, fast 70.000 Liter. Das war nicht das einzige Problem. Der weiße Pool Belag hatte sich grün gefärbt, er ließ sich nicht mehr reinigen, somit musste irgendetwas geschehen. Silvio erkundigte sich bei Fachleuten. Es wurde ihm eine Poolfarbe empfohlen, die über diesen Belag gestrichen werden könne. Dieses Problem wäre gelöst, aber die Solaranlage war immer noch nicht funktionstüchtig. Das Vermieten über die teuerste Zeit, nämlich Weihnachten, blieb aus. Sein Freund Julian aus Managua, der die Hauselektrik gemacht hatte, versprach, dass er die Solaranlage unter die Lupe nehmen würde. Leider hatte er erst Anfang Jänner Zeit.

Eines der großen Probleme in diesem Land ist der Mangel an qualifizierten Facharbeitern. Nicht, dass es nicht ausreichend von denen gäbe, die sich als solche bezeichnen, es fehlt schlichtweg an einer kompetente Ausbildung. Wenn jemand ein paar Mal bei einer Arbeit zugeschaut und mitgeholfen hat, dann bezeichnet er sich schon als Fachmann.

Diese Erfahrung mussten leider auch wir machen. Ein Bruder von Heiky hatte kurz bei einem Tischler gearbeitet, dann versicherte er Silvio glaubhaft, dass er unsere Fenster machen könne. Silvio besorgte alle Holzbearbeitungsmaschinen und das Holz und die Produktion vor Ort begann. Er stellte sicher einen Teil der Fenster zu unserer Zufriedenheit her, auch sieht das Gesamtbild des Hauses unter anderem wegen der Fenster und Türen gut aus, aber es gibt mindestens zwei, drei Fenster, die nicht zu meiner Zufriedenheit gelungen sind. Auch stellten wir im Nachhinein fest, dass die Fenster billiger gewesen wären, hätten wir einen Tischler beauftragt, sie in seiner Werkstätte zu fertigen. Silvio konnte wenigstens alle Erfahrungen, die er durch den Bau meines Hauses gemacht hatte, unmittelbar danach weiter verwenden, da er einen Auftrag von einem Amerikaner bekam, ein weiteres Haus zu bauen.

Mein zweiter Aufenthalt in Nicaragua

Dieses Mal blieb ich drei Wochen. Gegen Ende Jänner 2009 flog ich über London Heathrow und Miami nach Managua. Ich hatte ganz vergessen, dass für die Einreise Dollar gefragt waren. Also schickte mich der Zöllner nach draußen, um am Bargeldautomaten Geld abzuheben. Überall in Nicaragua bekommt man sowohl die einheimische Währung Cordoba als auch US-Dollar und man kann auch überall mit beiden Währungen bezahlen. Ich ging wieder zurück zur Passkontrolle und bezahlte. Bei uns wäre das undenkbar, einfach nach draußen und wieder zurück zu gehen. Ich wollte mein Gepäck abholen, da traf ich Josef, meinen Bruder aus Kanada, der fast gleichzeitig ankam und eine Woche hier blieb. Leider wartete ich vergebens auf meinen Koffer, musste Meldung machen und siehe da, es gelang mir ganz gut in Spanisch. Silvio und seine Freundin Heiky kamen uns abholen. Ich traf sie zum ersten Mal. Sie spricht nur Spanisch, also konnte ich üben. Wir trafen uns zum Abendessen mit Pedro, dem Vorarlberger, den ich schon vom letzten Mal kannte. Es war ein netter Abend. Josef und ich bestellten Paella und übersahen, dass dies laut Speisekarte eine Portion für drei bis vier Personen war. Jeder von uns bekam eine Riesenportion. Wir waren froh, dass Pedro, der später kam, uns etwas abnahm und den Rest gaben wir Kindern, die neben der Terrasse spielten und nach Essen fragten. Am nächsten Tag nach dem Frühstück holten wir beim Autoverleih einen Suzuki Vitara Allrad ab. Er stellte sich als sehr bequemes und brauchbares Auto für dieses Land heraus. Anschließend ging es weiter nach San Juan del Sur. Tolle Überraschung, die Straße von La Virgen Richtung San Juan war neu asphaltiert. Keine Spur mehr von der Löcherstraße vom letzten Mal. Silvio war in einer Hospedaje untergebracht, ganz beim Zentrum am Hügel rechts der Einfahrtsstraße, die Richtung Strand führt, mit toller Aussicht über die Stadt und zum Meer, zehn Dollar pro Nacht kostete es uns. Silvio als Dauermieter zahlte weniger. Heda, die Besitzerin, war 82 Jahre alt, wirkte wie 60, war unglaublich fit und lebhaft und hatte ein geniales Mundwerk. Sie erzählte uns, dass sie in Costa Rica ein Haus besitze, in dem sie wohnen würde, sobald sie in Pension sei. Sie wolle das kleine Hotel hier und ihre Hospedaje in Rivas vermieten und dann nur noch kommen, um das Geld abzuholen und nach dem Rechten zu sehen. Ich traf sie später wieder, sie war mittlerweile 86 Jahre alt und hatte ihre Pläne umgesetzt. Sie war bei bester Gesundheit und sah immer noch aus wie eine jüngere Frau.

Der nächste Tag war für mich ein ganz besonderer. Wir fuhren gemeinsam die Grundstücke inspizieren, die ich zwar bezahlt, aber nie zuvor gesehen hatte. Von San Juan weg gab es eine Umleitung, da ein Stück der la Chocolata gepflastert wurde, das ist die Straße zu den Stränden Richtung Norden und die alte Straße nach Rivas. Nach der Abzweigung von der la Chocolata Richtung Strand wurde eine Brücke über den Fluss gebaut. Noch musste man durch das Wasser fahren. Zuerst kamen wir zum Grundstück am Marsella. Ein kleines

Stück gingen wir bergauf, bevor wir meinen Besitz erreichten. Es war ein tolles Gefühl, den ersten Schritt auf mein Land zu machen. Es ist ein schönes Grundstück, geht sanft bergauf, ist natürlich stark bewachsen nach der Regenzeit, aber man kann sich gut vorstellen, dass man hier ein nettes Häuschen bauen kann. Und man hat Blick auf die Bucht von Marsella. Weiter ging es zum nächsten Grundstück. An der Straße wurde noch gearbeitet, aber man konnte sie bereits problemlos befahren *(s. F30)*. Silvio sagte, ich müsse die Augen zumachen und dürfe sie erst wieder aufmachen, wenn er es mir erlaubte. So machte ich das auch, die Augen auf und ich sah eine geniale Aussicht. Mein Blick streifte über das Meer Richtung Süden, bis zur nördlichsten Halbinsel nach Costa Rica, zurück und über den weiten Horizont Richtung Norden. Wir standen genau auf dem Platz, auf dem das Haus gebaut werden sollte. Das Grundstück jedoch machte den Eindruck eines Ackers, nur ein einzelner einsamer Baum stand in der Mitte, ein sogenannter Touristenbaum. Warum Touristenbaum? Eine Naturführerin in den Everglades in Florida hatte das so erklärt, der Baum habe eine rote Rinde, die sich schäle, wie bei den Touristen die Haut nach dem Sonnenbrand. Mir gefiel er, aber Silvio sagte, dass er die Aussicht störe. Wir gingen das ganze Grundstück ab. Rechts und links war eine Böschung, da standen Bäume, ideal um Fruchtbäume zu pflanzen. Am oberen Ende wurde für die Straße Material abgetragen und dadurch ein schöner ebener Platz für das Haus geschaffen. Anschließend fuhren wir zu den Stränden Maderas *(s. F4, F5)*, Majagual und Marsella. Traumhafte Sandstrände, fast menschenleer, unvorstellbar für europäische Verhältnisse. Ein sehr markanter, unverkennbarer Felsen ist das Wahrzeichen *(s. F5, F6)*. Zurück in der

Stadt gingen Josef und ich zum Fischmarkt und zum Mercado (Markt) einkaufen. Wir besorgten Proviant für die nächsten zwei Tage. Wir mieteten eines der vier Häuser ungefähr 150 Meter oberhalb meines Grundstückes, um ein Gefühl zu bekommen, wie das zukünftig sein würde, wenn ich hier mein Haus besitzen würde. Wir waren etwas zu spät für den Sonnenuntergang, aber die Abendstimmung war trotzdem umwerfend.

Gemeinsam machten wir einen Ausflug zu Pedro, dem Vorarlberger. Am Playa el Coco aßen wir zu Mittag, dann fuhren wir weiter durch Ostional bis zum Playa Manzanilla, kurz vor der Grenze zu Costa Rica. Pedro servierte uns Kaffee, wir plauderten und unterhielten uns sehr gut. Dann zeigte er uns sein Anwesen. Es ist ein schönes Plätzchen, auf der anderen Seite dieser Bucht liegt bereits Costa Rica. Die Bungalows, ein kleines Hotel und ein Holzsteg mit einer Plattform im Meer warten auf die Öffnung der Grenze, was irgendwann passieren soll. Dann wird die Gegend sicher aus dem Dornröschenschlaf erwachen. Seit fünfzehn Jahren wird vom Ausbau der Küstenstraße und der Grenzöffnung gesprochen. Wir fuhren durch mehrere Flüsse, die zur Regenzeit oft unpassierbar sind. Mittlerweile wurde die Brücke über den Fluss in Ostional eröffnet, Teil des Projektes. Die Grundstücksbesitzer im Süden San Juans brauchen einen langen Atem, irgendwann wird es soweit sein. Die Umsetzung von Projekten dauert in diesem Land meistens etwas länger als geplant.

Mein Bruder war abgeflogen, aber ein Freund von Silvio – der „General", wie Silvio ihn nennt, kam zu Besuch. Ich kannte ihn als „Couch-Potato". In der Wohngemeinschaft, in der Silvio nach seiner Rückkehr aus Nicaragua in Wien wohnte, saß er immer, wenn ich einmal kurz zu Besuch war, auf der Couch, mit dem Computer auf seinem Schoß. Als wir mit ihm zu meinem Grundstück fuhren, war er sehr begeistert, dermaßen, dass er sich sogar überlegte, selbst eines zu kaufen. Auf der Rückfahrt wurde es langsam dunkel. Plötzlich blieb Silvio mitten auf dem Weg mit seinem Quad stehen, auf dem wir zu dritt saßen, und fuhr ein kleines Stück zurück. Er hatte ein Asttier gesehen. Erstaunlich, er fuhr ziemlich schnell und dieses Tier sieht wirklich aus wie ein kleines Ästchen, das von einem Baum gefallen ist, zirka 20 cm lang. Silvio hob es ganz vorsichtig auf und setzte es neben die Straße, damit es nicht überfahren wurde.

Vorrangig in der zweiten Jännerhälfte und im Februar ist es oft sehr windig bis stürmisch. Da kann schon einmal die tolle Dachkonstruktion, gedeckt mit Palmblättern, die man hier oft hat, richtig wackeln, wenn die Windböen daran reißen. Das dunkelblaue Meer bildet überall kleine weiße Schaumkronen. Gegen Abend legt sich der Wind oft. An so einem Tag kauften wir eine Flasche Wein und fuhren zum Grundstück. Auf dem Weg dorthin entdeckten wir in der Nähe meines Bauplatzes ein Faultier. Es hing ganz gemütlich auf einem Baum und bewegte sich praktisch gar nicht, machte seinem Namen alle Ehre. Der Kanadier, der mit dem großen Bagger arbeitete, erzählte uns, gestern seien Wale vorbeigezogen, die man vom Grundstück aus gut sehen konnte. Die Sonne stand schon tief und wir setzten uns auf einen Stein, da wo zukünftig die Terrasse sein würde. Ich spürte ein richtiges Glücksgefühl aufsteigen, sah mich schon Blumen pflanzen und die ersten Früchte von den Bäumen ernten. Ich stellte mir vor, ich sitze auf einem Liegestuhl und genieße den Sonnenuntergang über dem Meer. Es war wie ein schöner Traum.

Wir hatten vor, ein paar Tage gemeinsam durch das Land zu reisen. Mit dem Taxi fuhren wir nach Rivas. Während wir dort Brunch aßen, bemerkte der General, dass er sein nagelneues Mobiltelefon im Taxi vergessen hatte. Wir riefen die Nummer an. Nichts. Nach einiger Zeit hob doch wer ab. Tatsächlich brachte der Taxifahrer das Telefon zurück. Das sind immer Erfahrungen, die sehr nahe gehen und zeigen, dass es hier ehrliche Menschen gibt, so wie überall.

Im Casa de los Tres Mundos in Granada wurden eine Anne-Frank- und eine Fotoausstellung aus der Revolutionszeit gezeigt, die wir beide besuchten. Danach waren wir hungrig und gingen im Parque essen. Wir kauften für drei kleine Mädchen ein Menü. Sie teilten den Großteil ganz brav untereinander auf, dann sagten sie, den Rest nähmen sie für die kleine Schwester nach Hause mit. Für mich ist die beste Möglichkeit zu helfen, etwas zum Essen zu kaufen. Es kommt immer wieder vor, dass Kinder etwas zum Verkauf anbieten oder betteln. Meistens sind sie ganz glücklich, wenn sie etwas zu Essen bekommen. Sie versuchen die „Armes-Kind-Taktik", möglichst traurig dreinschauen. Da sage ich ihnen, dass sie damit bei mir nichts erreichen. Sie sollen lachen, freundlich und lustig sein, das kommt viel besser an. Einige Male hat das schon funktioniert; wenn ich dieselben Kinder wieder traf, hatten sie nicht mehr diesen Trauerblick aufgesetzt, sondern ihr bestes Lächeln.

Nach der Rückkehr von unserem Ausflug nach El Castillo hatte ich noch fünf Tage bis zu meinem Rückflug. Ich genoss die Zeit sehr, fuhr öfters mit Silvio zum Grundstück, um zu sehen, welche Fortschritte gemacht worden waren. Noch einmal beobachtete ich den herrlichen Sonnenuntergang. Wir lernten Kanadier kennen, die auch vom Deutschen ein

Grundstück gekauft hatten und praktisch Nachbarn wurden. Andrew und Britta sind mittlerweile gute Freunde geworden, die ich bei ihnen zu Hause in Britisch-Kolumbien besuchte. Am letzten Abend gingen wir ins Restaurant Cascades bei Pelican Eyes essen. Die Kanadier und der Deutsche kamen nach, ein richtiges Nachbarschaftstreffen und ein netter Abend.

Vor der Abreise frühstückten wir im El Timón mit Blick auf die Bucht, damit mir der Abschied so richtig schwer fiel. Das El Timón ist eines meiner Lieblingslokale hier in San Juan. Es liegt direkt am Strand und hat ein nettes Ambiente. Die Dachkonstruktion ist sehr beeindruckend. Sie ist ganz hoch, gestützt von Baumstämmen und hat mehrere Giebel mit Öffnungen zur Zirkulation der Luft. Gedeckt wurde es mit Palmblättern. Das Essen ist immer gut hier und auch das Service ist besser als in vielen anderen Lokalen. Die Kellner werden richtig geschult. Die Besitzer sind Nicaraguaner, die verstehen, wie man gute Geschäfte macht und gutes Service bietet. Das Wichtigste ist, dass die Eigentümer jeden Tag präsent sind und nach dem Rechten sehen. Am frühen Nachmittag fuhren Silvio und ich nach Managua. In der Hospedaje trafen wir den Elektriker, um mit ihm die Stromversorgung zu besprechen. Julians Mama arbeitete damals im österreichischen Konsulat, mittlerweile wurde es geschlossen. Er spricht neben Spanisch und Englisch recht gut Deutsch. Der Flug ging über Miami und London nach Wien zurück. In Miami hatte ich achteinhalb Stunden zu überbrücken. Das war ganz schön viel Zeit zum Totschlagen. Ich hatte ein Buch mit, las viel, machte Notizen, ging ein bisschen durch die Geschäfte bummeln und gönnte mir ein amerikanisch gutes Mittagessen. Bei der Gepäckkontrolle kam die negative

Überraschung. Lydia, die Mexikanerin aus dem Kurs, hatte mich gebeten, für sie „Dulce de Leche" mitzubringen. Noch am letzten Tag mit Mühe aufgetrieben, sogar offiziell verpackt und nicht einfach nur hausgemacht vom Markt, nahmen die Kontrollorgane mir die zwei Packungen weg. Ich war sehr sauer. Noch mehr dann anschließend auf mich selbst, da ich nicht einfach die Packung genommen und gegessen hatte, wenigstens so viel wie irgendwie möglich!

Ich bin eine der Glücklichen, die im Flugzeug gut schlafen können. Auch in London setzte ich mich sicherheitshalber zum Gate, um zu schlafen, sobald die Nummer auf den Anzeigetafeln erschien. Hier hatte ich noch einmal viereinhalb Stunden Aufenthalt. Plötzlich weckte mich jemand. Es war die Dame vom Boarding und sie fragte mich, ob ich nach Wien fliege. Sie hatte mich bis zum letzten Moment in Ruhe gelassen, da sie meinte, ich hätte so tief geschlafen. In Wien war mein Koffer nicht da. Wenigstens musste ich ihn nicht selbst schleppen und ich machte mich auf den Weg ins Kurslokal. Während des Reiseleiterkurses fiel mir ein, dass mein Haustürschlüssel im Koffer war. Gut, dass mir mein Sohn und seine Frau Unterkunft für eine Nacht gewährten. War natürlich nett, die zwei zu treffen und wir hatten uns einiges zu erzählen. Mein Enkelkind schlief schon.

Die dreieinhalb Wochen in Nicaragua waren für mich wunderschön und beeindruckend, auch der Beweis, dass alles gut lief, dass Silvio wirklich am Projekt Hausbau mit sehr viel Motivation und Engagement dran war. Ich war mir sicher, die richtige Entscheidung getroffen zu haben und freute mich schon auf meinen nächsten Besuch dort.

Ausflug zum Rio San Juan und nach El Castillo

Unser Ziel war, mit der Fähre von Granada nach San Carlos überzusetzen und von dort weiter nach El Castillo zu kommen. Das war ein gröberes Unterfangen. Wir fuhren gleich nach dem Frühstück zum Hafen am Nicaraguasee, um uns die Tickets zu besorgen. Während wir warteten, beobachteten wir einen Jungen beim Kehren. Er machte das ganz gut. Es sah so aus, als ob der Schmutz hinter die weiße Linie musste. General und ich wetteten. Da er so ein schönes Häufchen machte mit dem Kehricht, sagte ich, dass er den Schmutz wegräumen würde. Leider verlor ich den Cordoba. Selbst zu Mittag, als wir vor der Abfahrt zurückkamen, war der Haufen noch da. Wir können uns das schwer vorstellen mit unserer Denkweise, der Schmutz wird vom Wind wieder verteilt und die Arbeit war umsonst. Aber die Welt funktioniert hier ein bisschen anders. Das Wichtigste vor dem Aufbruch war der Kauf einer Hängematte, ließ uns Silvio wissen, er kannte die Tour schon. Wir waren von 14 Uhr nachmittags bis 6 Uhr in der Früh mit dem Schiff unterwegs. Die beste Variante ist, möglichst früh auf die Fähre gehen und sofort an einem geeigneten Platz die Hängematte befestigen. Sonst muss man im tiefgekühlten Inneren, bei lautem Fernseher und sitzend übernachten.

Zeitgerecht um 13 Uhr waren wir wieder bei der Fähre, da begann das Beladen. Wir bemerkten, dass wir vergessen hatten, Schnüre zu besorgen. Wir sahen einige Burschen von einem Pickup Truck Stacheldrahtrollen auf das Schiff verladen. Da lag ein Strick und ich fragte, ob sie mir diesen um 100 Cordoba, zirka fünf US-Dollar, verkauften. Das Geschäft ging über die Bühne und wir befestigten unsere Schlafgelegenheit für die Nacht. Ich las im mitgebrachten Buch und beobachtete die Szenerie. Es waren nicht allzu viele Leute an Bord. Silvio traf eine nette junge Deutsche, die schon ein Jahr lang in Granada in Sozialprojekten arbeitete und nun vor der Wahl stand, zurückzugehen in den alten Job oder hier zu bleiben, wo sie auch einen Freund gefunden hatte. Eine sehr üppige Dame, vermutlich Amerikanerin, genierte sich nicht, so zu sitzen, dass das halbe Hinterteil aus der Hose herausquoll. Ein paar nette Amerikaner waren an Bord, die aber auf der Insel Ometepe von Bord gingen. Sie vermachten uns noch eine Schnur, die sie nicht mehr benötigten. Die Insel Zapatera ließen wir rechts liegen und wir kamen Ometepe mit den beiden Vulkanen immer näher. Der Sonnenuntergang über dem See war wunderschön und die Stimmung danach sehr beruhigend und friedlich, der Himmel ganz eigen. Eine riesige Wolke in Form eines Ufos stand über dem Vulkan Concepción und färbte sich rosarot. Nach Einbruch der Dunkelheit legte die Fähre bei Altagracía an. Ungefähr eine Stunde lang wurde hier zuerst ab-, dann aufgeladen, vor allem Kochbananen. Ich schaute dem regen Treiben zu und als wir wieder ablegten, bereitete ich mich fürs Schlafen vor. Ich nahm den Schlafsack, die Stirnlampe und mein Buch und wollte zum vorbereiteten Nachtlager. Da sah ich, wie jemand an der Befestigung von Generals

Hängematte herum machte. Es war offensichtlich, dass hier nicht noch eine Hängematte Platz hatte und ich fragte ihn in Englisch, ob er glaube, dass er da noch Platz hätte. Ja, ja, meinte er. Ich holte Silvio und sagte ihm in Vorarlberger Dialekt, damit der andere, falls er deutsch sprach, nicht verstand, was wir redeten, er solle dem Typen klar machen, dass sich das erstens nicht ausgehe und vor allem, dass er unsere Hängematten in Ruhe lassen solle. Eine Zeit lang las ich. Als es durch den Fahrtwind kühler wurde, hörte ich auf damit und zippte den Schlafsack ganz zu. Bald schlummerte ich ein. Einmal wurde ich in der Nacht munter und stand auf. Es war einiges los um mich herum. Der General war anscheinend besorgt um meine Sicherheit, so wie er sich sowieso über alles Mögliche und Unmögliche Sorgen machte, und sagte, er passe auf mich auf. Ich legte mich wieder nieder und wurde in der Früh aufgeweckt, kurz bevor wir in San Carlos ankamen. 16 Stunden waren wir unterwegs. Auch auf Solentiname, einer Inselgruppe im Südosten des Sees, gingen wir an Land, ganz unbemerkt von mir. Ich war gut ausgeschlafen und als wir uns San Carlos näherten, zeigte sich uns eine tolle Szenerie. Der Mond stand noch am Himmel, aber es dämmerte schon, die Lichter leuchteten noch und das Städtchen wirkte verschlafen und sehr idyllisch. Wie aus einem Bilderbuch. Nie mehr hatte sich San Carlos mir so schön gezeigt. Nach dem Anlegemanöver kauften wir zuerst die Fahrkarten für das Boot nach El Castillo, dann spazierten wir auf den Hügel in der Stadtmitte. Einige Bildtafeln berichteten über die Tierwelt in der Umgebung, und der Blick auf den See in der Morgenstimmung war malerisch. San Carlos ist eine Partnerstadt von Linz. Vor allem Infrastrukturprojekte werden von den Oberösterreichern unterstützt. Wir spazierten zurück, und nach einem kurzen Blick ins Tourismusbüro wegen Informationen waren meine Begleiter verschwunden. In einem kleinen Comedor bestellte ich mir ein Frühstück. Nette Stimmung. Ein Einheimischer sprach mich an und freute sich, dass ich mich mit ihm in Spanisch unterhielt. Er gab mir zum Abschied die Hand. Ein anderer war ganz stolz, mit mir sein Englisch zu üben. Eine ausländische Familie mit zwei kleinen Kindern war im Lokal, die den Eindruck von Aussteigern vermittelten. Da gingen der General und Silvio vorbei. Das bestellte Essen nahm ich mit und aß es an Bord. Das Boot lag sehr tief *(s. F25)*. Man konnte die Hand ins Wasser halten. Bald stiegen noch mehr Leute ein, unter anderem eine junge Mama mit einem Baby auf dem Arm. Hinter mir saß ein Tourist und sein Rucksack belegte einen weiteren Sitz. Ich machte ihm klar, das sei nicht zuvorkommend und er solle den Sitz für die junge Mutter frei machen. Da sagte er auf Schweizerdeutsch zurück, das letzte Nacht auf der Fähre war auch nicht freundlich. Alles klar, der Hängemattentyp. So konnte es passieren. Ich dachte, Vorarlberger Dialekt versteht keiner und dabei war da ein Schweizer unterwegs.

Das war im Februar 2009, als ich meine erste Bootsfahrt auf dem Rio San Juan machte, und diese Fahrt war sehr beeindruckend. Der Fluss ist etwa zweihundert Kilometer lang und verbindet den Nicaraguasee mit dem Karibischen Meer. Bis nach El Castillo fließt der Fluss ruhig dahin durch tropische Regenwaldgegend und entsprechend kommt immer wieder einmal ein Guss vom Himmel. Erst ab El Castillo beginnen Stromschnellen, wodurch das Gewässer immer wieder reißend wird und teilweise schwer schiffbar. Nur in wasserreichen Zeiten ist eine durchgehende Befahrung möglich, sonst werden die kleinen Boote teilweise gezogen. Über den Rio San Juan wurde Nicaragua von den Spaniern erobert und über diesen kamen im 17. Jahrhundert öfters Piraten bis nach Granada und plünderten die Stadt. Deshalb wurde damals von den Spaniern in El Castillo ein Fort gebaut, das bis heute das kleine Städtchen überragt *(s. F27, F28)*. Heute beherbergt es eine Bibliothek für Schüler und ein Museum, das über die Geschichte des Städtchens, die Zeit der Piraten, aber auch über die Kanalbauprojekte informiert. Ende des 19. Jahrhunderts gab es den Plan, am Fluss eine Schiffsroute bis zum Pazifik zu errichten, doch schlussendlich wurde dieser Kanal in Panama gebaut. Mittlerweile wurde unter der Regierung von Daniel Ortega der Beschluss gefasst, dieses Kanalprojekt zu verwirklichen. Chinesen wollen mitfinanzieren. Dieser Gedanke stimmt mich traurig. Natürlich wird es wirtschaftlichen Aufschwung in die Region bringen, aber die Zerstörung dieser Umgebung ist unwiederbringlich.

Die Natur ist hier üppig und grün, die Fahrt auf dem Fluss ein tolles Erlebnis. Man bekommt nicht genug von dieser Umgebung. Teilweise sieht das Ufer aus wie unberührte Natur, teilweise sieht man landwirtschaftlich genutzte Flächen. Zwischendurch pflügt das Boot seine Furchen auf der glatten Wasserfläche entlang einiger am Ufer gebauter Hütten *(s. F26)* der Einheimischen. Es gibt immer wieder Anlegestellen. Die Leute, die das Boot verlassen, holen Gummistiefel aus ihrer Tasche und sind dann gerüstet für den Nachhauseweg durch diese tropische Natur. In der Ortschaft Boca de Sábalos (Partnerstädtchen von Braunau) gibt es sogar einen Bootsanlegesteg, einige Unterkünfte und kleine Restaurants. Während der Kontrarevolution in den achtziger

Jahren wurde die Gebietsverwaltung aus Sicherheitsgründen von El Castillo hierher verlegt und ist dann hier verblieben. Sehr viele Vögel sahen wir am Fluss Rio San Juan entlang, vor allem Eisvögel, Störche, Kormorane und Reiher, aber auch Papageien und Kolibris. Brüll- und Weißkopfaffen hingen in den Bäumen und Schildkröten tummelten sich im Wasser. Gegen Mittag kamen wir in El Castillo an, einem kleinen verträumten Nest am Fuße des Hügels mit dem Fort, viele Häuser sind direkt am Fluss auf Stelzen gebaut. Es gibt hier keine Autos, nur einen betonierten Pfad durch das Dorf. Dort fahren die Leute mit Fahrrädern und Schubkarren. Von außen erreichbar ist das Städtchen nur mit dem Boot. Beliebtes Fortbewegungsmittel ist außerdem das Pferd, vor allem in das Hinterland. Als Unterkunft fanden wir eine nette Hospedaje und gingen gleich Mittagessen. Flusskrebse sind hier die örtliche Spezialität. Sie schmeckten ausgezeichnet. Am Abend saß ich in einem Schaukelstuhl auf der Terrasse der Hospedaje mit Blick auf den Fluss. Die Szenerie war wie aus einem romantischen Film, der Mond war fast voll und spiegelte sich silbern im Wasser, man hörte nichts, nur das Zirpen der Zikaden und das Rauschen, das hier die Stromschnellen verursachen.

Zum Frühstück gab es Gallo Pinto, Eier, Maduros (reife Kochbananen) und Nicakäse, dazu Instantkaffee und Papayasaft mit Blick auf den Fluss obendrein. Diese autofreie Zone wirkt sehr idyllisch und hat etwas Verschlafenes und Außergewöhnliches. Wir gingen Reiten. Nicht nur ein Pferd, sondern auch Gummistiefel wurden für den Ausflug geliefert. Die Tiere sahen sehr gut genährt aus und fielen nicht unter den Begriff Ackergaul. Los ging's. Unser Guide war Naturführer und wusste sehr viel über Heilpflanzen. Ursprünglich war er aus Managua, hatte Landwirtschaft studiert, zur Zeit der Revolution war er hierher gekommen. Wir trabten durch Stellen mit kniehohem Schlamm (beim Pferd), verursacht durch den täglichen Regen. Die Vegetation war vielseitig und auf der Südseite des Flusses wurde mittlerweile nach ökologischen Gesichtspunkten bewirtschaftet. Der Naturführer war mit seiner Frau Eigentümer einer Finca, sie besaß die Kühe, er die Pferde. Zirka 20 Hektar hatte er mittlerweile gekauft, eine Manzana (0,7 ha) kostet inzwischen 500 US-Dollar. Unter anderem bauten sie biologischen Kakao an. Die Firma Ritter Sport Schokoladen zahlt den Bauern dafür einen besseren Preis, genauso wie die österreichische Firma Zotter Schokoladen. Außerdem müssten sie weniger Steuern zahlen für Erträge aus biologischer Landwirtschaft, hörten wir. Auf der anderen Seite des Flusses, erzählte er uns, würde sehr viel gerodet, um in Monokultur Ölpalmen anzubauen. Diese würden dann ganz viel gespritzt und die Umwelt verpestet und zerstört. Er sagte, meistens seien es ausländische Konzerne, die dahinter stünden. Umso mehr genossen wir die Natur auf der Südseite des Flusses, dem schmalen Streifen Land bis zur Grenze nach Costa Rica. Es gab hier eine gute Mischung von verschiedenen Kulturpflanzen, die angebaut wurden. Da deutete nichts auf intensive Landwirtschaft hin, sondern es wuchsen zwischen den Kakaopflanzen alle möglichen anderen Bäume, auch verschiedene Fruchtbäume, da gab es kleine Felder mit Mais, Hirse oder Bohnen und ab und zu ein paar Kühe, da und dort ein Häuschen mitten in der Natur. Die Besitzer hielten Hühner, Schweine, aber oft auch ein Pferd, damit sie mobil waren. Immer wieder zeigte uns der Guide Pflanzen, die hier immer noch zum Kurieren verschiedener Krankheiten benutzt werden. Die Gesundheitsversorgung in einer derart abgelegenen Region ist sicher nicht einfach, die Siedlungen mit ärztlicher Versorgung liegen weit weg. Es war ein tolles Erlebnis, mit den Pferden diese intakte Natur unter fachkundiger Führung zu besichtigen.

Am frühen Nachmittag fuhren wir mit dem Boot zurück nach San Carlos. Wir hatten nicht mehr viel Bares mit und in El Castillo gab es keinen Bargeldautomaten, um Geld zu beheben. Die Rückfahrt war sehr entspannend. Eine weite Strecke verbrachten wir auf dem Dach des Bootes und hatten so besten Blick auf die gesamte Umgebung und auf die interessante Tier-, vor allem aber Vogelwelt. Der Bootsmann zeigte uns Besitzungen der Familie Pellas, die hier anscheinend auf beiden Seiten des Flusses große Ländereien ihr eigen nennen, mit schönen Gebäuden, die sich von allem anderen, was wir in der Umgebung sahen, abhoben.

Als wir von unserem Rio San Juan Ausflug nach San Carlos zurückkamen, suchten wir die einzige Unterkunft, in der wir mit Kreditkarte bezahlen konnten. Das war wahrscheinlich ziemlich die Teuerste, aber nicht die Schönste, die angeboten wurde. Das Vorhaben, Geld abzuheben, glückte nicht, da es hier damals nur eine Bankmaschine für Visa gab, aber keinen ATM für unsere Bankomatkarten. Also gingen wir in ein Restaurant essen, in dem wir mit Kreditkarte zahlen konnten. Wir fanden ein gut besuchtes und nettes Plätzchen und das Essen passte. In der Früh wollten wir in der Bank Geld abheben, jedoch war die Schlange der Wartenden so lange, dass wir nicht zeitgerecht zum Boot nach Costa Rica kommen würden. Wir wechselten bei einem offiziellen Geldwechsler 35 Euro, die der General mit hatte. Diese Geldwechsler gibt es in Nicaragua oft auf der Straße, mit einem Büschel Geld in der Hand, der Kurs ist meistens besser als auf der Bank. Sie haben einen Ausweis umgehängt. Nun konnten wir die Bootstickets nach Los Chiles in Costa Rica bezahlen. Auch das nötige Kleingeld für den Hafen und die Ausreise hatten wir. Die Bootsfahrt ging südlich vom Rio San Juan direkt vom Nicaraguasee in den Fluss Rio Frío durch schöne Natur, auch hier sahen wir viele Vögel und Affen. Die Prozedur am Grenzübergang bedeutete, Gepäckkontrolle (nicht für alle, wir wurden durchgewinkt), Hafengebühr bezahlen und in einem eigenen Zollgebäude den Stempel für den Reisepass abholen. Bargeldautomaten gab es auch hier keinen. Wir verhandelten mit einem Taxifahrer. Das war die einzige Möglichkeit, weiter zu kommen, da das Bare schon wieder weg war. Um 100 US-Dollar führte er uns nach Upala, das waren zirka 160 km auf ziemlich schlechter Straße und etwas mehr als drei Stunden Fahrtzeit. Dort gab es endlich Bargeld für uns und einen Bus zur Weiterfahrt. Die Strecke entlang sahen wir gepflegte Felder mit Bohnen, Mais, Zuckerrohr, Ananas, Yucca, Orangenplantagen und Fincas mit Kühen. Fast überall wurde das Land bebaut. Das Taxi blieb mitten im Nirgendwo plötzlich stehen, da entdeckten auch wir den Grund dafür, ein ungefähr zwei Meter langes Krokodil lag neben einem kleinen Bach nahe der Straße. Upala ist ein Nest, aber immerhin gibt es eine Bank mit ATM-Geldautomat. Nun konnten wir das Taxi bezahlen und waren wieder flüssig. Wir hatten ausreichend Zeit vor der Abfahrt des Busses. In einem kleinen Restaurant aßen wir sehr gut. Die Kellnerin war eine junge Nicaraguanerin und sehr freundlich. Wir kannten nicht alle angebotenen Fruchtsäfte, da ließ sie uns von allen kosten. Als sie uns das Wechselgeld nicht herausgeben konnte, gab sie uns das Essen einfach billiger. Wir gingen wechseln, zahlten ihr den Rest und ein schönes Trinkgeld. Eine Tochter habe sie, erzählte sie uns. Häufig haben die Mädels sehr früh Kinder, der Papa kümmert sich oft nicht darum, das Kind bleibt bei der Oma und die Mama geht irgendwohin arbeiten, oft auch ins Ausland, und schickt das Geld nach Hause. Überhaupt gibt es viele Nicaraguaner, die in Costa Rica als Fremdarbeiter beschäftigt sind, man sagt ungefähr jeder Zehnte.

Von Upala zur Grenze in Peñas Blancas waren es etwas mehr als 100 km mit dem Bus und etwa drei Stunden Fahrtzeit um 10 US-Dollar pro Person. Wir besetzten die hinteren Plätze. und ein siebzehnjähriges Mädchen mit ihrem achtjährigen Bruder, einem richtigen Lausbuben, leistete uns Gesellschaft. Offensichtlich waren sie nicht schüchtern und sehr neugierig. Silvio unterhielt sich mit ihnen und machte Scherze mit dem Burschen, was ihm sehr gefiel. Es schien, sie waren aus gutem Hause, die Mama Biologin, der Papa Besitzer von drei Häusern und einem 5 Sterne Hotel bei Liberia. Silvio wurde von der jungen Lady eingeladen, sie im Hotel besuchen zu kommen. Bald wurde es finster und wir sahen nichts mehr von der schönen, saftig grünen Umgebung. Vor der Grenze war nicht mehr allzu viel los, so kam der Bus recht flott zum Kontrollpunkt. Nach der Grenzprozedur auf der Seite Costa Ricas gingen wir zu Fuß nach Nicaragua, unterzogen uns der dortigen Kontrolle und bezahlten die Einreisegebühr. Mit einem Taxi fuhren wir nach San Juan.

Bei meinem nächsten Besuch zum Rio San Juan im Jahr 2012 waren Manuel, ein Freund aus Wien, und Marian mit. Wir benutzten die neu gebaute Straße nach San Carlos. Bis auf wenige Kilometer war sie fertig, zur Gänze gepflastert und sehr schön zu fahren. In ungefähr vier Stunden schafft man nun die Strecke von Managua nach San Carlos, etwas weniger als 300 Kilometer. Auf der alten Straße dauerte diese Fahrt zehn bis elf Stunden. Die Fähre über den See kann man sich jetzt sparen. Und die Japaner bauten am Rio San Juan gerade eine große Brücke. Langsam, aber doch wird die Infrastruktur im Land ausgebaut, sehr oft mit ausländischer Hilfe.

Managua

Diese Stadt will man nicht wirklich besuchen, dennoch kommt man immer wieder hin. Da ist der Flughafen, also wird man je nach Ankunfts- oder Abflugzeit öfters auch da übernachten. Da gibt es ein paar nette Hotels zu akzeptablen Preisen. Beispielsweise das Familienhotel Los Cisneros oder Managua Hills. Auch zum Einkaufen muss man für viele Dinge nach Managua. Es gibt dort moderne Shopping Center nach amerikanischem Vorbild mit reichen Nicaraguanern und Ausländern als Kunden. Sightseeing in Managua dauert nicht allzu lange. Am besten gefällt mir die Aussicht vom Sandino Hill beim Kratersee Tiscapa. Da steht eine überdimensionale, flache Abbildung des Helden aus Metall mit dem für ihn so typischen Hut, weithin in die Umgebung sichtbar. Von diesem Hügel hat man eine traumhafte Aussicht und überblickt die grüne Stadt. Es gibt kaum mehrstöckige Häuser und ganz viele Bäume. Man kann nicht erahnen, dass hier in der grünen Ebene ungefähr 1,5 Million Menschen leben, offiziell etwas weniger, aber so genau weiß keiner, wie viele es sind. Richtung Norden liegen der Managuasee mit seinen Vulkanen und davor die alte Kathedrale und der Kulturpalast. In die andere Richtung trifft der Blick auf die neue, sehr moderne Betonkathedrale, die ein

Flachdach mit vielen Halbkugeln besitzt und einen simplen Turm, in der Umgebung ein paar Hotels, Firmen- und Bankgebäude. Namengebend für diesen Aussichtspunkt ist der nicaraguanische Nationalheld Augusto Nicolás Calderón Sandino. Er war Anführer einer Rebellion gegen die amerikanische Besatzung Ende der zwanziger, Anfang der dreißiger Jahre. Der ledige Sohn eines Plantagenbesitzers, seine Mutter arbeitete dort, schoss als fünfundzwanzigjähriger bei einem Streit einem Abgeordneten ins Bein und musste flüchten. Nach sechs Jahren als Arbeiter in den Staaten nördlich von Nicaragua kam er zurück und bekämpfte die amerikanischen Marines. Der Auftrag lautete, Sandino zu erwischen, tot oder lebendig. 1934, ein Jahr nachdem die Amerikaner abgezogen waren, wurde Sandino mit seinen Männern in eine Falle gelockt und vom späteren Diktator Somoza ermordet. Vor allem von den Sandinisten wurde er zur Kultfigur hochgejubelt, die Revolutionspartei ist nach ihm benannt und hat ihn zum Leitbild gekürt.

Fußspuren am Ufer des Managuasees, die bis 6000 vor Christus zurückgehen, deuten auf lange Besiedelung der Region hin. Im 16. Jahrhundert wurde hier eine Siedlung gegründet und seit den 1850er Jahren ist Managua die Hauptstadt des Landes. Ein Stadtzentrum wird man hier vergeblich suchen, es gibt keines, genauso wenig wie Adressen. Auf Visitenkarten steht dann zum Beispiel „Vom Rotondo (Kreisverkehr) Plaza Inter zwei Blocks Richtung Westen, rechts nach der Pulpería." Eine Pulpería ist ein kleiner Krämerladen. Wir fuhren zum Platz vor der alten Kathedrale Santiago, der außerdem vom Kultur- und Präsidentenpalast und dem Theater Rubén Dario eingegrenzt ist. Und wie überall in Nicaragua gibt es hier riesige rosafarbene Plakate mit Werbung für den aktuellen Präsidenten Daniel Ortega, außerdem eine überlebensgroße Statue von Sandino. Die Kathedrale lässt heute noch erahnen, wie großartig diese irgendwann dagestanden haben muss, jetzt aber nur noch Ruine ist, der man sich nicht nähern darf, da Gebäudeteile herunter fallen könnten. Managua und auch die Kathedrale wurden 1972 bei einem sehr schweren Erdbeben fast völlig zerstört. Die Millionen an Hilfsgeldern, die damals ins Land flossen, sind in den Taschen des Diktators Somoza und seines Umfeldes verschwunden. Weder wurde die Kathedrale renoviert noch wurde Geld in den Wiederaufbau einer der zuvor schönsten Städte Lateinamerikas investiert. So entstanden Gebäude im Wildwuchs ohne jegliche vernünftige Stadtplanung. Der Managuasee, sagt man, wurde schon vor Jahrzehnten mit Pestiziden und Abwasser verseucht und ist ohne Leben. Immerhin gibt es mittlerweile eine Abwasserkläranlage, die unter anderem mit finanzieller und technischer Hilfe aus Deutschland gebaut wurde.

Fortbewegung in Nicaragua

Sehr beliebt sind die Pickup Trucks hier im Land. Da haben offiziell fünf Leute in der Fahrerkabine Platz und dann beliebig viele auf der Ladefläche. Mit Lukas, dem Zivildienerkollegen von Silvio, fuhren wir bei meinem ersten Aufenthalt vom Playa Coco nach San Juan in die Pizzeria. Wir waren 16 Leute, alle hatten Platz im Auto und auf der Ladefläche. Bei Gegenverkehr hieß es Luft anhalten, bis der schlimmste Staub vorbei war. Die Ladefläche ist ideal zum Mitnehmen von Leuten. Als Marian und ich den Pickup Truck hatten, nahmen wir immer Leute mit, die vom Playa Maderas unterwegs nach San Juan waren oder umgekehrt. Marian sagte, nicht nur, dass wir den Menschen eine Freude machen, liege das Auto durch das Gewicht außerdem wesentlich ruhiger auf der Straße.

Ich hatte aber auch schon gesehen, dass bei einem normalen PKW zwei, drei Leute im Kofferraum saßen, die den Deckel offen hielten. Sehr oft fahren auch auf den großen, beladenen LKW Leute mit, unter Umständen die ganze Ladefläche voll. Gelegentlich sieht man Sessel auf die Ladefläche gestellt, auf denen die Mitfahrer gemütlich sitzen und in LKW sah ich Hängematten mit Passagieren. Auch Fahrräder und Mopeds, auf denen die ganze Familie transportiert wird, kann man oft beobachten. Das öffentliche Transportsystem funktioniert recht gut und wird mit Autobussen abgewickelt. Es sind private Busbesitzer mit Lizenz. Sie haben immer einen Begleiter mit, der die Mitbringsel verstaut und während der Fahrt einkassiert. Da kommt alles mit, angefangen von lebendigen Hühnern, die an den Beinen gehalten werden, bis zum Bett, das auf dem Dach transportiert wird. Es geht immer sehr lustig und laut zu. Da wird gegessen, getrunken, gestillt, geplaudert, gelacht. Bei gewissen Stationen steigen Frauen mit Körben auf dem Kopf oder Eimern in der Hand ein. Die bringen selbstgemachte Speisen wie Quesadillos (Tortillas mit Frischkäse) oder süßes Gebäck, Gebäck mit Käse, Yuccapürree mit Chicharrón (frittierte Schweinehaut) und Krautsalat oder Getränke in Plastiktüten und verkaufen ihre Produkte an die Passagiere. Dann erlebte ich auch, dass Prediger einstiegen und die Leute lautstark über Gott belehrten. Das sind meistens evangelische Sekten aus den USA, sogenannte Evangélicos. Zum Schluss gingen sie mit Kugelschreibern oder irgendwelchem anderen Kleinzeug durch den Bus und verkauften dies. Das war nichts anderes als gut getarntes Betteln im Namen Gottes. Natürlich kauften viele das Angebotene. Auch am Straßenrand ist einiges los *(s. F16, F17)*. Da werden zum Beispiel vom Tischler Betten hergestellt, Pferdewagen müssen überholt werden oder die Finceros reiten auf ihren Pferden zu den Feldern. Wenn es kein Express Bus ist, bleibt er überall stehen, wo Leute warten. Die Fahrt von San Juan del Sur nach Managua kostet 65 Cordoba, das sind knapp mehr als 2 Euro. In den Städten ist die Alternative das Taxi. Innerhalb von San Juan kostet eine Fahrt im Colectivo 15 Cordoba (50 Eurocent), nach Rivas 50 Cordoba (1,60 Euro) für zirka 30 Kilometer Fahrt. Colectivo bedeutet, es wird jeder mitgenommen, der das Taxi während der Fahrt aufhält, oder nach Rivas wird gewartet, bis das Auto voll ist (Preise von 2013).

Einmal wollten Silvio und ich am Abend vom Hafen San Jorge nach Managua, Busse fuhren keine mehr. Also fragten wir nach dem Preis des Taxis. 60 US-Dollar wollte der Fahrer haben, da rief Silvio wie ein Marktschreier, wer noch nach Managua müsse. Zwei Frauen freuten sich, mit uns die Kosten teilen zu können. Auf der Fahrt unterhielt sich Silvio mit den Damen, und es stellte sich heraus, dass sie mit der erfolgreichen nicaraguanischen Schriftstellerin Gioconda Belli befreundet waren und eine Dame im Kulturministerium arbeitete. Gioconda Belli war aktive Revolutionärin und ich hatte Bücher von ihr gelesen. Vor allem die Autobiografie „Verteidigung des Glücks" ist sehr interessant. Außerdem erlebte ich sie live bei einer Lesung in Wien, eine tolle Frau. Silvio besprach alles Mögliche mit den Mitfahrerinnen und fragte auch nach ihrer politischen Gesinnung. Es hatte im November davor Wahlen (2006) gegeben und die sandinistische Partei unter Daniel Ortega hatte gewonnen. Es schien, die Damen waren nicht allzu glücklich darüber.

Autofahren in Managua ist ein kleines Abenteuer. Wir wunderten uns, dass das Taxi auch bei rot über die Kreuzung fuhr. Silvio sagte uns, in der Nacht soll man das tun, aus Sicherheitsgründen. Kurz stoppen, wenn niemand kommt, gleich weiter fahren. Ein anderes Mal suchten Marian und ich das kleine Hotel „Posada Bosawas" in der Gegend von Bello Horizonte. Die genaue Adresse lautet: Residencial Bello Horizonte, Iglesia Pio X, 2 cuadras al sur, 75 vrs abajo, Casa No M-IV-121 (ein gutes Beispiel einer Adresse in Nicaragua, bedeutet übersetzt In der Residenz Bello Horizonte, von der Kirche Pio der 10. zwei Block Richtung Süden, 75 Meter nach unten, Haus Nr. M-IV-121). Ein Bekannter hatte es uns empfohlen, nicht zu weit weg vom Flughafen, sehr preisgünstig, sauber und ruhig. Es war bereits dunkel und ich fuhr mit dem Auto, da Marian sich nicht auskannte. Wir wussten nicht genau, wo das Hotel war und fragten danach. Ich fuhr in erster Spur, ganz langsam. In diesem Moment überholte uns ein Auto und bog ganz knapp vor uns rechts ab. So knapp, dass es bei unserem Pickup Truck streifte und einen Kotflügel verlor. Es blieb stehen. Marians Nerven lagen blank. „Wir werden nicht im Hotel, sondern im Gefängnis übernachten". Ich dagegen hüpfte aus dem Auto und schimpfte sehr bestimmt und in Spanisch mit diesen jungen Burschen. Ob sie loco, sprich verrückt seien, so könne man doch nicht fahren, sie müssten zuerst schauen … Da stieg der Fahrer auf das Gas und fuhr weg. Den Kotflügel ließen sie liegen. Sobald in Nicaragua jemand das Auto nach einem Unfall wegfährt, bevor die Polizei eintrifft, macht er sich zum Schuldigen. Unserem Auto war nichts passiert, da wir einen starken Frontschutzbügel hatten. Marian verlangte, ich solle schnurstracks in das Hotel Express fahren, das wir in der Nähe gesehen hatten, ein neues Hotel nach amerikanischem modernem Stil, ihm sei egal was es koste. Er suche nicht mehr weiter. Er hatte Panik, dass die Polizei kommen könnte. Erst als wir im Hotelzimmer waren, entspannte er sich langsam. Managua ist keine Stadt für schwache Nerven. Das nächste Mal fuhren wir mit dem Taxi hin. Die Besitzerin ist sehr freundlich, das kleine Hotel sehr sauber, in ruhiger Lage und obendrein preisgünstig, inklusive Klimaanlage nicht einmal 25 Euro für das Zimmer zu zweit.

Autofahren und die Polizei

Meine erste Erfahrung mit der Verkehrspolizei in Nicaragua hatte ich, als wir mit meinem Bruder von Managua nach San Juan fuhren. Josef überholte einen etwas langsamer fahrenden LKW vor uns. Da wurden wir von der Polizei aufgehalten. Die prüften die Geschwindigkeit mit einer Radarpistole, obwohl Silvio gerade erzählt hatte, dass es so etwas in Nicaragua nicht gebe. Das war das einzige Mal, dass ich in diesem Land Geschwindigkeitsmessung sah. Wahrscheinlich hatten sie eine alte Radarpistole geschenkt bekommen. Silvio verhandelte mit dem Polizisten. Etwas zu schnell waren wir unterwegs. In Nicaragua funktioniert das so: Man muss den Führerschein abgeben, dann auf der Bank die Strafe bezahlen und mit der Bestätigung bei der Polizei den Führerschein wieder abholen. Dazu hätten wir wieder nach Managua fahren müssen. Silvio bot dem Polizisten an, wenn er uns ein bisschen helfe, könne er ihm auch ein bisschen helfen. Das gelang ganz gut mit 10 US-Dollar, die er ihm mit dem Führerschein aus dem Fenster hinaus reichte.

Silvios erstes Fahrzeug in Nicaragua war ein Quad, für den muss man einen Führerschein haben, dafür darf man damit auf der Straße fahren. Mit siebzehn kaufte er lieber eine Kuschelcouch für die Wiener Wohnung, als mit dem Geld den Führerschein zu machen. Er erklärte mir damals, Auto könne er sich ohnehin keines leisten, außerdem brauche man in Wien keines, womit er ja recht hatte. Nun wurde er mit dem Quad von der Polizei aufgehalten und sollte den Führerschein zeigen. Na, woher nehmen? Er sagte zum Polizisten, er habe ihn zu Hause vergessen, „besser wir machen uns das Leben nicht gegenseitig schwer", und gab ihm ein paar Dollar und die Sache war geritzt. Auch beim zweiten Mal funktionierte es so. Beim dritten Mal nahmen sie ihm das Quad weg und sagten, mit dem Führerschein könne er es bei der Polizei abholen. So, was tun? Er rief Edgar an, einen Freund, von dem er wusste, dass der gute Kontakte hatte, und nach vier Stunden und 150 US-Dollar holte er bei der Polizei in San Juan del Sur mit seinem neuen Führerschein seinen Besitz wieder ab. Der Führerschein gilt für Motorrad und Auto und er hatte sich eine ganze Menge Geld gespart, wenn man bedenkt, dass in Österreich das begehrte Papier um ungefähr 1.500 Euro zu bekommen ist. Als er dann ein bis zwei Monate später ein Auto kaufte, wusste er gar nicht, wie man damit fährt und er ließ sich von einem Freund eine Fahrstunde geben.

Ich wollte auch einen nicaraguanischen Führerschein und Edgar wollte mir dabei helfen. Gegen Obolus natürlich. Aber es schien, Silvio hatte Glück, es funktionierte nicht mehr. Ich konnte mir auf Grund eines neuen Gesetzes nur für die Dauer des Aufenthaltes eine Fahrgenehmigung holen, was nur notwendig war, weil ich meinen Führerschein zu Hause vergessen hatte.

Ein anderes Mal war ich mit Silvio unterwegs nach Managua. Wir wurden von einem Polizisten aufgehalten. Er behauptete, dass Silvio über die Sperrlinie gefahren sei. Das muss eine fiktive Linie gewesen sein, da wir keine sahen. Es war einfach zu offensichtlich, dass er es auf ein paar Dollar abgesehen hatte. Da war der Gerechtigkeitssinn von Silvio angekratzt, nicht mit ihm. Lieber bezahlte er eine ungerechte Strafe und holte später den Führerschein bei der Polizei ab, als dem Polizisten ein Bestechungsgeld zu geben.

Als meine Familie zu Besuch war, fuhren wir mit zwei Autos vom Flughafen Richtung San Juan. Ich war mit meiner Schwester und Familie unterwegs. Als wir bei Masaya von der Straße, die vom Flughafen kommt, auf die Carretera Masaya abbogen, wurden wir von der Polizei aufgehalten. Eugen, mein Schwager, hatte alles richtig gemacht. Der Polizist behauptete, er habe nicht gestoppt und nicht geblinkt und er müsse eine Strafe zahlen. Ich rief sofort Silvio an und bat ihn, zurückzukommen. Er sagte zum Polizisten, Eugen habe alles richtig gemacht, seine Mama sei Zeugin, aber wenn er wolle, könne er gerne den Chef der Polizei anrufen und das mit ihm besprechen, nahm das Handy heraus und begann zu wählen. Da durften wir plötzlich weiterfahren.

Um das eigene Auto über die Grenze nach Costa Rica zu fahren, benötigt man von der Polizei eine Ausfahrtgenehmigung. Silvio wollte mich nach San José zum Flughafen fahren, also musste er in Rivas bei der Polizei persönlich vorsprechen, ein Formblatt ausfüllen und die Unterschrift vom Chef einholen. Es gebe keine Formblätter, hieß es beim ersten Mal, alle Mitarbeiter der Polizeistation seien beim Begräbnis der Frau eines Kollegen beim zweiten Mal, der zuständige Mitarbeiter sei heute nicht hier beim dritten Mal und beim vierten Mal, der Chef, der unterschreiben müsse, sei nicht da. Es blieb uns nur noch ein Tag, dann musste ich abreisen, notfalls eben mit dem Bus. Doch wir glaubten es kaum, beim fünften Versuch klappte es, alle Zuständigen waren da, der Chef unterschrieb und wir hatten freie Fahrt.

Erfahrungen mit Behörden und Firmen

Bei meiner ersten Reise wollte ich einen Koffer vom Flughafen Managua nach San José schicken, damit ich mit leichtem Gepäck reisen konnte. Silvio und ich hatten vor, ein paar Tage lang Costa Rica kennenzulernen. Es kostete uns viel Zeit, den ganzen Papierkram bei der Cargo Firma zu erledigen, und es war nicht billig, aber das war es mir wert. Wir fuhren anschließend mit dem Bus nach Rivas, als wir einen Anruf vom Flughafen bekamen. Sie hätten einen Fehler gemacht und es koste ungefähr das Doppelte. Wir müssten noch einmal kommen und die Differenz bezahlen, sonst bleibe der Koffer stehen. Das bedeutete, wir mussten nach unserem Aufenthalt auf der Insel Ometepe noch einmal nach Managua zurück. Da beschloss ich, den Koffer wieder abzuholen, da ich nicht bereit war, diese Summe für den Transport zu bezahlen und ließ mir das bereits bezahlte Geld wieder zurückgeben. Schleppten wir den Koffer eben selbst.

Eine andere Erfahrung machten wir vor der Grundstückseintragung mit dem Landvermesser. Anscheinend stimmten die Maße für das Grundstück nicht, wir müssten noch einmal neu vermessen lassen. Erst dann könnte das Grundstück ins Register eingetragen werden. Erhob sich die Frage, wer das am grünen Tisch feststellen konnte, dass geringe Abweichungen von einer korrekten Messung gegeben waren. Also traf sich Silvio mit dem Anwalt und dem Landvermesser. Interessanterweise konnte er das Problem ganz leicht mit 100 US-Dollar lösen. Jetzt wussten wir natürlich nicht, ob sich der Anwalt und der Vermesser das Geld teilten oder ob es nur in eine Tasche wanderte. Aber das war noch nicht alles. Silvio zahlte dem Anwalt 400 US-Dollar für die Grundstückseintragung. Als nach Monaten und nach wiederholtem Nachfragen nichts passierte, verlangte er die ganzen Papiere und das Geld zurück. Das verweigerte dieser ihm, aber die Eintragung war nach kurzer Nachfrist immer noch nicht erfolgt. Der Schwiegervater des Anwaltes ist ein Freund von Silvio. Der machte reinen Tisch. Da der Schwiegersohn in seinem Haus wohnte, machte er ihm klar, entweder er händige Silvio die Papiere aus oder er delogiere ihn. Das Geld bekamen wir nicht mehr zurück. Im Nachhinein stellte sich heraus, der Anwalt hatte gerade Geldmangel und verwendete das für die Eintragung vorgesehene Bare anderweitig. Wir beschlossen, das zu tun, was von Anfang an besser gewesen wäre. Wir gingen zur besten Anwaltskanzlei in der Stadt, bezahlten zwar noch einmal 500 US-Dollar, aber nach kürzester Zeit war alles unter Dach und Fach.

Ein neuer Filter für den Swimmingpool war notwendig. Als wir in Managua waren, bestellte ich ihn bei einer Fachfirma für Poolzubehör und musste die Hälfte anzahlen. Mehrfach fragte ich nach, jedes Mal, wenn ich in der Stadt war. Es dauerte Monate, bis Silvio den neuen Filter abholen konnte. Alle diese Geschichten dürfen natürlich nicht darüber hinweg täuschen, dass Dinge oft unkompliziert und klaglos funktionieren.

Umwelt

Beim El Timòn begrüßte mich der Sohn des Besitzers und setzte sich zu mir. Wir plauderten miteinander und er erzählte mir, dass er nun Vizebürgermeister von San Juan del Sur sei, unter anderem war er für Tourismus zuständig. Ich erwähnte, es wäre wichtig, Maßnahmen zur Vermeidung von Schmutz am Strand zu setzen. Es störe ihn auch ungemein und er hielt nicht hinter dem Berg, dass es hauptsächlich die Einheimischen seien, die am Wochenende den Strand bevölkern und den Schmutz produzierten. Die Gemeinde wird es mit dem Einsatz von „Wächtern" versuchen, Leuten, die am Strand patrouillieren und die Verschmutzer auf das Thema ansprechen. Mir gefiel diese Idee. Es ist wirklich zu schade, dieses schöne Ambiente mit Styroportellern, Chipstüten sowie Cola- und Bierflaschen zu verschandeln. Man kann nur hoffen, dass viel Aufklärungsarbeit passiert und diese irgendwann zum Ziel führt. Auch mit Eunices Onkel, Tío Chito, Chef des Tourismusbüros in San Juan, sprach ich diesbezüglich. Er nutzt auch Facebook, um bei den Einheimischen für Müllvermeidung zu plädieren.

So ist der Müll leider auch immer noch ein Nebeneffekt des Feierns zu Weihnachten und in der Osterwoche. Den meisten Einheimischen fehlt das Bewusstsein für Müllentsorgung, vor allem aber für die Müllvermeidung. Weggeschmissen wird alles da, wo es nicht mehr gebraucht wird. Am Meer ist das doppelt schlimm, da Papier, Plastik und Styropor von der Flut weggespült wird. Oder der Wind trägt den Mist ins Wasser. Bei meinem letzten Aufenthalt sammelte in der Osterwoche eine kleine Armee von Leuten, ausgestattet mit großen Säcken, all den Müll. Von der öffentlichen Hand wird versucht aufzuklären. Ich hörte mehrfach ein Auto mit Lautsprecher durch das Dorf fahren, um den Leuten zu sagen, sie mögen den Strand und die Stadt sauber halten. Auch in anderen Städten und an verschiedenen Plätzen sehe ich immer wieder Plakate und Sticker, auf denen für ordentliche Müllentsorgung plädiert wird. Ein Problem ist auch das Hinauswerfen von Müll aus den Bussen. Der Straßenrand ist oft das Abbild dieser Unsitte. Wenn ich jemanden ertappe, spreche ich den Handelnden immer an und sage ihm, dass es so schade ist, dass er sein eigenes wunderschönes Land verschmutzt. Es wird wohl noch einige Jahre in Anspruch nehmen, bis das Bewusstsein richtig sickert und dieses Problem als behoben gelten kann.

Mittlerweile wurde begonnen, Dosen, Glas- und Plastikflaschen zu recyceln. Man sieht öfters Leute mit großen Säcken, gefüllt mit leeren Plastikflaschen. Diese können sie gegen einige Cordoba bei Sammelstellen abgeben. Außerdem wurde ein Regierungsprogramm zur Vermeidung von Müll auf Straßen und Plätzen, zur Förderung einer sauberen Umwelt und zur Bewusstseinsbildung gestartet.

Ein anderes Thema ist die Landwirtschaft. Leider wird in Ländern wie Nicaragua sehr viel Gift gespritzt. Jetzt werden Sie sagen, das ist überall so. Das Dilemma ist, dass es hier keine strengen Regelungen und Vorschriften gibt. Das bedeutet, dass die Chemiekonzerne ungehindert das Gift verkaufen können, das bei uns längst verboten ist. Die Verwendung passiert dann meistens sehr sorglos und ungeschützt. Da spielen auch der Bildungsgrad und die mangelnde Aufklärung eine große Rolle. Eine überproportional hohe Anzahl von Menschen leidet an Nierenschäden, vor allem Arbeiter der Zuckerrohrplantagen. Aber auch der Fruchtkonzern Dole verwendete ohne Rücksicht auf die Arbeiter auf den Plantagen hochgiftige Pestizide, die in den USA bereits Jahre zuvor verboten waren, da sie unfruchtbar machten. Ein schwedischer Journalist und Filmemacher produzierte die Dokumentation „Bananas" über diese Machenschaften und deren Folgen. Der Konzern wollte den Film verbieten lassen, scheiterte jedoch in diesem Bestreben. Die schwedische Bevölkerung stellte sich hinter das Projekt und kaufte kein Obst des Fruchtriesen.

Das Verbrennen von Müll ist Ursache von Luftverschmutzung, und da rede ich nicht von der Mülldeponie. Überall wird vor den Häusern der Schmutz mitsamt dem herumliegenden Plastik und sonstigem Müll zusammengekehrt und dann verbrannt. In den Häusern wird auf den offenen Feuerstellen mit Plastik das Feuer zum Kochen angefacht. Die Kinder sind natürlich daneben und atmen diese ungesunde Luft ein. Dieser Geruch von verbranntem Plastik liegt oft in der Luft und mischt sich mit den Abgasen der alten Autos, vor allem in der Trockenzeit und in den städtischen Gebieten ist es schlimm. Die Autos werden so lange gefahren, bis sie zusammenbrechen *(s. F29)*. Sicherheitsvorschriften für den Fahrzeugzustand gibt es genau so wenig wie Abgasnormen.

Einmal waren Silvio, Eunice und ich bei Einheimischen eingeladen. Es war richtiges nicaraguanisches Dorfleben. In der Früh gab es an beiden Tagen kein Wasser. Da mehr Leute im Haus waren, reichte der Vorrat im Tank nicht aus. Silvio nahm einen Eimer und schöpfte aus einem nahegelegenen Brunnen Wasser. Das waren die Dinge, die ich schwer verstand. Bei uns ergreift man Initiative und sucht eine Möglichkeit, das Problem zu beheben. Hier in Nicaragua erlebte ich sehr oft, dass die Leute einfach warteten, bis etwas passierte. Erst am Nachmittag wurde der Tank wieder aufgefüllt. Ich war in der Küche und hörte auf einmal Wasser plätschern. Nach einiger Zeit, als es immer noch nicht aufhörte, ging ich nach draußen schauen und stellte fest, dass das Wasser im Tank über den Rand auf den Boden floss. Ich stellte den Wasserhahn um, so dass nicht noch mehr Wasser hoch gepumpt wurde. Der Umgang mit den Ressourcen, das ist eine andere Sache. Der Strom für die Pumpe muss bezahlt werden und der ist bekanntlich hier nicht billig, vor allem proportional zum Einkommen sehr teuer. Es störte anscheinend niemanden, dass das Wasser überlief. Im Haus gab es einen Gasherd. Trotzdem wurde für größere Mahlzeiten eine Feuerstelle mit drei Öffnungen für Töpfe benutzt. In diesen Öffnungen wurde Feuer gemacht. Dieser Prozess wurde hier wie in den meisten Küchen mit Plastik gestartet und die giftigen Rauchschwaden verbreiteten sich in der Küche, Kamin gab es keinen, nur die vielen Öffnungen nach draußen, durch die Qualm abziehen konnte, aber gesund war das sicher trotzdem nicht. Silvio meinte, es sei sehr schwer, den Leuten beizubringen, dass diese Art des Anheizens sehr ungesund sei. Sie machten es immer so, Anzündhilfen kosten Geld und sonst ist es zu mühsam. Das Plastik scheint da eine gut funktionierende und billige Lösung zu sein.

Aber es gibt auch geschützte Natur, Nationalparks, Projekte zur Unterstützung der biologischen Landwirtschaft, Projekte für saubere und erneuerbare Energie. Vor allem in letzterem Punkt gibt es klare Ziele, in den nächsten Jahren die Elektrizität von kalorischen Kraftwerken auf Wasser, Wind und thermische Produktion umzustellen.

Mein dritter Aufenthalt in Nicaragua

Ich hatte viel zu tun in Wien. Beide Kurse, die ich im Berufsförderungsinstitut belegte, schlossen mit Diplomprüfung ab und eine schriftliche Arbeit von jeweils zirka 30 Seiten war abzugeben. Für den Reiseleiterkurs war außerdem eine praktische Prüfung gefordert. Zwei Tage danach saß ich wieder im Flugzeug. Dieses Mal war ich von Ende Juni bis Ende Juli 2009 unterwegs und flog wieder über San José, Costa Rica, und fuhr dann mit dem Bus über die Grenze. Das machte ich dann nicht mehr, da es einfach zu umständlich ist, außer man will Costa Rica in eine Reise einbinden. Mittlerweile bietet die costa-ricanische Fluglinie NatureAir Flüge zu erschwinglichen Preisen nach Managua an.

In meinem Lieblingslokal El Timón in San Juan del Sur traf ich mich am nächsten Tag mit Silvio und meinen Eltern, die er vom Flughafen in Managua abgeholt hatte. Ich freute mich ganz besonders über diesen Besuch, immerhin war mein Papa im achtzigsten Lebensjahr und die Mama nur ein Jahr jünger. Sie waren immer noch sehr reiselustig. Silvio wohnte in einem Haus mit drei Schlafzimmern an der Straße zur Kirche, nur zwei Minuten vom Strand entfernt, er konnte uns also alle unterbringen. Das war mein erster Besuch in der Regenzeit. Es war alles tiefgrün, öfters zogen Wolken vorbei Richtung Meer und ab und zu regnete es kurz. In der Nacht gab es etliche Donnerwetter mit Platzregen. Silvio fuhr fast täglich zur Baustelle. Wir waren schon ganz neugierig auf den Baufortschritt. Da er jetzt einen Pickup Truck besaß, konnten wir mitfahren. Meine Eltern sahen das erste Mal mein Grundstück und waren begeistert, vor allem vom Ausblick. Auch ich freute mich sehr, da mein Haus schon im Rohbau stand und bereits die Dachkonstruktion in Arbeit war.

Meine Eltern gingen jeden Tag in der Früh, wenn wir noch schliefen, an den Strand schwimmen und spazieren. Wir genossen die gemeinsame Zeit sehr. Fast jeden Tag spielten wir gemeinsam Karten und besuchten die Strände in der Umgebung. Am Sonntag fuhren wir Heikys Oma in Tola besuchen. Tola liegt von Rivas aus Richtung Meer. Um zum Haus zu kommen, mussten wir durch einen Fluss fahren, kein Problem in der Trockenzeit. In der Regenzeit konnte das schon einmal unmöglich sein. Wirklich zum Verhängnis wurden Silvio nur Bauarbeiten im Fluss. Es wurde an der Überfahrtstelle gegraben, weder eine Sperre noch ein Hinweis waren angebracht und durch den Wasserstand konnte man das Loch nicht erkennen. Als Silvio es bemerkte, war es schon zu spät. Er hatte die größere Hälfte des Pickup Trucks versenkt. Gut, dass die Mitfahrer und Silvio das Auto verlassen konnten. Mit Ochsen und Manneskraft wurde das Auto wieder aus dem Loch befördert. Das war richtig ursprüngliches Nicaragua. Die Oma wohnte in einer Holzhütte, stabil gebaut mit ungefähr drei bis vier Zimmern und einer Küche, die Richtung Garten offen war und eine offene Feuerstelle hatte. Da kamen öfters die Hühner bis in die Küche. Der Boden des Hauses war aus festgetretener Erde. Als Toilette gab es ein Outhaus. Nicht nur die Oma, sondern auch eine Tante mit Familie wohnte da. Die Leute waren sehr freundlich, es wurden uns Sessel angeboten und Getränke. Dann wurde Essen serviert, sehr einfach, aber gut. Jeder hielt seinen Teller in der Hand, in Ermangelung eines Tisches – und als Besteck gab es nur eine Gabel. Da unser Spanisch nicht allzu gut war, kam natürlich keine großartige Unterhaltung zustande. Silvio übersetzte für uns. Ich war noch öfters da und es erstaunte mich immer wieder, wie diese Leute es aushielten, so wenig aktiv zu sein. Auch die Tante in Masaya mussten wir besuchen, sie war die Lieblingstante und Silvio ihr Liebling. Die Familie war neugierig auf uns „Ausländer". Vor dem Haus gab es hier einen sehr schönen Blumengarten und rundherum alle möglichen Obstbäume, Orangen, Mandarinen, Mangos und auch einen Avocadobaum. Die Leute sind sehr gastfreundlich im Rahmen dessen, was sie haben. Wir wurden bewirtet mit Getränken. Ist Cola bei uns süß, ist es hier noch viel süßer, genauso wie die anderen Gaseosos, so werden hier die Getränke mit Kohlensäure genannt, meistens enthalten sie zusätzlich jede Menge Farbstoffe.

Allzu schnell verging die Zeit mit den Eltern, die den Aufenthalt so richtig genossen. Nach einem Ausflug in den Norden brachten wir sie zum Flughafen. Papa verliebte sich richtig in das Land und meinte: Wenn jemand zu mir sagen würde, du musst jetzt nach Nicaragua übersiedeln, ich würde das sofort machen. Nur meine Mama erhob Einspruch: Einmal im Leben auswandern ist genug. Meine Eltern sind vor 30 Jahren von Vorarlberg, dem äußersten Westen Österreichs, nach Kanada übersiedelt. Und das war damals die Idee von meinem Papa.

Nach einer Besorgungsfahrt nach Rivas fuhren wir über die La Chocolata zurück zur Baustelle. Irgendwo spielten zwei kleine Hunde auf der Straße, so kleine schwarze mit brauner Schnauze und braunen Pfoten. Silvio blieb stehen und war ganz verliebt. Er wollte gleich einen mitnehmen, aber es war niemand da, den er hätte fragen können. Doch bei der nächsten Fahrt traf er die Besitzer der kleinen Hunde an. Sie wollten ihm gleich beide mitgeben. Er aber suchte den kräftigeren aus und war ganz glücklich. Er nannte ihn Tarzan, da er meinte, er müsse ganz stark werden. Er brachte ihn zur Baustelle und die Köchin verwöhnte das kleine Wesen. Es wurde zum Liebling aller Bauarbeiter. Wir bezahlten für unsere Arbeiter das Essen und die Köchin, da es schwierig und zeitaufwändig für sie wäre, es selbst zu besorgen. Erstens kostete es kein Vermögen, zweitens waren die Arbeiter gut versorgt und konnten sich auf die Arbeit konzentrieren, entsprechend schneller ging der Baufortschritt von statten. Also unter dem Strich kam es sicher nicht teurer. Silvio kaufte ihnen hauptsächlich Reis und Bohnen, Kochbananen, ab und zu Hühnchen und einmal in der Woche einen großen Fisch. Sie bekamen die übliche Nicakost. Irgendwann hörte ich von Silvio, dass es einen Unfall mit Tarzan gab. Die Köchin hatte kochend heißes Wasser hinter die Hütte geschüttet und zu allem Unglück war Tarzan genau in diesem Moment an dieser Stelle und bekam ein bisschen davon ab, zum Leidwesen aller, die das Hündchen sehr bedauerten. Aber es wurde verarztet und verwöhnt und überstand diese Verletzung gut. Die Nicaraguaner kennen immer ein Kraut für solche Fälle.

Bevor ich wieder zurück nach Europa flog, machten wir noch einen Ausflug nach Boaco, dieses Mal zu dritt, Silvio,

Heiky und ich. Dann ging langsam aber sicher mein dritter Nicaraguaaufenthalt dem Ende zu. Silvio beschloss, mich mit dem Auto nach San José zum Flughafen zu fahren. In der Früh fuhren wir noch auf die Baustelle, wohin Silvio einiges Material zu bringen hatte, dann Richtung Grenze und gingen durch diese ganze Prozedur. Wir waren sehr zufrieden, da alles in angemessener Zeit über die Bühne ging. Nach ungefähr einem Kilometer war noch eine Kontrolle, ob die Stempel im Reisepass wären und ob wir die Einfahrtgenehmigung für das Auto hätten. Einfahrtgenehmigung? Davon wussten wir nichts. Wir hatten eine Ausfahrtgenehmigung. Das war nicht genug, wurde uns nun erklärt. Wir mussten zurück zur Grenzstation in Costa Rica. Zurückfahren, gegenüber vom Zollhaus gab es ein kleines Häuschen, da anstellen, den Papierkram erledigen und mit dem Zettel wieder den Kontrollpunkt passieren. Wir verloren fast eine Stunde kostbare Zeit. Endlich waren wir unterwegs zum Flughafen. In der Gegend von Liberia holten wir uns etwas zu essen, direkt an der Straße und in einer Art Fast Food Kette. Wir entschieden uns für Gallo Pinto, das ganz gut den Magen füllt, jedoch war es das schlechteste Reis-Bohnen-Gericht, das ich jemals gegessen hatte. Rum wollte ich noch kaufen als Mitbringsel. Den hätte ich natürlich schon viel früher besorgen können. Wir hielten bei einem Supermarkt an. Als wir wegfahren wollten, gab es ein Problem. Silvio meinte, die Kupplung sei kaputt. Er schaffte es trotzdem, wieder auf die Panamericana aufzufahren, aber lustig war das nicht, was wir vor uns hatten. Die bergigen Stellen der Strecke waren vor uns, noch mehr als die Hälfte der Strecke. Da ging es bergauf, bergab und die LKW krochen vor uns die Steigungen hoch. Die Zeit rannte, ich wurde langsam etwas unruhig. Wir können das schon noch schaffen, sagte Silvio. Er war die Ruhe in Person. Doch unsere Ausgangsposition besserte sich nicht, im Gegenteil. Wir wussten, vor San José würde die Straße bergauf öfters zwei Spuren haben. Endlich. Doch was passierte da? Da begannen alle zu überholen, aber so langsam, dass wir keine Chance hatten, Zeit gut zu machen. Als rechts eine Art Pannenstreifen begann, setzte Silvio beinhart auf diesem zum Überholen an. Das alles ohne Kupplung!! So brachten wir einige Lastwagen hinter uns, wir konnten teilweise schneller fahren. Diese Möglichkeit bot sich zwei bis drei Mal. Es war bereits halb fünf, um halb sechs flog mein Flugzeug. Die Nervosität stieg, vor allem bei mir. Ich hatte kein Ticket, das umgebucht werden konnte. Endlich, 45 Minuten vor Abflug standen wir am Eingang der Abflughalle. Beim Schalter zum Check-in war niemand mehr. Der Mitarbeiter meinte, ich sei spät, aber es könne sich noch ausgehen. Passkontrolle, das ging sehr schnell. Gepäckkontrolle, da fragte ich, ob ich nach vorne gehen könne. Ich kam gerade noch rechtzeitig zum Boarding. Das war Minutenarbeit. Ich atmete tief durch, als ich im Flugzeug Platz genommen hatte. Von mir aus konnten wir abheben. Wieder in Wien, begann ich mit Reisevorbereitungen für meine Herbsttouren als Reiseleiterin. Ich hatte eine voll ausgelastete Saison vor mir.

Boaco und Matagalpa

Wir wollten meinen Eltern etwas mehr von diesem schönen Land zeigen und fuhren mit ihnen Richtung Norden. In der Region Boaco nordöstlich von Managua nahmen wir einen Bekannten von Heiky als Fremdenführer. Wir fuhren in die Hügel, in eine Region, wo nicht allzu viele Menschen leben. Es regnete nicht, aber es war ziemlich nass. Vor allem, als wir dann noch mehr abseits fuhren, um eine Familie zu besuchen, die dort irgendwo ein kleines Hotel betreibt, machte ich mir schon ein bisschen Sorgen, ob wir durch dieses tiefe Terrain wieder zurück kämen. Silvio anscheinend nicht, da wir Allrad hatten. Zuerst machten wir einen Spaziergang zu einem Wasserfall. Dieser war durch die Regenzeit ziemlich beeindruckend, genauso wie die grüne Umgebung und der Ausblick in das Umland. Wir wurden sehr herzlich aufgenommen an unserem Reiseziel. Die Besitzer waren nicht hier, nur ein Ehepaar, das hier wohnte und das Anwesen betreute. Sie zeigten uns die Zimmer und den Garten, der ihr Hobby zu sein schien. Es gab überall Blumen und sie züchteten möglichst viele selbst. Zwei Rosenstöcke und einige andere Pflanzen bekamen wir geschenkt. In einem Teich schwammen Gänse, ein paar Hühner scharrten in der feuchten Erde nach kleinem Getier. Die Aussicht in die

Weite war traumhaft, da das Anwesen recht hoch oben lag. Betrieben wurde die Herberge nur in der Trockenzeit, was ich nach der Anfahrt gut verstehen konnte. Ich dachte, wir hatten richtig Glück, dass wir die Rückfahrt schafften. Ein bisschen rechts oder links von dem schmalen befestigten Streifen auf jeder Spur und wir wären hängen geblieben. Aber alles ging gut und wir fuhren weiter nach Matagalpa, das ist Richtung Norden, von Managua ungefähr einhundertdreißig Kilometer entfernt. Die Straßen waren überall recht schön. Unser Ziel war Selva Negra (bedeutet Schwarzwald), das liegt etwas außerhalb von Matagalpa. Es ging ganz schön bergauf, richtig ins Gebirge. Das Ressort liegt ungefähr 1300 Meter über dem Meeresspiegel. Wir hatten im Hotel Zimmer bezogen, dann auf der Terrasse des Restaurants am Ufer des Sees Platz genommen und Abendessen bestellt. Das erste Mal, dass mich etwas fröstelte in Nicaragua. Ich musste einen leichten Pullover anziehen. Ein Eichkätzchen hüpfte frech auf den Tischen und Sesseln herum. Silvio versuchte, es auf seine Schulter zu bekommen, was ihm tatsächlich gelang. Er hatte richtig Spaß, das Tier schien an Leute gewöhnt zu sein. Der Besitzer war da und unterhielt sich mit uns. Das Besondere an diesem Ort ist einerseits die Geschichte des Familienbetriebes, andererseits die Art, wie das Anwesen geführt wird, aber auch die Lage. Vor ungefähr 120 Jahren wurde die Kaffeefinca von einem deutschen Einwanderer gegründet. Seither gab es immer wieder deutsch-nicaraguanische Mischehen. Mitte der 1970er Jahre wurde der Betrieb um ein Tourismusresort erweitert. Das Anwesen wird autark erhalten, der Strom wird mit Wasser, Biogas aus dem landwirtschaftlichen Bereich und Sonnenenergie produziert. Sämtlicher Anbau basiert auf biologischem Landbau, auch der Kaffeeanbau. Es gibt Kühe, Pferde, Schweine, Hühner, die Lebensmittel für das Restaurant und alle Bewohner von Selva Negra werden zu ungefähr achtzig Prozent in Eigenbau produziert, Fleisch, Käse, Würste, Gemüse, Milch, Obst, Kaffee usw. Wir bestellten für den nächsten Tag eine Besichtigungstour, und die Chefin – Mausi Kühl – führte uns mit dem Auto durch die ganze Finca, da das Gelände sehr groß ist. Und sie erzählte uns viel, und das in deutscher Sprache. Sie selbst wurde in Deutschland geboren und kam mit zwei Jahren nach Nicaragua, nachdem ihr Vater zum Studium nach Deutschland geschickt worden war und dort geheiratet hatte. Mittlerweile war sie über 60 und ihre Enkel arbeiteten als fünfte Generation auch im Familienbetrieb mit.

Der Besitz ist fünf Quadratkilometer groß, ein Fünftel davon wurde von der Familie von Anfang an geschützt und ist Primärwald. Dieser Wald zieht sich bis auf 1500 Meter Höhe und ist großteils Nebelwald. Zirka 20 Kilometer Wanderwege durchziehen das Gelände. Die Wasserscheide Pazifik – Atlantik geht hier durch, daher gibt es anscheinend eine besondere Vielfalt an Vögeln. Die restliche Fläche dient der landwirtschaftlichen Produktion. 150 Nicaraguaner leben und arbeiten im Bereich der Finca. Für die Kinder dieser Familien gibt es eine eigene Schule auf Selva Negra. Mausi zeigte uns alle Bereiche und wir erfuhren von ihr, dass ein für den Kaffee besonders schädliches Ungeziefer auf ganz natürliche Weise bekämpft wird. In der Plantage werden Plastikflaschen, mit Wasser und ein paar Tropfen einer bestimmten Flüssigkeit befüllt, aufgehängt. Vom Geruch werden diese Insekten angezogen. Daher kann auf die übliche Methode, nämlich Gift spritzen, verzichtet werden. Diese und viele andere Informationen gab Mausi weiter. Wir besichtigten die Kaffeeplantage *(s. F19)*, die Kaffeerösterei, den Gemüseanbau, das kleine Dorf der Arbeiter, den Teil der Finca mit den Tieren. Diese Betriebstour ist sehr empfehlenswert.

Wir machten einen Spaziergang zur Kapelle, in der oft Hochzeiten stattfinden. Kein Wunder, das ist ein sehr romantisches Plätzchen. Später fuhren wir nach Matagalpa, besichtigten die Kathedrale, einen aus der Umgebung herausragenden, weiß gefärbten Bau mit gut instand gehaltener Innenausstattung.

Mitte des 19. Jahrhunderts wurde in der Region Gold gefunden. Das zog Deutsche, Amerikaner und Engländer in diese Gegend. Damals bauten hier deutsche Einwanderer das erste Mal Kaffee an und exportierten ihn nach Deutschland. Ungefähr 120 Deutsche kamen in der Folge in die Region und viele davon heirateten Frauen aus Matagalpa. Deren Nachkommen leben großteils heute noch hier, insgesamt gibt es derzeit ungefähr 110.000 Einwohner. Vor allem wirtschaftlich ist diese Region die erfolgreichste neben Managua. Die Stadt wird auch Perle des Nordens genannt und ist berühmt für das gute Rindfleisch und den Kaffee. Es werden hier aber auch Käse, Kakao, Früchte und Gemüse produziert, vieles davon für den Export. Mittlerweile gibt es einen gut funktionierenden Ökotourismus in der Region, besonders beliebt sind Naturwanderungen. Deutschland unterstützte die Stadt beim Aufbau des Wasser- und Abwassersystems großzügig, sowohl mit Wissen als auch finanziell. Das Klima ist hier durch die höhere Lage mit ungefähr 700 Metern über dem Meeresspiegel ganzjährig sehr angenehm bei Temperaturen von 26° C bis 28° C und nicht allzu hoher Luftfeuchtigkeit.

Eine weitere Reise führte mich nach Boaco. Wir übernachteten in einer Hospedaje in der Stadt. Ein Freund von Heiky war unser Führer. Zuerst ging er mit uns zu einheimischen Finceros, das sind Gutsbesitzer, um dort ein typisches Frühstück der Region zu essen. Es war sehr üppig und viel. Serviert wurde es im Stadthaus der Finceros, ein richtiges Kolonialhaus mit einem schönen Innenhof, voll mit Blumen und rundherum Laubengängen, zur Kühlung der Räumlichkeiten. Stolz wurden uns Fotos der Tochter auf dem Rücken von Pferden gezeigt, die eine passionierte Reiterin ist. Etliche Rassepferde gehörten zum Eigentum und bei diversen Anlässen in der Stadt wurden diese zu Paraden ausgeführt. Natürlich durften wir am nächsten Tag zum Reiten kommen und – wenn wir wollten – gerne auch zum Mittagessen, aber nicht ins Stadthaus, sondern in die Landvilla – gegen Bezahlung. Wir vereinbarten den Preis und bezahlten das Frühstück, billig war es nicht. Aber die Herzlichkeit, die Qualität des Essens und die Informationen aus den zwanglosen Gesprächen waren uns etwas wert. Wir machten einen Ausflug in die Natur, spazierten auf einem schmalen Pfad durch den tropischen Wald, teilweise an einem Abhang entlang, wo unter uns das Flussbett lag. Das Ziel war ein sehr schöner Wasserfall. Wir waren nicht die einzigen Besucher hier. Junge Burschen zeigten ihr Können und sprangen von einem Felsvorsprung einige Meter hinunter ins Wasser. Sie hatten richtigen Spaß daran. Am nächsten Tag besuchten wir zuerst das Rodeo von Boaco. Das war das erste Mal, dass ich sah, wie harte Männer auf wilden Pferden oder Stieren reiten und dann irgendwann heruntergeworfen werden, wobei manche Akteure ganz knapp Verletzungen entgingen. Für die Stadt mit den zirka 50.000 Einwohnern war das ein großes Ereignis, das jedes Jahr stattfindet. Nun gingen wir Mittagessen ins Landhaus der Finceros. Es gab ein sehr umfangreiches Menü, der Höhepunkt war der Rinderbraten, der eine große Pfanne füllte, richtig zart war und ausgezeichnet schmeckte. Ich hatte weder vorher noch nachher jemals so ein besonderes Essen vorgesetzt bekommen, vor allem das Fleisch war einzigartig für Nicaragua. Was war mit dem Reiten? Ja natürlich, wir kamen mit in den Pferdestall. Ein Pferd wurde gesattelt, nun durften wir jeder ein paar Runden auf dem Zufahrtsweg drehen, in Begleitung der Tochter, die das Pferd hielt. So hatten wir uns das nicht vorgestellt, aber wir akzeptierten es widerspruchslos. Wir hatten mit einem Ausritt gerechnet. Dann unterhielten wir uns noch mit dem Gutsherrn, der heute auch da war. Ich sah, dass auf dem Großteil des Kinderspielplatzes kein Gras wuchs. Silvio fragte, ob sie hier Gift spritzten. Bereitwillig erklärte der Besitzer, dass sie die Felder vor dem Anbau mit Roundup spritzten, das sei ein Gift, das alles Unkraut absterben lasse, dann würde erst gesät. Der Großteil des Kinderspielplatzes wurde gleich mitbehandelt. Dass das nicht gesund sein kann, darüber dachte hier keiner nach. Uns fiel auf, dass das ungefähr drei Jahre alte Enkelkind sehr blass und ungesund aussah. Zur Finca gehörten ungefähr 800 Hektar Land, hauptsächlich wird Fleisch produziert. Vor der Revolution war der Familienbesitz wesentlich größer, doch hatte der Großvater einen Teil an die Revolutionsregierung abgegeben und einen Teil zeitgerecht verkauft, so konnten sie den Rest behalten. Es war immer am aufschlussreichsten, mit Einheimischen in ihrem persönlichen Umfeld zusammenzutreffen, da konnte man den besten Einblick und die meisten Informationen über Land und Leute bekommen. Auf dem Weg zurück besuchten wir „Aguas Calientes" in Teustepe. Diese heißen Quellen liegen an der Straße von Rama Richtung Panamericana vor der Abzweigung auf der rechten Seite. Es gibt dort mehrere Becken mit unterschiedlich heißem Wasser, ein Restaurant und ein kleines Hotel. Bei einem anderen Besuch übernachteten wir dort. Alles sah schon ein bisschen überholungsbedürftig aus, ein bisschen abgewohnt, altmodisch. Aber das Wasser war unglaublich angenehm und wohltuend. Trotz warmer Außentemperaturen genossen wir das Bad bei Temperaturen um die 36 Grad.

Mein vierter Aufenthalt in Nicaragua und Wohnen in meinem neuen Haus

Ich flog bereits im November 2009 nach Kanada und besuchte meine Eltern. Dort erlebte ich den ersten Schnee und richtig kalte kanadische Wintertage. Ich genoss die Zeit mit meinen Eltern. Wir machten täglich einen Spaziergang durch die weiße Landschaft, auch wenn es teilweise Temperaturen um die minus 25° C hatte. Dank meines mutigen Schrittes, das Leben mit regelmäßigem Einkommen hinter mir zu lassen, eröffneten sich mir so viele neue Möglichkeiten. Vor allem viel Zeit für mich selbst, meine Interessen und eben auch Zeit für meine Eltern. Nach den Weihnachtsfeiertagen und einem Fest zum 80. Geburtstag meines Vaters verabschiedete ich mich. Genug vom Winter, jetzt wollte ich das erste Mal erleben, wie es ist, wenn man ein Winterdomizil in wärmeren Gegenden besitzt. Meine Vorfreude war groß.

Als ich Anfang Jänner 2010 am Flughafen in Managua ankam, erinnerte ich mich, dass ich zehn US-Dollar für die Einreise zu bezahlen hatte und auch, dass ich gar keine US-Dollar dabei hatte. Was tun? Ich könnte einfach jemanden um das Geld fragen. Silvio, der mich abholte, konnte mir das gleich geben. Ich sprach den Mann vor mir in der Reihe an. Er vertraute mir und gab mir das Geld. Koffer holen, dann wurde das Gepäck durchleuchtet und ich ging nach draußen, wo Heiky und Silvio auf mich warteten. Silvio gab mir die 10 Dollar und ich ging meine Schulden bezahlen. Der Herr war ganz überrascht, ich glaube, er hatte nicht wirklich damit gerechnet. Wir freuten uns sehr, uns wieder zu sehen. Wir übernachteten in Managua, da am nächsten Tag Jürgen ankam, mein Freund aus der Schweiz. Silvio, der jetzt an einem anderen Haus baute, hatte einiges zu erledigen und am Abend waren wir zeitgerecht am Flughafen. Jürgen überragte mit seiner Größe die meisten Reisenden. Die Freude war groß, als er uns sah und ich war froh, dass er gut angekommen war mit seinen fast 96 Jahren. Wir waren nicht die Einzigen, die mit Silvios Pickup Truck nach San Juan mitfuhren. Auch Julian, der Elektriker, mit zwei Freunden war mit dabei. Die Solaranlage war immer noch nicht funktionstüchtig. Und ein junger Nachbar aus dem Barrio, in dem Heikys Papa wohnte, kam mit. Er sollte bei uns arbeiten und im Hausbesorger-Häuschen wohnen. Die Burschen saßen auf der Ladefläche. Wir hatten uns viel zu erzählen auf der Fahrt und bevor wir zu meinem Haus fuhren, galt es noch einzukaufen. Endlich, es war so weit. Das erste Mal, dass ich das fertige Haus sah. Toll sah es aus, vor allem die Farbe gefiel mir sehr gut, das Mango mit den weiß angestrichenen herausstehenden Längs- und Querverstrebungen *(s. F31)*. Und der Pool, der jetzt auf Strom und Wasser wartete, sah toll aus. Überhaupt, ich freute mich unglaublich und auch Jürgen war begeistert. Die von Silvio ausgesuchte Inneneinrichtung gefiel mir und ich muss sagen, er hatte einen guten Job gemacht. Das Haus war schlüsselfertig, wie man sagt, aber ohne Strom. Julian begann sofort mit seinen Freunden, die Solartechnik zu überprüfen. Kochen konnten wir, da wir einen

Gasherd hatten. Es dauerte nicht lange und es wurde endlich Strom produziert. Julian sagte, eine Anzahl kleinerer Fehler hatte er zu beseitigen gehabt, nichts Gravierendes. Aber gerade das war wahrscheinlich das Schwierige, alle diese Mankos zu finden. Wir waren glücklich, vor allem Silvio. Das hatte ihn ganz schön viele Nerven gekostet, aber vor allem auch Zeit und Geld. Nun konnten wir auch den Pool mit Wasser befüllen.

Für mich gab es einiges zu tun. Obwohl das Haus bereits geputzt war, sah ich natürlich überall noch Spuren von Bauschmutz, alles nicht so schlimm. Aber was mich wirklich störte, waren die Abdeckbänder auf den Fenstern. Ich ging ja davon aus, dass man Fensterrahmen streicht, bevor die Scheiben eingesetzt werden. Wenn das aber in umgekehrter Reihenfolge abläuft, dann muss man doch die Abdeckklebebänder gleich nach dem Streichen wieder ablösen. So stellte ich mir das vor, aber so geschah es nicht. Als Silvio dann gemeint hatte, das Abdeckband gehöre weg, war es schon von der Sonne eingebrannt. Ich arbeitete Stunden über Stunden daran, die Fenster so richtig sauber zu bekommen. Es tröstete mich etwas, als ich hörte, dass das auch woanders passiert. Und als ich zurück in Wien war, sah ich da und dort auch nicht entferntes Abdeckband. Das erinnerte mich dann immer und tröstete, dass nicht nur in Nicaragua dilettantisch gearbeitet wird und nicht nur ich mich mit diesem Thema beschäftigen musste. Silvio würde das sicher bei keiner anderen Baustelle mehr passieren.

Er hatte einen Arbeiter aus der Umgebung beschäftigt, der noch Restaufgaben erledigte, zum Beispiel die Dachrinne bei der Terrasse war noch zu montieren usw. Ich beobachtete, wann er kam und ging. Da gab es dann eine Diskrepanz zwischen seinen Angaben, wenn es ums Bezahlen ging und meinen Beobachtungen, was dazu führte, dass Silvio ihn entließ. Silvio hatte schon längst die Erkenntnis gewonnen, wenn sie beginnen, dich anzulügen oder zu bestehlen, musst du sie umgehend entlassen.

Unseren Hund Tarzan hatte Silvio in Managua ausbilden lassen und meistens gehorchte er, aber er war noch sehr jung und verspielt. Ich genoss mein Haus, die Temperaturen, die Aussicht und mittlerweile auch den Pool (s. F33). Alles hatte bestens geklappt mit dem Befüllen, immerhin passen beinahe 70.000 Liter Wasser hinein. Auch die Energieproduktion funktionierte toll. Jürgen gefiel es ebenfalls. Ungefähr jeden zweiten Tag wanderten die Brüllaffen am Haus vorbei (s. F37). Wir saßen auf der Terrasse, um sie zu beobachten. Es war beeindruckend, welch familiäres Verhalten sie zeigten. Sie traten immer im Verbund von acht bis zwölf Tieren auf. Wir gingen davon aus, dass es immer dieselbe Gruppe war, da sie ihr Territorium verteidigten. Am frühen Morgen begannen sie mit ihrem Gebrüll, um keine Unklarheiten aufkommen zu lassen, wer Revierbesitzer ist, und ihrem Namen machen sie alle Ehre. Trotzdem passierte es, dass sie so leise waren, dass man sie nur zufällig entdeckte. Sie ernähren sich von Blättern und Blüten, aber wie es scheint, lieben sie ganz besonders Papayabaumblätter. Sie sind Kletterkünstler und in der Lage, große Sprünge von einem Baum zum nächsten zu machen, dank ihres Greifschwanzes, der an der Unterseite unbehaart ist. Mit diesem können sie sich festhalten und – wenn notwendig – lassen sie den ganzen Körper daran hängen, um an die besten Häppchen zu gelangen. Fürchten muss man sich vor ihnen nicht. Sie sind Baumbewohner und erst ein einziges Mal sah ich einen Affen am Boden, und das nur, um auf einen etwas abseits stehenden wilden

Papayabaum zu gelangen. Ganz besonders süß sind die Jung-
tiere. Wenn sie noch sehr klein sind, klammern sie sich am
Bauch der Mutter fest, dann am Rücken. Etwas größer bewegen sie sich bereits selbständig, aber immer begleitet von
einem Weibchen, das notfalls weiterhilft, vor allem, wenn es
um große Sprünge geht.

Wir fuhren wieder nach Managua, da Wolfhart, ein Freund
aus Wien, zu Besuch kam. Wir holten ihn am Flughafen ab.
Ich freute mich wirklich sehr über sein Kommen, obwohl
ich nicht nachvollziehen konnte, dass er nur eine Woche
blieb. Zuerst die anstrengende Anreise von Wien bis hierher
und kaum dass er da war, musste er auch schon wieder
zurück. Um sich auf das Land richtig einzulassen, reichte die
Zeit nicht aus. Wir fuhren mit ihm in die Hügel in der
Umgebung von Managua und genossen bei einem Begrü-
ßungscocktail den tollen Ausblick auf die beleuchtete Stadt.
Nach einer Nacht im Hotel Cisnero gab es vor der Rückfahrt
nach San Juan del Sur einige Dinge zu besorgen, die im
Haus noch fehlten. Ein schönes Porzellan beispielsweise, aber
auch sonst noch alles Mögliche. Dann fuhren wir zum Mercado Oriental, einem großen Schwarzmarkt, wo es praktisch
alles zu kaufen gab, wenn man nur wusste, wo. Der Markt ist
ein Stadtteil und besteht aus vielen kleinen Verkaufseinheiten.
Das Auto stellten wir auf einen bewachten Parkplatz. Wert-
sachen sollte man nicht unbedingt mitnehmen. Silvio kannte
sich gut aus. Leider hatten wir schon alle Bettwäsche bester
Qualität in der Galería gekauft, in einem Einkaufszentrum
nach amerikanischem Vorbild und zum doppelten Preis, als
man dieselbe Marke hier erstehen konnte. Gut, dass wir das
jetzt wussten. Einen schönen Spiegel für die Toilette fanden
wir. Für Jürgen und Wolfhart war das ein richtiges Abenteuer.

Man musste das einmal gesehen haben. Es war Wolfhart anzusehen, dass er sich nicht vorstellen konnte, hier leben zu
müssen. Das ist natürlich nur eine Ausprägung von Managua.
Hier spielt es sich ab und hier werden Geschäfte gemacht.
Es gibt andere Bereiche, sogenannte „Gated Communities"
oder „comunidades cerradas", wie es auf Spanisch heißt, da
wohnen nur Reiche und die bleiben unter sich. Sie wohnen
hauptsächlich in den Hügeln rund um Managua, wo es nicht
so heiß wird wie in der Stadt. Dann gibt es die Viertel mit
der Mittelklasse, die, so sagt die Statistik, im Zunehmen be-
griffen ist. Eine andere Ausprägung haben die Barrios. Hier
gibt es gemauerte Häuser ohne jeden Luxus, großteils aber
mit betoniertem oder sogar gefliestem Boden. Die Leute,
die hier wohnen, haben wenig, aber alles, was sie zum Leben
brauchen. Leider gibt es dann noch die Gegenden mit den
ganz Armen, die in Hütten wohnen, zusammengebastelt aus
Blechteilen, Plastikplanen, Holzbrettern und womöglich
Kartons. Diese Baracken haben nur einen Erdboden. Vor
allem in der Trockenzeit gibt es in Managua oft sehr schlechte
Luft, da sehr viele alte Autos fahren.

So ist es immer gut, die „Heimreise", sprich die Fahrt
nach San Juan del Sur anzutreten. Die Gegend um Catarina
ist wunderschön, mit vielen Blumen überall und dem Vulkan
Mombacho. Die Gegend zwischen Nandaime und Rivas ist
Farmland. Hier wird Reis und Zuckerrohr angebaut, aber
auch viele Fincas mit Viehzucht gibt es entlang der Panamericana. In Rivas ändert sich dieses Bild, hier überwiegen
Plátanos-, Bananen-, Papaya- und andere Plantagen. Und
vor allem tausende riesige Mangobäume säumen die Stra-
ßen- und Feldränder. An der Panamericana vor Rivas gibt
es Obststände *(s. F21)*. Da kaufe ich gerne ein, weil es etwas

billiger ist als am Markt in San Juan. Die Bauern bieten an, was bei ihnen am Feld wächst, Orangen, Mandarinen, Bananen, Kokosnüsse, Grapefruits, Nisperos, Plátanos, Ananas, Mangos, Papayas, Limetten, Zitronen, verschiedene Melonen usw. Da ist der Obstkorb immer voll, wenn ich nach Hause komme. Eine Woche Nicaragua ist wie gesagt nicht besonders viel, aber Wolfhart meinte, er wolle einfach nur den Aufenthalt in meinem Haus genießen. Er liebte es am Pool zu liegen. Einmal meinte er, die Landschaft erinnere ihn ein bisschen an die Toskana. Ich war noch nicht auf die Idee gekommen, aber diese Hügel Richtung San Juan haben schon etwas gemeinsam mit dieser italienischen Region. Wir besuchten die Strände, einmal war Silvio mit uns am Playa el Coco und zwischendurch fuhr er mit uns in die Stadt zum Einkaufen, einen Drink zu nehmen oder zum Essen ins El Timón. Mit Jürgen an den Strand gehen war nicht so einfach, da er zwar noch tadellos gehen konnte, aber vor allem im Wasser hatte er Gleichgewichtsprobleme. Zwischendurch zeichnete er Skizzen von meinem Haus und von der Umgebung. Die Ergebnisse waren trotz seiner nachlassenden Sehkraft erstaunlich. Silvio und Heiky kamen öfters zum Essen. Am Abend machte ich uns immer einen Sunset Drink, irgendeinen Cocktail, und wir genossen die Ruhe und tolle Stimmung, den Blick in die endlose Weite gerichtet, wo am Horizont die rotglühende Sonne langsam im Meer verschwand, ein sich jeden Abend änderndes Schauspiel *(s. F34)*.

Unser junger Bursche aus Managua bekam Heimweh und übersiedelte wieder zu seiner Oma. Ein neuer Hausbesorger musste gefunden werden. Silvio machte sich auf die Suche. Das Schwierige war nicht, jemanden zu bekommen, sondern jemanden zu finden, der ehrlich war und in der Lage, die Aufgaben gewissenhaft zu erfüllen. Da wir das Haus auch vermieten wollten, sollte der Betreffende doch zumindest gewissen Vorstellungen im Umgang mit Fremden entsprechen. Da rief eines Tages Leo an, einer der Arbeiter vom Playa el Coco. Er war auf Arbeitssuche. Da Silvio ihn schon seit seiner Zivildienstzeit kannte und er außerdem sehr umgänglich war, gaben wir ihm den Arbeitsplatz. Er bezog das Hausbesorger-Häuschen. Das Haupthaus wurde am oberen Ende gebaut, davor befindet sich die große Terrasse mit dem Swimmingpool, dann gibt es drei weitere Terrassen, um das Gefälle in Ebenen aufzuteilen, dann die große Stützmauer. An diese angebaut steht dieses Häuschen. Durch das Gefälle sieht man weder hinunter, es sei denn am vorderen Ende der Terrasse stehend, und gar nicht von unten herauf. Dadurch ist die Privatsphäre zur Gänze gewahrt.

Ich teilte Leo gleich mit, zwischen sieben und acht Uhr in der Früh wollten wir privat sein, den Pool solle er vorher sauber machen. So konnte ich vor dem Frühstück in Ruhe meine Runden schwimmen, wenn ich Lust hatte, auch nackt.

Wir kamen von der Stadt zurück vom Einkaufen, ich wollte die Haustüre aufsperren und es funktionierte einfach nicht. Wolfhart probierte, Silvio – alles vergeblich. Den zweiten Schlüssel für die Terrassentüre hatte ich nicht mit. Was tun? Das Toilettenfenster war offen, eines zum Kippen. Ich versuchte da hineinzukriechen. Bis zu den Beckenknochen schaffte ich es, aber die sind gerade um dieses bisschen zu breit, sodass ich nicht hineinkam. Ich erkläre hier nicht, wie wir es schafften ins Haus zu kommen, es gelang uns schließlich. Darauf gab es einen Drink. Silvio baute das Schloss aus und sah, dass es schlampig eingebaut war und daher klemmte. Die Zeit verflog und ich brachte Wolfhart zum Flughafen.

Es war das erste Mal, dass ich ohne Silvio nach Managua fuhr. Ich versuchte, mir alle Abzweigungen einzuprägen, und bis zum Flughafen ist die Orientierung doch recht einfach. Wir waren zeitgerecht da und ich begleitete Wolfhart zum Check-in. Das Gute an diesem Flughafen sind die kurzen Wartezeiten. Nun hieß es Abschied nehmen. Ich hoffte, dass Wolfhart den Aufenthalt genossen hatte. Ganz sicher hatte er ordentlichen Jetlag, als er zurück ins Büro musste.

Die Zeit mit Jürgen war ganz besonders, mit ihm zu plaudern über sein Leben, seine Erfahrungen, auch über sehr persönliche Themen und Meinungen. Einmal fragte ich ihn nach dem Grund, warum er bis ins hohe Alter so fit sei, vor allem geistig. Er sagte, er habe sich ein Leben lang immer für Neues interessiert, Neues ausprobiert und wäre immer neugierig gewesen. Er führte ein erfolgreiches Unternehmen in der Schweiz, das mittlerweile von seinen Nachkommen geführt wurde. Er ist Schweizer durch und durch und sehr stolz darauf, was ich auch gut verstehen kann. Im Appenzell gibt es ja immer noch eine sehr direkte Demokratie und ich glaube, das ist ziemlich einzigartig. Ich freute mich sehr über ein E-Mail von Jürgen, das er mir nach seinem Besuch schrieb, in dem er sehr persönliche Eindrücke und Gefühle äußerte, und es war schön, zu wissen, dass die Zeit in Nicaragua eine ganz besondere für ihn war. Ich hatte jetzt viel zu tun mit Grundstückspflege, zum Beispiel gab es auf großen Teilen des Grundstückes Baumüll, der entfernt werden musste. Das ist eine Seite von Nicaragua, dass die Menschen hier zwar bereits überflutet wurden mit den Errungenschaften unserer Zeit wie Plastik und vielem mehr, aber noch nicht gelernt haben, damit umzugehen. Das meiste wird in die Natur entsorgt. Leider wurde es auch beim Hausbau so gehandhabt und ich hatte mit Silvio ein sehr ernstes Gespräch zu führen über dieses Thema. Als Projektleiter hatte er die Verantwortung für ordentliche Entsorgung und vor allem auch, dies den Leuten in geeigneter Form beizubringen. Ich weiß, dass er allein dieses Land und die Mentalität der Menschen nicht verändern wird, aber wenigstens im kleinen Bereich muss jeder seinen Beitrag leisten. Mit Leo ging ich das ganze Grundstück ab und fand überall Spuren der Zivilisation, leere Kanister, Plastiksäcke, Fliesenreste, Ziegelreste, Betonreste, Holzreste, die ja das geringste Übel waren, da sie verrotten, und vieles mehr. Alles legte ich schön säuberlich auf Häufchen und dann wurde entsprechend entsorgt. Das Schlimmste jedoch waren die vielen Nägel und Schrauben. Vor der Caseta von Leo gibt es einen Aschehaufen und da lag ein großer Nagel. Die Arbeiter hatten hier immer die Holzabfälle verbrannt. Sobald ich danach zu suchen begann, sah ich, dass das nicht der einzige war, sondern es gab Unmengen davon. Dieser Haufen war im Umkehrbereich für die Autos und es war kein Wunder, das eine oder andere Mal einen platten Reifen zu haben. Ich hatte Glück, dass ich nie einen Reifen wechseln musste, sondern – wenn es denn passierte – ich den Weg in die Stadt noch schaffte. Und die Kosten hielten sich in Grenzen. Eine normale Reifenreparatur kostet ungefähr 60 Cordoba, das sind zwei Euro. Hierzulande ist das ein gutes Geschäft, da die Leute sehr sorglos mit dem Patschen verursachenden Material umgehen. Die meisten denken sicher nicht über die Folgen nach, wenn Nägel und Schrauben auf der Straße landen, da ja viele von ihnen zu Fuß gehen.

Weiters arbeitete ich an einer Homepage zur Vermarktung meines Hauses. Ich schrieb Texte und machte Fotos. Eine gute Freundin produzierte daraus das Endprodukt. Es wurde eine tolle Seite, vor allem das Design gefiel mir sehr. Meine Schwester übersetzte die Texte ins Englische und ein Freund von Silvio ins Spanische. Weiters schrieb ich einen Artikel für die österreichische Zeitschrift „Nicaragua-Nachrichten" mit dem Titel „Arbeiten in Nicaragua" über die Arbeitswelt im Land mit Rechten, Beschäftigungsbedingungen und Verdienstmöglichkeiten der Arbeiter.

Nicht, dass ich jetzt immer allein in meinem Haus war. Heikys Schwester Dana hatte einen neuen Freund, einen ganz lieben Burschen aus Alaska. Die zwei kamen mit Silvio und Heiky mit und ich lud sie ein, im Austausch für das Mitbringen von Lebensmitteln bei mir zu wohnen. Das funktionierte sehr gut. Rolf ist ein toller Mensch und ab und zu dachte ich mir, wie kann er sich dieses junge Ding antun, mir würde er auch gefallen. Nicht nur, dass er gut aussieht, ist er einer der ausgeglichensten, hilfsbereitesten Männer, die ich je kennenlernte. Er ist Fischer in Alaska, und wenn nicht Fischsaison für Heringe und Seegurken ist, bietet er mit seinem Boot Ausflüge für Touristen an. Und den Winter verbringt er im Süden, da er begeisterter Surfer ist. Da hatte er bei seinem letzten Aufenthalt Dana kennen gelernt. Anscheinend trennte sie sich von ihrem alten Freund, der ungefähr 30 Jahre älter war als sie. Immerhin war sie auch 17 Jahre jünger als Rolf. Rolf stand in der Früh auf, nahm den Besen und kehrte überall. Beim Frühstück zubereiten, Hängematte aufhängen, nämlich sehr professionell mit Fischerknoten, und vielem mehr half er mir. Währenddessen schlief Dana oder machte später stundenlange Schönheitspflege. Das ist bei vielen jungen Nicaraguanerinnen sehr ausgeprägt. Es ist ihnen nicht wichtig, sich zu bilden, das Hauptziel ist schön zu sein, sich zu präsentieren und möglichst einen Ausländer oder wenigstens reichen Inländer zu finden. Da spielt das Alter keine große Rolle. Rolf interessierte sich für ein Grundstück in der Nähe meines Hauses, doch es gab einige rechtliche Unklarheiten und daher wurde nichts daraus. Er wollte für Dana eine Einreisegenehmigung für Alaska organisieren. Doch es dauerte nicht lange, da sahen Silvio und ich sie wieder mit ihrem alten Freund. Rolf war sehr traurig, aber im Grunde war ich froh für ihn, da ich wusste, dass er sich etwas Besseres verdient hatte. Ich hätte ihn gerne als Nachbar gehabt. Da wären wir schon eine nette Runde gewesen, Britta und Andrew, Chris und Rolf. Chris, ein Kanadier, hatte auch vom Deutschen ein Grundstück gekauft, wenn ich auf der Terrasse stehe rechts von meinem Grundstück, aber mit einem tiefen Graben und genügend Abstand dazwischen. Chris, Belinda, seine Freundin, Rolf und ich hatten einen netten gemeinsamen Spieleabend bei mir verbracht, mit gutem Essen, einigen Drinks und viel Spaß. Das nächste Mal trafen Silvio und ich Chris auf der La Chocolata. Er war allein. Ich fragte nach Belinda und er meinte, er hätte sie gerade zum Flughafen gebracht. Seltsam, sie wollte nicht so schnell abreisen, davon war nicht die Rede. Da musste etwas vorgefallen sein, sagte ich zu Silvio, aber ich wollte Chris nicht darauf ansprechen. Er hüllte sich in Schweigen. Erst viel später erfuhr ich von anderer Seite, dass Chris sie anscheinend nicht gut behandelt hatte und sie ihn deshalb verließ. Sie verdiente sich auch etwas Besseres und hat das mittlerweile auch gefunden.

Silvio vereinbarte mit Leo, unserem Hausbesorger, dass seine Frau, mit der er ein Kind hatte und die in Managua wohnte, ihn einmal im Monat besuchen kommen dürfe, und natürlich hatte er auch zweimal im Monat frei, je nachdem, wie er sich die freien Tage nahm. Nun hatte Silvio öfters in Managua zu tun und wir versprachen Leo, seine Frau mit zu bringen. Wir fuhren in die laut Silvio nicht besonders sichere Gegend. Leo hatte ihm beschrieben, wo seine Frau wohnte und wir holten sie ab. Sie fuhr das erste Mal in ihrem Leben ans Meer. Als ich das nächste Mal vom Einkaufen in mein Haus zurückkam, bemerkte ich, dass jemand die Küche benutzt hatte. Der Herd war noch warm und so sauber putzen wie ich können die Nicaraguaner nicht, auch wenn sie sich noch so bemühen. Ich stellte gemeinsam mit Silvio, da mein Spanisch für so eine kritische Situation vielleicht noch nicht ausreichte, Leo zur Rede. Er hatte sein eigenes kleines Haus und alles was er benötigte und hatte nichts zu suchen in meinem Haus. Er wollte es zuerst abstreiten, hatte dann aber gemerkt, dass das nicht möglich war. Wir wussten nun, dass es ein Fehler war, ihm einen Schlüssel für das Haus zu geben. Daraus lernten wir und änderten es. Das nächste Mal, als Silvio seine Frau mitbringen sollte, hatten wir zugestanden, dass dieses Mal das Kind mitkommen dürfe. Wir fuhren also wieder in diese Gegend von Managua und warteten, bis Frau und Kind kamen. Auch die Schwiegermutter von Leo kam mit und wir gingen davon aus, um sich von der Tochter zu verabschieden. Nicht wenig erstaunt waren wir, als sie ins Auto einsteigen wollte. Silvio fragte nun, wohin sie fahren wolle. Sie komme mit, meinte die Tochter. Wir waren dermaßen perplex, dass es uns momentan die Sprache verschlug. Silvio machte ganz klar, dass das nicht gehe und rief Leo an, um auch mit ihm Klartext zu sprechen. Er hatte tatsächlich der Schwiegermutter versprochen, dass sie auf Besuch kommen dürfe. Dabei ist das Häuschen, in dem er wohnte, eigentlich gerade für eine Person gerechnet. Natürlich hatte er mehr Luxus als die Familie seiner Frau, die in ärmlichen Verhältnissen wohnte und wer weiß, ob sie Strom hatten. Das wäre wie Urlaub im Luxushotel für die Mutter und wir hätten auf einmal eine ganze Familie zu erhalten auf meinem Grundstück. Diesbezüglich muss man hier aufpassen, zuerst kochen sie in deiner Küche, zum Schluss wohnt die Großfamilie in deinem Haus.

Ich war ganz aufgeregt, als Silvio mich anrief, er habe einen Mieter für mein Haus. Wir machten ihm einen Einführungspreis. Es war ein Schweizer, den Silvio über eine von Heikys Freundinnen kennen gelernt hatte. Er wollte mit seinen Freunden kommen. Ich putzte das ganze Haus von oben bis unten und packte meine Sachen ein. Silvio kam mit den Burschen, auch die Freundin war dabei, die anscheinend Ferdi immer betreute, wenn er in Nicaragua war, das, obwohl sie mit einem alten Amerikaner verlobt war und den später auch heiratete. Wir übergaben das Haus und ich fuhr mit Silvio in die Stadt und wohnte drei Tage bei ihm. Es war ein gutes Gefühl, das erste Geld mit Vermieten verdient zu haben. Am nächsten Abend waren wir zur Party eingeladen. Silvio sagte, ich solle auch mitkommen. Ein komisches Gefühl, im eigenen Haus Gast zu sein. Die Burschen waren ganz nett, wir unterhielten uns gut bei einigen Drinks. Sie übersiedelten dann in ein Haus im Projekt Bahia del Sol an der La Chocolata in unmittelbarer Nähe der Stadt. Sie luden uns auch dorthin ein, damit wir das Haus anschauen konnten. Das war ein riesiges Haus und eine andere Preisklasse. Es gefiel mir sehr gut, jedoch die Lage meines Hauses ist unschlagbar, da waren wir uns alle einig. Im Jahr darauf mietete Ferdi wieder bei mir, Preis/Leis-

tung gefiel ihm und auch die Privatsphäre und die Strandnähe. Das erste Vermieten war also ein voller Erfolg.

Mittlerweile hatten sich meine Eltern wieder angesagt.
Sie wollten Ende März zwei Wochen bei mir in Nicaragua
verbringen. Ich freute mich ganz besonders darauf. Wir hatten
eine tolle Zeit miteinander, spazierten praktisch täglich
gemeinsam an den Strand, Silvio und Heiky kamen oft zu
Besuch. Wir lasen viel, spielten gemeinsam Karten und hatten
Spaß. Einmal beschlossen wir einen Kuchen zu backen, eine
von Mamas Lieblingsbeschäftigungen. Mama und Papa saßen
auf der Terrasse, beide beim Rühren, Mama war für die Dot-
ter zuständig und Papa für das Eiweiß. Ich erinnere mich
noch sehr genau an dieses einzigartige, tolle Bild, beide so
vertieft in ihrer Beschäftigung zu sehen – und sie hatten viel
Spaß dabei. Der Kuchen wurde sehr gut und Silvio freute
sich auf das Ergebnis. Solche Spezialitäten bekam er hier
sonst nicht.

Silvio hatte zwischendurch viel zu tun auf seiner Baustelle.
Es waren zwei Häuser, die er in Auftrag genommen hatte,
das eine mit zwei Schlafzimmern mit jeweils eigenem
Badezimmer und einer überdimensionalen Garage, in der
man ein Boot unterbringen konnte, das andere mit Küche,
zwei Schlafzimmern mit Badezimmer und Wohnzimmer. Er
kam zügig voran. Ich fuhr öfters mit ihm zur Inspektion
oder zum Materialliefern. Er hatte einen zufriedenen Kunden, verdiente aber nicht viel Geld mit diesem Projekt. Auch
mein Vater war stolz auf Silvio, er verfolgte den Fortschritt
und sprach mit dem Auftraggeber Dagobert, einem Texaner
mit furchtbarem Slang. Eine Zeit lang konnte man ihm
zuhören, man musste sich furchtbar konzentrieren, um ihn
zu verstehen. Am Vormittag ging es noch, aber durch den

stetigen Bierkonsum tagsüber ließ seine Sprechfähigkeit immer mehr nach. Wichtige Gespräche musste Silvio mit ihm in der Früh führen. Seine Frau war Nicaraguanerin und redete ununterbrochen, daher hatte sie nicht Zeit zuzuhören. Silvio hatte es nicht immer leicht mit ihnen. Später traf ich Dagobert wieder. Er freute sich, mich zu sehen und erzählte mir, er habe gerade sein Haus verkauft und werde nun mit der Familie nach Uruguay übersiedeln. Bevor er nach Nicaragua kam, hatte er schon in Panama und Costa Rica gelebt.

Der Aufenthalt meiner Eltern ging dem Ende zu. Mir blieb noch ein bisschen Zeit. Ich machte eine Inventarliste für das Haus, schnitt alle Sträucher im Garten. Langweilig wurde mir nie. Ende März musste auch ich abreisen. Der Abschied war schwer, ich hatte eine sehr schöne Zeit hier, aber ich wusste, Silvio würde sich um mein Haus und Grundstück kümmern und nächsten Winter würde ich wieder kommen. Mein Rückflug ging wieder über Kanada und so sah ich meine Familie noch einmal, bevor ich zurück in den zaghaft beginnenden Frühling von Wien reiste. Natürlich war nach fünf Monaten Abwesenheit alles gewöhnungsbedürftig, vor allem die ausdruckslosen Gesichter der Menschen in den öffentlichen Verkehrsmitteln. Ich beobachtete sie und kam zum Ergebnis, dass Besitz nicht zufrieden macht. Die armen Menschen in Nicaragua haben sichtlich mehr zu lachen als diese getriebenen und gehetzten Menschen hierzulande. Ich freute mich, meinen Sohn Mario mit Familie wieder zu sehen. Meine Enkeltochter war mittlerweile zwei Jahre alt und ein liebes Mädchen. Sie plauderte fleißig, vor allem Japanisch, aber auch schon deutsch.

Ich hatte eine volle Reiseleitersaison vor mir und begann sofort mit den Vorbereitungen. Ende Juni hatte ich eine private Reise geplant. Ich fuhr nach Vorarlberg zu einem Familientreffen und meine Eltern aus Kanada kamen auch. Wir hatten ein tolles Fest mit weit über 100 Angehörigen. Am nächsten Morgen rief meine Kusine an, bei der die Eltern wohnten, Mama sei soeben ins Krankenhaus transportiert worden, sie hatte einen Schlaganfall. Es war ein schrecklicher Tag und es stellte sich heraus, dass sie schwere Folgen davontragen würde. Es war ein schwerer Schock für die ganze Familie und wir wollten zuerst nicht wahrhaben, was es wirklich für uns bedeutete. Die Realität war, dass sie linksseitig gelähmt blieb. Ich kürzte mein Herbstprogramm und flog zu meiner Familie nach Kanada, um bei der Betreuung zu helfen. Mama war inzwischen zu Hause und musste rund um die Uhr betreut werden. Wichtig war, mit ihr Therapie zu machen. Wir hatten Unterstützung, privat bezahlte, aber auch vom Staat organisierte und finanzierte Hilfe kam ins Haus. Die Fortschritte waren langsam, aber doch sichtbar.

Aber auch in Nicaragua tat sich inzwischen einiges. Silvio musste Leo entlassen, da er immer wieder über die Grenze der Akzeptanz gegangen war. Silvio beaufsichtigte in unmittelbarer Nähe des Hauses ein kleines Straßenprojekt. Während der Osterfeiertage war ein Wächter mit der Beaufsichtigung der Materialien beauftragt worden. Als die Arbeiter nach den freien Tagen wieder zurückkamen, fehlten sowohl Kochtöpfe als auch Reis und Bohnen. Der Wächter wurde zur Rede gestellt und es kristallisierte sich heraus, dass er mit Leo die Lebensmittel verwendet und Leo die Töpfe mitgenommen hatte. Beim Gespräch mit ihm stellte Silvio fest, dass er sogar welche nach Managua mitgenommen hatte. Silvio entließ ihn sofort. Solche Vergehen muss man konsequent ahnden. Leider muss man sagen, dass viele der Einheimischen solche kleine Gauner sind. Nicht, dass sie großen Schaden anrichten, aber anscheinend denken sie sich nichts dabei, da und dort etwas abzustauben. Silvio hatte mit dem Deutschen vereinbart, dass sein Wächter vom Grundstückseingang in unser Häuschen übersiedelte. Da hatte er fließendes Wasser und Strom, dafür war er für die Poolreinigung und Grundstückspflege verantwortlich.

Für mein Haus organisierte Silvio ein Property Management. Die Firma übernahm die Betreuung des Hauses und auch das Vermieten. Dazu gehört zweimal in der Woche reinigen, Bettwäsche und Handtücher waschen und Poolchemie besorgen. Ein Langzeitmieter, der zu den Hochpreiszeiten Ostern und Weihnachten auszog, wohnte nun in Quinta La Paz. Somit waren die laufenden Kosten abgedeckt und es war gut, jemanden im Haus zu haben. Der nicht erfreuliche Teil war, dass die Wasserpumpe aus dem Brunnen gestohlen wurde. Es musste eine neue gekauft und installiert werden. Silvio meinte, er wisse genau, wer es gewesen wäre, hatte aber keine Beweise, außer dass derjenige zwei Tage später mit einem neuen Moped durch die Gegend fuhr und ihm gegenüber ein verändertes Verhalten an den Tag legte. Der Verdächtige hatte für Silvio gearbeitet, er kannte ihn schon seit seiner Zivildienstzeit. Dieser wusste über die örtlichen Gegebenheiten ganz genau Bescheid.

Unseren Hund Tarzan musste Silvio weggeben, da er sich zum „Wadlbeißer" entwickelt hatte. Das war natürlich problematisch, weil das Haus vermietet wurde. Silvio erzählte mir, dass eines Tages der Deutsche mit zwei Hunden daherkam und diese bei Marco ließ. Pitbulls, ein Männchen und ein Weibchen. Er wollte, dass Marco junge Hunde züchtete –

und das ausgerechnet auf meinem Grundstück. Dieser Mensch lebte in ständigem Verfolgungswahn und meinte, wir müssten dringend Hunde haben. Ab und zu erledigen sich Dinge ganz von alleine. Die Hundedame ist eines Tages nicht mehr aufgetaucht. Ich gab den Auftrag, den Hund an der Leine zu halten und zwar so, dass er Leute, die die Straße zum Haus hochgingen, nicht erreichen konnte. Das wirklich Tragische war, dass niemand dem Hund entsprechende Erziehung zukommen ließ. Gerade bei Pitbulls ist es wichtig zu wissen, wie man sie richtig trainiert. Da hatte der Deutsche taube Ohren.

Silvio baute inzwischen einen Swimmingpool und hatte den Auftrag für ein weiteres Haus an Land gezogen. Der Auftraggeber war ein Däne, der beim Windmühlenbau in Nicaragua einen Job hatte. Im Departemento Rivas im Südwesten von Nicaragua, direkt an der Panamericana, also in der Nähe von San Juan, wurde ein Windpark errichtet. Die bereits installierten Windkraftturbinen sollten direkt in das nationale Netz eingespeist werden und dann rund 10 % des gesamten Energiebedarfs abdecken, was mehr Unabhängigkeit von Erdöl bedeutete. Das Haus wurde südlich von San Juan del Sur hinter dem ersten Hügel gebaut. Das Grundstück hatte weder Wasser noch Strom, aber der Landverkäufer sicherte beides vertraglich zu. Mittlerweile hatte Silvio eine Firma gegründet, bezog ein Büro gegenüber vom Supermarkt Palí, stellte einen Mitarbeiter an, einen Freund, der Betriebswirtschaft studiert hatte und sich freute, dass er wieder einen Job hatte. Es schien, dass die beiden recht gut zusammen arbeiteten.

Mein fünfter Aufenthalt in Nicaragua

Als ich Anfang Jänner 2011 nach Nicaragua kam, wohnte ich bei Heiky und Silvio im Haus, da meines bis Ende Jänner vermietet war. Ich ging oft an den Strand zum Schwimmen und las sehr viel. Im Februar war dann einiges los. Meine Eltern hatten sich entschieden, obwohl Mama im Rollstuhl war, nach Nicaragua zu kommen. Meine ältere Schwester Hedwig begleitete sie und aus Kalifornien reiste meine jüngere Schwester mit Mann und ihren zwei Töchtern an. Wir hatten volles Haus in „Quinta la Paz". Ich freute mich sehr. Wir buchten eine Nacht im Hotel „El Camino Real" in der Nähe vom Flughafen, da für Mama die sofortige Anreise zu anstrengend gewesen wäre. Ein schönes Hotel mit gutem Essen, und Hedwig und ich nutzten den Pool, um einige Runden zu schwimmen. Zwei Ticas (wie die Leute aus Costa Rica sich nennen) sprachen uns an und wir unterhielten uns gut. Eine neue Airline namens „NatureAir" würde Managua anfliegen und die beiden bereiteten hier am Flughafen alles vor, schulten Leute ein, eröffneten einen Schalter usw. Diese Airline würde Costa Rica mit Zentralamerika verbinden und auch kleine Flughäfen anfliegen. Theresia mit ihrer Familie kam erst am Abend an. Wir genossen das Wiedersehen, nicht zu oft sehen wir drei

Schwestern uns. Am nächsten Tag mietete Eugen ein Auto und gegen Mittag fuhren wir mit den zwei Fahrzeugen Richtung San Juan del Sur.

Als wir im Haus ankamen, war alles schön sauber und die Betten waren frisch bezogen. Das Property Management arbeitete ordentlich und das war sehr bequem. Meine Familie liebte das Haus, und da wir acht Personen waren, gab es genug zu tun, bis für alle gekocht war, und natürlich war auch Mama zu betreuen. Aber wir drei Schwestern managten das super. Gut, dass mein Haus Rollstuhl gerecht war. Daran dachten wir beim Bauen nicht, das war einfach passiert und war jetzt Gold wert. Wir fuhren fast täglich an den Strand und brachten Mama ins Wasser, sozusagen als Therapie für sie. Und kleine Spaziergänge am Strand gehörten auch dazu. Sie war zwar nicht immer begeistert von der Idee, aber wenn wir dann am Strand waren, hatte sie ihren Spaß daran. Und auch gymnastische Übungen im Swimmingpool machten wir mit ihr. Am liebsten war es ihr, wenn wir alle sie hielten, da sie immer in Sorge war, sie könnte ertrinken – und das trotz Schwimmweste. Der Schlaganfall hatte bei ihr irrationale Ängste hervorgerufen. Wir spielten oft Karten, alle lasen gerne und viel, gut essen und trinken war an der Tagesordnung, wir genossen richtig das Leben und das Zusammensein. Ab und zu fuhren wir in die Stadt, um einzukaufen. Mama liebte das nicht so, da ihr die Straße zu holprig war. Somit blieb öfters jemand mit ihr zu Hause. Ich hatte das Gefühl, ich müsse einmal ausbrechen und am Abend ausgehen. Mit Eugen fuhr ich in die Stadt auf einen Drink. Wir trafen Britta, die mit einem Mann, den ich nicht kannte, beim Deutschen war. In vorangegangenen Kapiteln habe ich bereits über ihn geschrieben. Wir wurden Marian vorgestellt und beschlossen, gemeinsam zum Black Whale zu gehen, ein Restaurant mit Bar. Hier wird oft Livemusik oder Disco angeboten, aber auch WLAN und Pool Billard. Der Besitzer Klaas ist Deutscher. Wir erfuhren, Marian ist Pole, wohnte aber in Washington State. Er sprach perfekt deutsch, da er mit vierzehn mit seinen Eltern nach Deutschland übersiedelte, noch zur Zeit der Kommunisten. Es war sein erster Aufenthalt in Nicaragua. Sein ursprünglicher Plan war, Costa Rica zu besuchen. Doch bevor er den Weiterflug in Miami buchte, musste er zum Zahnarzt. Die Assistentin war Nicaraguanerin. Als sie von seinen Plänen hörte, redete sie auf ihn ein, ihre Heimat zu besuchen. Die Gründe, die sie nannte, überzeugten Marian. Schöner, billiger, freundlichere Menschen waren ihre Argumente. Und sie organisierte für ihn ein Taxi vom Flughafen zum Hotel. Heute lachen wir oft, welch glücklicher Umstand uns zusammen geführt hat.

Zwei bis drei Tage später sahen wir Marian wieder. Er interessierte sich für Grundstücke, da zeigte der Deutsche ihm seinen Besitz am Maderas und sie besuchten uns im Haus. Ich zeigte Marian mein Anwesen. Es schien ihn zu beeindrucken, wie alle, die es sahen. Es gibt wirklich keinen schöneren Platz. Als Eugen und ich wieder einen Abendausflug in die Stadt machten, trafen wir Marian im Black Whale, aber auch Pierre und Denis, zwei Kanadier aus Quebec und Joachim, einen Österreicher. Eugen erzählte von meinem Bruder, der in Kanada biologisches Joghurt bester Qualität produziere. Ich ergänzte, es sei das beste Joghurt der Welt. Da widersprach mir Pierre und sagte, er fahre alle vier Wochen mehr als eine Stunde mit dem Auto, um Joghurt zu kaufen, und das sei eindeutig das Beste, besser geht nicht. Zum Schluss stellte sich heraus, wir sprachen beide vom selben Produkt. Er war nicht der einzige Kanadier, der mir hier in Nicaragua erzählte, dass er das Joghurt meines Bruders kaufte. Ein älterer, sehr unappetitlich aussehender, ziemlich betrunkener Amerikaner stand an einem der Tische. Hemd hatte er keines an und die Hose hing ihm bis unter den Beginn seiner Arschspalte. Pfui. Eugen sagte zu Pierre: „Wenn du dein Eis diesem Menschen hinten in die Spalte steckst, dann zahle ich dir 100 Dollar." Pierre war ein viel zu liebenswürdiger Mensch, um so etwas zu tun und außerdem meinte er, das Eis würde er lieber essen. Alles passierte ganz schnell. Marian, mutig durch ein paar vorangegangene Drinks, nahm das Eis aus Pierres Tüte und stopfte es in die Falte dieses ungustiösen Menschen. Wir trauten unseren Augen nicht, mussten aber von Herzen lachen. Die ganze Situation war so komisch. Der Betroffene war ganz verdattert und wollte stänkern, da sagte Marian ganz bestimmt und mit Nachdruck: „Schau nicht her, alles ist gut, besser du schaust nicht her!!!" Gut, dass die Situation nicht eskalierte. Pierre bekam ein neues Eis und Marian forderte die 100 Dollar ein. Eugen meinte, das war ein Angebot an Pierre, nicht an ihn, aber er hatte so viel Spaß gehabt, dass er ihm den Hunderter gab. Es war alles so unglaublich und skurril, dass wir noch den ganzen Weg bis nach Hause einen Riesenspaß hatten. Als wir Marian wieder trafen, schien es ihm dann etwas unangenehm zu sein, das Geld genommen zu haben. Bei nächster Gelegenheit, die sich bald bot, gab er es für unsere Familie aus, als wir gemeinsam Essen waren.

Wir pflegen gute Nachbarschaft. Da Britta bald wieder abfuhr, luden wir sie und Silvio mit Heiky zum Abendessen ein. Da zahlte sich das Kochen aus. Wir waren elf Personen, aber mir machte das Spaß. Wir aßen gut und vor allem

unterhielten wir uns köstlich, hatten eine nette Zeit miteinander und sie sagte, der Abend erinnerte sie sehr an ihre eigene Familie. Ihre Eltern waren aus Deutschland nach Kanada
ausgewandert.

An einem anderen Abend luden wir Chris, den anderen
Nachbarn, ein. Seine neue Freundin Maria, eine Portugiesin,
und seine Tochter mit Freund waren auch dabei. Es war
interessant, die Tochter redete unglaublich viel und Chris
schien sehr stolz auf sie zu sein. Ihre Vorstellungen vom
Leben schienen in manchen Bereichen ein bisschen naiv zu
sein, aber sie sprach engagiert, vor allem was Umwelt und
dergleichen anbelangte. Ab und zu kam auch ihr Freund zu
Wort. Es war spannend, so unterschiedliche Menschen aus
den verschiedensten Ländern zu Besuch zu haben. Wir verbrachten einen gemütlichen und unterhaltsamen Abend.

Hedwig machte oft am frühen Morgen lange Spaziergänge an den Strand und in die ganze Umgebung. Sie liebt
die Natur und brachte immer interessante Dinge mit nach
Hause. Wir produzierten Orangeat und Zitronat, was eine
köstliche Nascherei ergab. Wir machten verschiedene Mar-
meladen und Tee aus Zitronengras, das bei mir im Garten
wuchs. Nach der Abreise meiner Eltern und Hedwig waren
wir nur noch zu fünft. Wir machten einen Ausflug nach
Granada, Theresia, Eugen und die Kinder. Wir fanden ein
nettes Hotel mit Swimmingpool und einem abgeteilten
Zimmer mit Platz für uns alle um 50 US-Dollar. Wir machten
eine Bootstour zu den Isletas. Es war ein schöner Ausflug.
Auch für mich war es jedes Mal wieder ein Erlebnis. Der
Besuch in Masaya und auf dem Vulkan rundete unseren
Ausflug ab. Da wir immer viel Spaß mit Marian hatten, be-
schlossen wir, ihn zum Abendessen einzuladen. Silvio brachte

ihn mit und es gab Makrele mit allen möglichen Beilagen, eigentlich hatte ich viel zu viel gekocht. Ich versuchte, Silvio und Marian zu motivieren, noch mehr zu essen. Wir verbrachten einen lustigen Abend.

Nach dem Abschied von Theresia und Familie bereitete ich das Haus für die nächsten Mieter vor. Ferdi, der Schweizer, hatte sich für eine Woche angesagt. Ich wollte mein Haus für einen Tag ganz für mich allein genießen. So dachte ich, als Silvio anrief, Ferdi wolle schon einen Tag früher anreisen. Also organisierte ich Jason vom Property Management, mit den Damen putzen zu kommen und fuhr dann mit ihm in die Stadt. Ich wollte mit meinen Sachen zu Silvio übersiedeln, doch hatte er den Schlüssel mit nach Managua genommen. So nahm ich ein Zimmer und gegen Sonnenuntergang spazierte ich zum Strand – und wen traf ich da? Marian. Wir gingen Abendessen, verbrachten einen gemütlichen Abend und verabredeten uns zu einem gemeinsamen Frühstück. Wir gingen schwimmen und spazierten dann zur Christusstatue auf dem Hügel nördlich der Bucht. Wir nahmen den Weg über den Strand und dann einen versteckten Pfad bergauf, vorbei bei einigen Villen. Hier wohnten nur die wirklich Reichen. Aber wie ich hörte, waren die Grundstückspreise vor etlichen Jahren noch sehr erschwinglich. Die Aussicht auf die Bucht ist großartig. Wir plauderten über alles Mögliche, unter anderem meinte Marian, den einzigen Ausflug, den er bisher außerhalb von San Juan machte, war mit uns an den Strand bei Tola und wir beschlossen, gemeinsam nach Ometepe zu fahren. Dieses Ereignis und den Beginn unserer Beziehung habe ich bereits im Kapitel Ometepe beschrieben.

Zurück in San Juan verbrachten wir die Zeit bis zu seiner Abreise gemeinsam. Es waren noch zehn Tage. Wir unternahmen Wanderungen in der Umgebung und gingen schwimmen. Unser Lieblingsplätzchen war die kleine Bucht im Süden von San Juan, hinter den Hügeln. Man trifft dort niemanden. Es war gutes Training, bergauf und bergab, dorthin zu kommen. Es ist der einzige Platz in Nicaragua, an dem ich nackt schwimmen war. Das empfiehlt sich normalerweise nicht, aber hier waren wir mutterseelenallein. Das Wasser war traumhaft schön in unserer ganz privaten kleinen Sandbucht zwischen den Felsen. Zwischendurch gingen wir zum „Black Whale" Poolbillard spielen oder zum Sunset Drink. Ich wollte mit Marian die Tage in meinem Haus verbringen, bevor Jeremy, mein Langzeitmieter, wieder einzog. Am 9. März war es dann so weit. Wir übersiedelten mit den Sachen für die zwei, drei Tage nach „Quinta la Paz". Das Haus war sauber, dank Property Management.

Langsam aber sicher ging die schöne Zeit dem Ende zu, da Marian am 15. März zurück nach Washington State flog. Um drei Uhr in der Nacht fuhr er ab. Wir verabschiedeten uns. Ich war etwas traurig, da wir eine sehr tolle Zeit miteinander verbracht hatten. Wir hatten Spaß zusammen, lachten sehr viel, hatten uns viel zu erzählen, hatten einige intensive Erlebnisse und wussten nicht, wann wir uns wieder sehen würden. Marian hatte vor, mich im Sommer in Wien zu besuchen. Nun gab es nur noch Skype. Wir versuchten so oft als möglich miteinander zu telefonieren. Wir stellten fest, dass wir uns sehr vermissten und gestanden uns ein, dass wir uns verliebt hatten. Das hatte sich so herangeschlichen, dass es uns zuerst gar nicht bewusst wurde. Ich verbrachte noch zehn Tage bei Silvio.

Silvio hatte ein Projekt in Camoapa an Land gezogen. Sein Ingenieur hatte gute Kontakte dorthin und sie erhielten den Zuschlag für den Bau von vier Schulen. Wir fuhren gemeinsam zu den Baustellen. In Camoapa trafen wir uns mit einem Vertreter der japanischen Botschaft, die Japaner finanzierten das Projekt. Es ergab sich ein ganz interessantes Gespräch beim Mittagessen. Ich fragte, wie es nach dem Tsunami mit Entwicklungshilfegeldern für andere Länder sein werde. Japan ist pro Kopf der größte Geldgeber für Hilfsprojekte im Ausland. Er sagte, dass dieses Geld bereits zugeteilt sei. Die Auswirkungen der Katastrophe waren noch nicht abzusehen. Am nächsten Tag, bevor wir zurück nach San Juan fuhren, hatte Silvio in Managua noch einiges zu erledigen, unter anderem Holz für das Haus kaufen, das er gerade baute. Vor meiner Abreise gönnten wir uns ein nettes gemeinsames Abendessen im El Colibrí. Nun hieß es wieder Abschied nehmen. Ich flog über Kanada und besuchte noch drei bis vier Tage meine Familie. Dort war Ende März noch Winter. Zurück in Wien war Anfang April bereits der Frühling eingekehrt, die Bäume begannen sich grün einzufärben, die ersten Blumen blühten, Primeln, Stiefmütterchen und Narzissen. Auch die Temperaturen waren zu meiner Freude ganz erträglich.

Noch in Nicaragua hatte sich bei mir die Idee festgesetzt, einfach einmal länger dort zu bleiben. Aber nun hieß es zuerst, mich auf die neue Reiseleitersaison vorzubereiten.

Familienausflug nach Playa Brito und Besichtigung einer Plátanos Finca bei Potosí

Silvio wollte bei Tola ans Meer fahren und ein Grundstück anschauen. Ich solle Marian fragen, ob er Lust habe mitzukommen. Als Eugen und ich in der Stadt waren, trafen wir ihn gar nicht, was uns einigermaßen wunderte. Wir tranken den einen oder anderen Rum und beschlossen, Marian in seinem Hotel aufzusuchen. Er hatte uns ja gesagt, wo er wohnte. Wir fragten nach ihm und der Portier zeigte uns, wo sein Zimmer war. Wir klopften an, er machte auf und war sehr erstaunt, uns zu sehen. Wir sagten ihm, auch wir waren erstaunt, ihn nicht im Black Whale zu treffen. Er meinte er mache eine Pause, er wolle nicht jeden Abend mit dieser trinkfreudigen Gesellschaft verbringen. Wir luden ihn für Sonntag ein.

Mit zwei Autos waren wir unterwegs. Wir fuhren fast zwei Stunden, nicht weil es so weit wäre, aber irgendwann nach Tola endete die gepflasterte Straße, dann gab es ein schönes Stück Schotterstraße, die gut befahrbar war. Doch das letzte Stück konnte man schwer als Straße bezeichnen, und es ging sehr langsam durch Farmland dahin. Die Umgebung war schön, mit vielen großen Bäumen, Weiden mit Kühen und teilweise mit tropischen Trockenwäldern. Endlich waren wir da. Ein Fluss verteilte sein Wasser ins Meer und

Richtung Süden zog sich ein unendlich langer, einsamer Sandstrand. Nördlich vom Fluss erhob sich ein Hügel, auf unserer Seite sehr steil ansteigend. Auf der anderen Seite lag das besagte Grundstück, aber nur Silvio durfte mitgehen, um es zu sehen. Wir warteten am Strand. Es war ein schöner Ausflug. Ich dachte: „Wäre ganz nett, wieder einmal ein kleines Abenteuer", und mit Marian konnte ich mir das ganz gut vorstellen. Ich war neugierig, wie alt er war. Ich schätzte, etwa in meinem Alter. Schließlich wollte ich eher jemand Jüngeren, wenn schon, denn schon, dachte ich. Beim Zurückfahren fragte ich irgendwann ganz beiläufig. „Fünfundfünfzig", meint er, „ganz schön alt". „Ja, ganz schön alt", antwortete ich ehrlich darauf. Das waren ja fünf Jahre! Na, ja, aber er ist gut erhalten und für ein Abenteuer macht es ja gar nichts, waren meine Gedanken. Mal sehen.

Papa wollte eine Finca sehen und Silvio war ebenso interessiert, einmal eine Plátanos (Kochbananen) Plantage zu sehen *(s. F22)*. Also fuhren wir miteinander los, Hedwig war mit dabei. Wir fuhren durch Rivas, weiter nach Potosí. Silvio fuhr zur Alcaldía, das war das Gemeindehaus und fragte nach, ob sie eine Finca wüssten, die zu verkaufen wäre. Der anwesende Alcalde, sprich Bürgermeister, kam persönlich mit und zeigte uns in der Nähe eine Kochbananenfinca. Es war unglaublich beeindruckend. Wasser gab es hier unweit des Nicaraguasees genug, um in der Trockenzeit zu bewässern. Wenn zwei Meter in die Tiefe gegraben wurden, kam bereits Grundwasser. Eine Pumpe wurde in das Loch gehängt und mittels Rohre auf die Felder verteilt. Die Plátanos waren zum Teil in der Erntephase, zum Teil frisch gepflanzt. Die Erde schien sehr gut und fruchtbar zu sein, sie ist hier überall vulkanischen Ursprungs. Alle Felder werden gesäumt von riesigen Mangobäumen. Die ersten Früchte waren reif und fielen von den Bäumen. Der Bürgermeister sagte, wir könnten essen so viel wir wollten. Es gab niemanden, der hier erntete und außerdem waren es unendlich viele. Die waren so unbeschreiblich gut, das kann sich niemand vorstellen, der nicht selbst in einem Land war, wo er diese Früchte direkt unter dem Baum aufhob und hineinbiss. Wir aßen einige und nahmen welche mit nach Hause. Der Spaziergang durch die Felder war etwas ganz Besonderes. Wir sahen noch weitere Fruchtbäume, auf denen Mandarinen, Orangen, Sternfrüchte und Limonen wuchsen. Mit so einer Finca hat man hier in Nicaragua ein sehr gutes Einkommen.

Drei besondere Tage in „Quinta la Paz"

Ich hatte beschlossen, mit Marian drei Tage in meinem Haus zu verbringen.

Tag eins: Nach dem Einziehen spazierten wir an den Strand zum Schwimmen. Die Wellen am Playa Maderas waren nicht gerade klein, aber ich dachte, das geht schon, unten durchschwimmen und dann hinter den Wellen unsere Runden drehen. Ein Surfer rief uns zu, wir sollten auch mit so einem Board raus auf das Meer. „Uns gefällt das Schwimmen", riefen wir zurück. Es war herrlich im warmen Wasser, außerhalb des Bereiches, in dem die Wellen brechen, unsere Runden zu schwimmen. Von hier draußen konnte ich auch mein Haus am Hügel sehen. Als wir uns wieder zurück an den Strand aufmachten, meinte Marian, lass uns weiter weg von den Surfern hineinschwimmen. Ich hatte da nie Berührungsängste gehabt. Drei bis vier Wellen und dann war man am Strand. Die waren wirklich groß heute. Da konnte man schon „in die Waschmaschine geraten", das bedeutete, dass die Welle einen mitnahm und so richtig herumwirbelte. Aber ich wusste genau, schön ruhig bleiben, man kommt immer wieder nach oben. So war es, doch wir kamen nicht wirklich näher zum Strand, der Sog zog uns immer wieder nach draußen. Ich kam mit dem Kopf nach oben, orientierte mich und, Sch... dachte ich, da kam schon die nächste Welle, ungefähr drei Meter hoch. Luft holen, die Kraft, unten durchzutauchen, hatte ich nicht mehr. Marian rief nach mir, als ich wieder nach oben kam. Er versuchte, meine Hand zu ergreifen und schrie, dass er zwischendurch Boden unter den Füßen hätte, aber es ziehe ihn immer wieder hinaus. Die nächste Welle. Es wirbelte mich herum, ich ließ es geschehen, kam wieder hoch, natürlich hatte ich nicht mehr sehr viel Kraft, dachte aber keine Sekunde, ich könnte es nicht ans Ufer schaffen. Zwischen den Wellen versuchte ich ein paar Züge zu schwimmen, weg von der Strömung, die uns nach draußen zog. „Weg von den Steinen in diese Richtung", schrie Marian und er versuchte wieder nach meiner Hand zu greifen. Ein bisschen Wasser hatte ich auch geschluckt. Wieder eine Welle. „Help, help", hörte ich Marian schreien, als ich wieder hochkam. Ich sah einen Surfer auf mich zukommen, und nach der nächsten Welle war er mit dem Board bei mir, gerade rechtzeitig vor der nächsten. Ich schnappte nach Luft und hielt mich am Surfboard fest. Marian schaffte es ohne Hilfe an Land, mit letzter Kraft, wie er meinte.

Wir setzten uns in den Sand und waren fix und fertig. Erst jetzt realisierte ich, dass ich es womöglich allein nicht geschafft hätte. Auf der Plattform auf dem Felsen stand eine Gruppe einheimischer Burschen. Sie riefen und klatschten und freuten sich, dass wir an Land waren. Es schien, sie hatten unserem Kampf mit der Strömung zugeschaut. Die meisten Nicaraguaner können gar nicht schwimmen, da kann man keine Hilfe erwarten. Marian sagte, wir wären beinahe beide ertrunken. Ich sagte: „Warum beide, du bist ja herausgekommen." „Du glaubst doch nicht, dass ich dich da drin gelassen hätte, deshalb wäre ich mit ertrunken." „So ein Blödsinn", antwortete ich ihm. Er meinte, das hätte er sich selbst nie verziehen, wenn er mir nicht geholfen hätte. Wir waren glücklich, dass wir an Land waren, und erst nach und nach wurde mir bewusst, wie knapp wir den Kräften des Meeres entronnen waren. Genau gegen die Strömung waren wir Richtung Strand geschwommen. Ich realisierte, wie viel Glück ich schon oft gehabt hatte, weil ich zufällig immer am richtigen Ort wieder zurück geschwommen war. Es war mir nie bewusst gewesen, wie gefährlich das Baden hier sein konnte.

Als wir uns etwas erholt hatten, gingen wir zu Nathan, dem Surfer, der mir geholfen hatte. Es war derselbe, der uns auf dem Meer zugerufen hatte, wir benötigten auch ein Board. Er war aufmerksam und auch gerade am richtigen Ort, nämlich ganz in der Nähe, als Marian zu rufen begann. Wir luden ihn auf einen Drink ein und bedankten uns noch einmal bei ihm. Er erzählte uns, dass es an diesem Strand oft bis zu drei Strömungen an verschiedenen Stellen gäbe und dass man das mit dem Board zwar merke, aber man damit nicht gefährdet sei. Weiters erfuhr ich, dass man sich wieder hinaustreiben lassen solle, wenn man in so eine Situation kommt, gegen die Strömung schwimmen mache keinen Sinn. An anderer Stelle gelingt es dann leicht, zurück an den Strand zu kommen. Interessant war, dass ich während der brenzligen Situation keinen Augenblick zweifelte, wieder herauszukommen und auch keine Panik hatte. Erst danach wurde es mir richtig bewusst, und bis heute verfolgt mich dieses Erlebnis. Wenn etwas größere Wellen kommen, gerate ich seither leicht in eine Art Angstzustand und muss mich zwingen, ruhig zu bleiben, und ich habe nun ordentlichen Respekt vor diesem Element.

Das war ein Tag. Wir spazierten zu meinem Haus hoch, machten uns einen Drink, stießen auf das Überleben an und genossen den gemeinsamen Abend. Für Marian war das eine neue Erfahrung in Nicaragua, wohnen inmitten der Natur, mit all den Geräuschen. Er hörte eine Eule ganz in der Nähe, und als er mit der Taschenlampe in die Richtung leuchtete, flog sie weg. Die Geckos tummelten sich rund um das Licht und vertilgten fleißig Insekten. Zwischendurch gaben sie diese zwitschernden Geräusche von sich, die einem so vertraut werden.

Tag zwei: Mit dem Fotoapparat bewaffnet machten wir uns nach dem Frühstück auf Richtung Strand. Wir wollten an den Ort des Geschehens zurückkehren. Die Straße hinunter, den kurzen Pfad entlang neben dem kleinen Bächlein, das um diese Jahreszeit ausgetrocknet ist, vorbei an einer Hütte von Einheimischen, dann waren wir wieder auf der Straße. Da war viel los heute. Ein Lastwagen mit Baumaterial wollte die steile Straße rechts hinauf. Da oben wurden kleine Häuser für ein Hotel gebaut. Es schien, als ob es Probleme gäbe. Ganz oben auf der Anhöhe stand ein Pickup mit einem Abschleppseil. Wir waren uns nicht sicher, wie die Situation einzuschätzen sei. Marian meinte: „Lass uns da schnell vorbeigehen, das sieht ziemlich gefährlich aus."
Wir machten das, und im nächsten Moment schoss der Pickup von ganz oben wie ein Torpedo ungebremst schnurstracks nach unten durch einen Graben, und direkt hinter uns katapultierte es das Auto wieder auf die Straße und blieb dort abrupt stehen. Wir sahen, wie es dem Beifahrer den Kopf nach hinten schleuderte, dann fiel er nach vorne und bewegte sich nicht mehr. Ich rannte die paar Schritte zum Auto. Ein Einheimischer war vor mir da, öffnete die Tür,

zog den jungen Burschen aus dem Auto, ohne dessen Kopf zu fixieren. Ich versuchte ihm klarzumachen, dass er den Kopf halten müsse. Der Körper lag nun leblos auf der Straße. Ich beschloss, an den Strand zu laufen, da es an diesem Ort keinen Handyempfang gab, um nach einem Rettungsauto zu telefonieren. Ich dachte, im Restaurant könne man mir helfen. Sie wussten die Telefonnummer der Rettung nicht. Eine Dame an der Bar sagte, es sei ein Arzt hier, und sie zeigte ihn mir. Ich erklärte ihm kurz, worum es ging, und dann rannten wir los. Der Verletzte lag noch immer regungslos am Boden inmitten einer Gruppe von Neugierigen. Der amerikanische Mediziner prüfte die Atmung, fragte nach seinem Namen und sprach ihn an. Da registrierte ich, dass er die Stirn leicht bewegte. Ich war ganz glücklich. Er war am Leben, und ein Arzt war bei ihm. Wir hörten später, dass der Bursche in Begleitung des Arztes ins Krankenhaus in Rivas gefahren wurde und dass es ihm wieder gut gehe. Da wird einem so richtig bewusst, wie anders diese Welt funktioniert. Es ist reine Glücksache, ob man überlebt oder nicht. Bei uns weiß jeder die Notrufnummer der Rettung. Die wäre in ungefähr fünfzehn Minuten da gewesen, und der Verletzte hätte ab diesem Zeitpunkt beste Betreuung gehabt. Es gibt sogar ein Rettungsauto in San Juan, aber wem nützt das, wenn es nicht gerufen wird? Die Nummer für das Rote Kreuz in Nicaragua ist übrigens: 128.

Wir gingen zum Strand und gönnten uns nach dieser Aufregung zuerst einen guten Espresso. Dann spazierten wir am Strand entlang, inspizierten ganz genau, wo wir am Vortag in diese verhängnisvolle Lage kamen, wo es diese Strömung gab. Interessanterweise hatten wir beide keine große Lust, ins Wasser zu gehen. So wanderten wir Richtung Norden zum nächsten Strand, legten uns unter einen schattenspendenden Baum und verweilten hier. Wir sprachen über das gestrige Erlebnis und merkten, dass das ein aufzuarbeitendes Thema für uns beide war. Das waren wirklich zwei verrückte Tage hier am Maderas. Da konnte nichts mehr nachkommen.

Tag drei: Es war der 11. März 2011. Wir saßen beim Frühstück, da erreichte uns ein Anruf von Chris. Ob wir schon gehört hätten? Wir sollten nicht an den Strand gehen, es gäbe eine Tsunamiwarnung für die Pazifikküste. In Japan hatte es ein schweres Erdbeben gegeben, und ein gewaltiger Tsunami mit enormer Zerstörung folgte. Wo gibt es so was, Tag drei, ein Desaster nach dem anderen. Marian meinte, das ist eine Pechsträhne, ich sagte, das ist ausgesprochenes Glück, wir waren nicht ertrunken, das Auto katapultierte hinter uns auf die Straße und mein Haus ist in tsunamisicherer Höhe gebaut. Wir machten einen Spaziergang über den Pfad hinter meinem Haus Richtung Cinco Bahias, den vier Häusern auf der Hügelkuppe. Da waren Jeremy und sein Freund zurzeit einquartiert. Sie luden uns ein, das Haus anzusehen. Sie waren leidenschaftliche Surfer, daher erzählten wir ihnen von der Tsunamiwarnung. Sie hatten noch nichts davon gehört, aber einige Minuten später berichtete die Nachbarin vom unteren Haus: Anscheinend gab es viele Tote und desasträse Verwüstungen vom Tsunami in Japan. Jeder von uns hatte immer noch die Bilder der Katastrophe von Thailand im Kopf. Natürlich musste ich an Mikis Familie denken. Meine Schwiegertochter ist Japanerin. Ich wusste aber, dass sie weit weg vom Meer wohnen, und an Erdbeben sind sie in Japan gewöhnt. Da waren die Auswirkungen meistens harmlos. Wir gingen den Weg Richtung Dreamcatcher und befragten die Arbeiter nach dem Wohlbefinden des

Verletzten vom Unfall des Vortages. Bei Mark und Mariella fragten wir nach Nathan, der hier wohnte. Wir freuten uns, ihn anzutreffen und plauderten noch einmal mit ihm. Wir besichtigten das Gemeinschaftshaus dieses netten kleinen Ferienparadieses mit dem Namen „Buena Vista Surf Club". Die Homepage der beiden Holländer hatte mich sehr inspiriert, bevor sich der Gedanke in meinem Kopf manifestierte, hier ein Haus zu bauen. Die beiden errichteten hier einen schönen Ort in gehobener Qualität, das war nicht eines dieser Kiffer-Quartiere für Surfer, die billigen Standard suchten. Wir warnten sie vor dem Tsunami.

Auch Silvio hatte ich angerufen und ihm Bescheid gesagt. Er verfrachtete die Computer aus seinem Büro ins Auto und fuhr damit auf den Hügel bei Pelican Eyes. Sein Büro könnte bei einem größeren Tsunami durchaus Schaden nehmen, da der Fluss eine Schneise für das Wasser bildete und nicht weit von den Häusern entfernt war, in denen sich sein Büro befand. Bereits 1992 hatte ein Tsunami mit bis zu fünf Meter hohen Wellen Teile von San Juan zerstört. Ungefähr 800 Einwohner waren damals von Wasserschäden betroffen. Die Flutwelle wälzte sich bis zur Tankstelle, die ungefähr 400 Meter vom Strand entfernt und zirka zehn Meter über dem Meeresspiegel liegt.

Langsam kamen Meldungen durch, dass der Tsunami abgeschwächt an die amerikanische Westküste getroffen war und weiter südlich mit noch weniger Kraft ankam. Es konnte langsam, aber sicher Entwarnung gegeben werden. Marian und ich packten unsere Sachen und fuhren wieder in die Stadt zurück. Das Haus wurde geputzt und Jeremy mietete es bis vor Ostern. Uns blieben noch drei gemeinsame Tage bis zum Abschied nehmen.

Die Zeit vor meiner Übersiedlung nach Nicaragua

Aus Nicaragua gab es nicht nur gute Nachrichten. Silvio hatte beim Hausbau Probleme mit dem Auftraggeber. Der Holzboden barg einige Herausforderungen, nicht nur, dass er das Holz nicht zeitgerecht geliefert bekam, wurden Nut und Feder nicht ordentlich geschnitten, der Boden war nicht ganz gleichmäßig eben. Nun musste er den Boden wieder entfernen und nach Managua bringen lassen, um die Bretter noch einmal schneiden zu lassen. Wenigstens passte das dann und der Boden wurde sehr schön. Das Haus war bis auf wenige Kleinigkeiten fertig, begonnen im November, fehlte im April noch der Zementfeinbelag für den Boden. Den musste er wieder entfernen lassen, da der Auftraggeber nicht zufrieden war. Jeder, der jemals in Nicaragua ein Haus bauen ließ, sagte, dass das eine Rekordzeit war, so ein Haus zu bauen, und dass es meistens länger dauerte als geplant. Der Auftraggeber sah das anscheinend anders und bedrohte Silvio. Da ich ihn kannte, konnte ich mir vorstellen, dass man es mit der Angst zu tun bekommt, wenn der unangenehm wird und auch noch droht. Er sagte ihm, er solle ihm Auto und Schlüssel dalassen, so lange, bis das Haus ganz fertig sei, sonst würde er ihm ... – ich will das hier nicht wiederholen. Beim Gedanken, dass der Däne das Angedrohte umsetzen könnte, wurde mir übel. Dass man in Nicaragua ohne Auto nicht gut Geschäfte machen kann, ist eine andere Sache. Das war noch nicht alles. Am nächsten Tag ging er zu Silvios Hausvermieterin und verlangte die Schlüssel zu Silvios Haus. Die bekam er auch, obwohl Silvio, der in Managua war, es ihr ausdrücklich untersagt hatte. Sie müsse ihn anrufen, falls er komme. Wer weiß, vielleicht hatte er die Frau auch bedroht. Silvio hatte ihm zugestanden, Möbel, die er bereits gekauft hatte, bei ihm unterzustellen. Er wollte, dass jemand mit in das Haus gehe und kontrollierte, was er mitnahm. Das ging leider daneben. Der Däne holte nicht nur seine Möbel ab, sondern auch Werkzeuge und Maschinen von Silvio und seinen teuren Computer mit Bildschirm. Das zog eine Reihe von Problemen nach sich. Silvio musste Anzeige erstatten, der andere wurde sogar für drei Tage eingesperrt, aber das eigentliche Problem war, dass es fast zwei Monate dauerte, bis Silvio sowohl Auto als auch alle seine anderen Sachen wieder zurück bekam.

Dann funktionierte die Wasserpumpe nicht mehr und das mitten in der Osterwoche mit Mietern im Haus. Der Fehler wurde nicht gefunden, somit musste die Pumpe ausgebaut und zur Reparatur nach Managua gebracht werden. Die Mieter mussten zwei Tage woanders untergebracht werden. Das bedeutete auch weniger Einnahmen. Mein Property Management verhandelte ein Wasser-Backup vom Nachbarn oberhalb, und es wurde eine Leitung zum Wassertank gelegt. Somit hatten wir wieder Wasser. Der Fehler der Pumpe war noch nicht behoben. Man versteht nicht, warum so etwas hier so lange dauert. Erst im August wurde die Pumpe wieder installiert, kurz vor der heftigen Regenzeit. Silvio entschied: Ohne Wasser kann man nicht vermieten, und das ist der richtige Zeitpunkt, den Pool zu renovieren. Es hatte sich herausgestellt, dass er nicht gut beraten war, die empfohlene Farbe über das Material, mit dem der Pool ausgekleidet wurde, zu streichen. Im Laufe der Zeit hatten sich immer mehr Blasen gebildet und dann begann sich die Farbe zu lösen. Das schaute leider nicht gut aus.

Zwischen meinen Reisen telefonierte ich mit Marian über Skype. Er hatte seinen Flug gebucht und kam an einem strahlenden Julitag in Wien an, einen Tag, nachdem ich von einer Schweizreise zurückkehrte, und blieb bis Mitte August. Das bedeutete für mich, private Reiseleiterin zu sein. Ich freute mich ungemein und wir hatten eine tolle Zeit zusammen. Sehr schnell nahte nicht nur Marians Abreise, sondern auch meine. Ich vermietete meine Wohnung in Wien und hatte dadurch ein fixes monatliches Einkommen für Nicaragua. Das bedeutete aber auch, ausziehen und alles auf eine längere Abwesenheit vorzubereiten. Bei einer lieben Freundin durfte ich meine privaten Dinge deponieren. Einen neuen Reisepass besorgte ich, erledigte ein paar Routinearzttermine, wie Zahnkontrolle usw. Alles Mögliche musste erledigt werden, und da gab es viele Freunde, mit denen ich mich noch treffen wollte vor meinem Abflug. Ich wusste wirklich nicht, wann ich wieder zurückkommen würde. Ich liebe es, nicht verplant zu sein, neue Lebenssituationen auszutesten, sehr flexibel auf das was kommt einzugehen. Das ist für mich Lebensqualität.

Mein sechster Aufenthalt in Nicaragua

Zuerst hatte ich einen Flug nach Kanada gebucht, um meine Eltern zu besuchen, und von dort weiter nach Managua. Normalerweise reiste ich immer mit kleinem Gepäck, aber dieses Mal war das Koffer packen nicht einfach mit all den neuen Beschränkungen und ich musste etwas mehr Dinge als üblich mitnehmen, da ich ja länger wegbleiben wollte. Jede Fluglinie hatte unterschiedliche Gepäckvorschriften. Ich kann nur empfehlen, sich im Vorfeld ganz genau darüber zu informieren. Am Flughafen kam prompt eine böse Überraschung. Die wogen nicht nur meine Koffer, sondern auch mein Handgepäck dazu. Ich war mir sicher, dass das nicht korrekt war. 120 Euro verrechneten die mir für mein Gepäck. Für den Flug von Montreal nach Managua bezahlte ich für dasselbe Gepäck 30 Dollar. Das war in Ordnung.

Silvio und Eunice kamen mich abholen. Eunice war Silvios neue Freundin. Ein großer Vorteil, sie spricht perfekt Englisch, wir konnten uns also wirklich gut unterhalten. Und ihr Intellekt erlaubte uns, über viele Themen miteinander zu plaudern. Silvio hatte mittlerweile einen alten Pickup Truck, schnell fahren ging mit dem Auto nicht. Irgendwo zwischen Nandaime und Ochomogo begann unser Gefährt seltsame Geräusche zu machen. Wir blieben stehen und ließen den Motor etwas abkühlen. Silvio füllte Wasser nach. Wir fuhren weiter und bis Ochomogo schafften wir es noch. Da konnte man wenigstens neben der Straße bei Licht stehen bleiben. Silvio rief Franklin an, einen seiner Freunde, ob er uns abholen komme. Nun hieß es warten. Er kam mit Frau und Tochter. Wir schleppten den Pickup Truck bis Rivas zum Mechaniker ab. Dann fuhren wir gemeinsam nach San Juan del Sur zu Silvios Haus. Er hatte mittlerweile Haus und Büro in einem Gebäude und wohnte dort mit seinem Mitarbeiter. Es gab drei Schlafzimmer, zwei Badezimmer, ein großes Büro, ein Esszimmer, Küche und Abstellraum, und wir hatten Internet. Im Hinterhof waren die Wäscheleinen, ein Grapefruitbaum, eine Kokospalme und ein Becken zum Wäsche waschen. Ich wohnte vorläufig hier und wollte mein Spanisch verbessern. Vier Mal in der Woche kam Alvaro ins Haus und dann hieß es zwei Stunden lernen. Und jedes Mal gab es ganz schön viel „tarea", das ist die Hausübung.

Es war Hauptregenzeit, und entsprechend oft regnete es. So um Mitte Oktober herum hatten wir ungefähr eineinhalb Wochen starken Regen und fast keine Sonne. Das war sehr bedrückend für mich bei den Lichtverhältnissen in den nicaraguanischen Häusern. Da gibt es nicht zu viele Glühbirnen. Natürlich waren die Temperaturen trotzdem angenehm und ich fuhr öfters mit dem Taxi ins Zentrum, um andere Leute zu treffen und um Licht zu tanken. Der Fluss hatte sehr viel Wasser, einmal bis knapp unter die Brücke, und am Strand sammelten sich kleine und große Holzstücke, sogar Baumstämme. Die ganze Szenerie hatte etwas Ungestümes, Wildes, da war nicht mehr viel zu sehen von diesem schönen Strand. Eines Tages, nach stürmischem Wetter, hatte es drei

Boote an den Strand gespült, die nun dort im Sand festsaßen. Es dauerte einige Wochen, bis die Bucht wieder sauber war.

Die Zeit war schnell vergangen und Ende Oktober holten Silvio, Eunice und ich Marian mit dem neu gekauften Auto vom Flughafen ab. Schön, dass wir uns wieder hatten. Silvio war der Fahrer und wir machten uns gleich auf den Weg zu meinem Haus am Maderas. Cornerstone Management hatte geputzt und die Betten frisch bezogen, somit konnten wir uns gleich zu Hause fühlen. Der Pool war ohne Wasser und ein Teil der alten Beschichtung war bereits entfernt. Es war so anders jetzt Anfang November als zur Trockenzeit. Ganz viele Zinnien blühten in allen Farben, auch jetzt noch war alles wie ein großer Blumengarten. Pünktlich Ende Oktober hatte der Regen aufgehört und wir hatten strahlenden Sonnenschein, viele Schmetterlinge in verschiedensten Farben tummelten sich, und die Kolibris liebten die Zinnien, diese Blumen, die auch in unseren Gärten in allen Farben strahlen. Wir beobachteten sie, wie sie von einer Blüte zur nächsten flogen in ihrer unverkennbaren Art. Die Flügel kann man gar nicht sehen, da sie sich so schnell bewegen. Die Orangenbäume hatten Früchte, aber nur die sauren. Die Einheimischen lieben diese, da sie sie vor allem für Lemonada verwenden, das ist Wasser entweder mit Sauerorangensaft oder Limettensaft, Zucker und Eiswürfeln, ein sehr erfrischendes Getränk. Und der Papayabaum hatte viele große Früchte, die schön langsam eine nach der anderen reiften. Das hieß, sobald eine Frucht sich langsam zu färben begann, musste man sie abschneiden und dann reifen lassen. Wir richteten uns gemütlich ein und es gab viel zu tun. Der Garten musste auf Vordermann gebracht werden. Niemand hatte zwischen den Blumen Unkraut gejätet, somit wirkte alles etwas ungepflegt. Marco gab ich den Auftrag, das Grundstück zu säubern. Das bedeutete, dass er mit der Machete alles abschnitt was wuchs, obwohl es nicht gepflanzt worden war. Das war notwendig, da sonst alles verwildern würde.

Marian und ich fanden immer etwas zu tun und die Organisation und Aufsicht der Poolrenovierung war eine Herausforderung *(s. F32)*. Es dauerte nicht lange und wir packten unsere Sachen ein und bereiteten uns vor für das Ausziehen, da wir über Weihnachten das Haus für zwei Wochen vermietet hatten. Jason rief an und meinte, wenn der Pool nicht fertig sei, würden die Gäste nicht einziehen. Der Pool war noch milchig, die Schwebstoffe mussten sich noch setzen und filtriert werden. Schlussendlich klappte es und den Gästen gefiel es sehr gut. Wir wohnten in der Stadt in der Hospedaje bei Ray, einem Amerikaner. Mittlerweile ist er ein guter Freund von uns. Die Verlobung von Silvio stand auf dem Programm und auch Weihnachten feierten wir mit der Familie in Ostional.

Dann übersiedelten wir von der Stadt, vom Secret Cove ins Casa Maderas, das unweit von meinem Haus neu eröffnet wurde. Da wir überall hörten, dass es zu Silvester noch lauter werde als zu Weihnachten, war es Zeit für uns, die Stadt zu verlassen. Wir waren bei den ersten Gästen dabei, die diese Ecolodge besuchten. Wir beobachteten den Baufortschritt immer aus nächster Nähe, da der Weg von der Stadt zu meinem Haus daran vorbei führte. Sie war nett angelegt, der Pool war noch nicht fertig und die Besitzerin, eine Kanadierin, erzählte uns von ihrer Erfahrung mit den Arbeitern. Da relativierte sich für Marian einiges. Er redete mir immer ein, man lasse Spezialisten arbeiten, und warum ich nicht den Amerikaner, der Pools baut, engagiert hätte. Als er hörte, dass die Materialien bereits im Juli bezahlt wurden und dann im November, als gebaut werden sollte, immer noch nicht da waren, da erübrigte sich jede weitere Diskussion über dieses Thema. Außerdem wusste ich, dass ich für mein Renovierungsprojekt sicher wesentlich mehr bezahlt hätte. Nach unserem Erlebnis mit dem Poolbau und den Erzählungen der Besitzerin wusste ich noch viel mehr zu schätzen, was Silvio geleistet hatte beim Hausbau. Schließlich brachte er null Erfahrung mit, und allein die richtigen Materialien zu finden ist in diesem Land ausgesprochen schwierig.

So nahmen die Dinge ihren Lauf, Marian arbeitete fleißig an der Straßenplanung für den Deutschen und das nächste Highlight nahte. Meine Eltern und meine ältere Schwester kamen für drei Wochen zu Besuch. Wir verbrachten eine schöne Zeit miteinander. Papa wollte jeden Tag ans Meer, Mama war nicht so erpicht darauf, aber wir nahmen sie immer mit und sie bekam ihr tägliches Meerwasserbad. Wir waren überzeugt, dass das gut für sie sei. Wir fuhren am Playa Marsella mit dem Auto fast bis zum Wasser und gingen mir ihr die paar Schritte. Einmal waren Kanadier am Strand, die glaubten, wir wollten sie ertränken und kamen, um nach dem Rechten zu sehen. Es hatte wahrscheinlich diesen Anschein, da sie ja nicht alleine gehen konnte und wir sie von beiden Seiten hielten, und kaum waren wir im Wasser schrie sie, da eine große Welle kam. Sie hatte doch immer Spaß daran, vor allem als sie sah, dass auch Papa von einer Welle umgeworfen wurde. Zusätzlich spazierte Papa jeden Tag vom Haus den Hügel hinunter und wieder zurück. Hedwig liebte ausgiebige Morgenspaziergänge durch die Natur an den Strand und kam immer erst spät zurück. Wieder einmal kehrte sie von ihrem Ausflug heim und zeigte uns eine Bisswunde im Hüftbereich von einem Hund am Strand. Sie erzählte, der gehöre einem Ausländer, der insgesamt vier davon besitze. Für mich war klar, es galt zu erkunden, ob der Hund geimpft war. Ich begleitete Hedwig. Sie zeigte mir den Pickup Truck des Besitzers und den Hund, der gebissen hatte. Alle vier Hunde rannten irgendwo herum, keiner kümmerte sich darum. Als ich den Besitzer mit den Tatsachen konfrontierte, wollte er alles abstreiten, aber da hatte er bei mir keine Chance. Dann meinte er, dass die Hunde geimpft seien und dass nichts passieren könne. Ich verlangte seine Adresse und Telefonnummer, falls irgendetwas wäre. Natürlich machte er Angaben, aber man weiß ja nicht, ob diese stimmen. Ich dachte mir, noch so ein verrückter Ausländer.

Ich hatte bei diesem Aufenthalt einiges an Investitionen zu tätigen um mein Solarsystem auf Vordermann zu bringen. Wir wollten mit dem Generator die Batterien aufladen, da wir für die Arbeiten am Pool Mehrbedarf an Strom hatten, und da war beim Inverter etwas durchgebrannt. Ursache war ein Fehler am Generator. Nach Anfrage bei der Erzeugerfirma erhielten wir die Adresse des offiziellen Servicepartners in Managua. Wir brachten den Inverter hin und sie reparierten uns das Gerät tatsächlich am selben Tag. Glück war, dass sie das benötigte Ersatzteil vor Ort lagernd hatten. Wir erkundigten uns gleichzeitig nach neuen Batterien, da die alten bereits begannen, sich aufzublasen. Das war auch so ein Thema. Silvio erzählte mir, als er einmal vor Ort war und nach dem Rechten sah, war praktisch kein Wasser mehr in den Batterien und das, obwohl Marco, unser Hausmeister, den Auftrag hatte, zu warten und zu kontrollieren und er war wirklich nicht überlastet, im Gegenteil, ich vermutete, dass Nichtstun noch fauler macht. Cornerstone Management kam jederzeit mit dem nötigen Material, wenn er etwas brauchte. Ich entschied mich also, neue Batterien zu kaufen. Dann gab es noch ein Ladekontrollgerät, das nicht mehr richtig funktionierte. Das bedeutete, ein Neues zu besorgen, da die Firma meinte, es sei nicht reparabel, und obendrauf hatte ich einen neuen Generator zu kaufen. Das waren Investitionen von knapp 5.000 US-Dollar, mehr als 3.800 Euro allein für die Stromversorgung. So ist es eben, wenn man Besitz hat. Gut zu haben, aber es gibt immer irgendwelche Auslagen. Marian sagte oft, wir leben hier wie die Millionäre. In Amerika könnten sich solche Plätze nur die Reichen leisten. Oft dachte ich mir, ja, da hat er Recht. Das Gute ist, dass hier das Leben billiger ist. Aber wenn man Luxus aus unserer Welt will, kostet der oft gleich viel wie bei uns.

Marian war mittlerweile abgereist. Nun genoss ich mein Paradies ganz allein und ich hatte mit dem Schreiben des Buches begonnen. Herrlich war das Schwimmen, eine tolle Erfrischung, obwohl Wasser und Luft dieselbe Temperatur hatten, nämlich ca. 30° C. Es war so schön, nach kurzer Dusche nackt in den Pool zu gehen. Einige Runden schwimmen, ein bisschen Wassergymnastik und wieder Schwimmen. Vor dem Vergnügen fischte ich mit dem Netz Blüten aus dem Pool. Viele Bienen hielten sich am Poolrand auf und holten sich hier Wasser. Beim Abduschen mit dem von der Sonne aufgewärmten Wasser sah ich, dass die Bewässerung für die Bäume und Pflanzen noch in Betrieb war. Marian hatte ein Bewässerungssystem errichtet. Das tat den Pflanzen sehr gut und die Zitrusfrüchte begannen alle zu blühen und verströmten einen betörenden Duft.

In den letzten Monaten hatte sich bei mir eine Entscheidung herauskristallisiert. Ich wollte mein Haus verkaufen.

Nicht, dass ich diesen Platz weniger liebte als je zuvor, nicht, dass es für mich an Reiz verloren hatte, hier zu sein und das Leben zu genießen. Nein, vielmehr war es der Gedanke an die vielen schönen anderen Plätze auf dieser Welt, die ich noch nicht gesehen hatte. Die Freiheit, zu gehen, wohin ich wollte, wann ich wollte. Ich entdeckte, dass ich mich mit meinem Besitz eingeengt hatte. Der Drang nach Unabhängigkeit in mir war größer als die Freude. Ich könnte ja jederzeit wieder herkommen, mieten, so lange ich wollte und wieder abreisen. Ein Makler hatte mich angerufen. Wir vereinbarten, dass er Fotos vom Haus machen und es listen würde. Er war sichtlich beeindruckt von meinem Paradies, so wie alle, die mich besuchten. Zum Sonnenuntergang setzte ich mich mit einem Fruchtsaft an den Pool und genoss die Abendstimmung. Es war einfach traumhaft und ich war etwas melancholisch. Heute war der Himmel besonders schön. Die Wolken waren wie viele lange Wattestreifen und ganz rosa gefärbt. Es war ganz ruhig, nur ein paar Zikaden zirpten, eine leichte Brise umschmeichelte mich, als ich die Szenerie beobachtete, bis der erste Stern und der Halbmond am Himmel erschienen. Über Costa Rica beobachtete ich Wetterleuchten. Nun verwöhnte ich mich kulinarisch, gebratenes Hühnerfilet mit Röstkartoffeln und Avocado. Es schmeckte köstlich und auf der Terrasse war es sehr angenehm und ruhig. Nur die Wellen des Meeres hörte ich zwischendurch und ab und zu einen Gecko.

Marian war inzwischen gut zu Hause angekommen. Ich vermisste ihn. Schließlich hatten wir hier ein halbes Jahr gemeinsam genossen. Ich hatte einiges zu tun, Fenster streichen und mit Silikon dicht machen, die Säulen auf der Terrasse und die Poolliegen streichen. Ein schöner Schmetterling flog über den Pool. Ein Habicht kreiste über dem trockenen Wald. Man hörte seinen Ruf wie ein leises Pfeifen. Er hatte es jetzt sicher leicht, zu Beute zu kommen. Die Bäume hatten großteils die Blätter verloren und man sah jetzt überall bis auf den Boden. Die Farben waren vorrangig braun und beige, zwischendurch gab es immergrüne Bäume, jedoch hier in dieser Gegend nicht allzu viele. Und immer wieder blühten da und dort Bäume in unterschiedlichsten Farben. Derzeit waren es weiße mit nach innen zulaufend gelben Blüten, die „Flor de Sacuanjoche", die Nationalblume von Nicaragua und die gleiche Art in rosa, die „Madronos", wie sie hier den Erdbeerbaum nennen. Auf Hawaii verwendeten sie diese Blüten für die Blumengirlanden. Sie duften köstlich. Ich saß beim Frühstück und aß Obst. Ich schloss die Augen, um das Aroma der Mango so richtig in mich aufzunehmen. Außerdem gab es Ananas, Honigmelone, Banane, Nispero und Papaya.

An diesem Abend war gerade der Mond als riesige, hell leuchtende Kugel aufgegangen, wunderschön kam er zwischen den Bäumen im Südosten langsam über dem Hügel hervor. Später bellte der Hund dauernd. Marco erzählte mir, dass Einheimische auf dem Grundstück vom Deutschen waren und den Vollmond nutzten, um nach essbaren Tieren zu suchen, zum Beispiel Iguanas *(s. F44)*, das sind Leguane. Diese sieht man hier öfters. Marco erklärte ihnen, dass das Land Privatbesitz sei und nicht betreten werden dürfe. Aber er meinte, sie werden sicher wieder kommen. Sie lassen sich diese Delikatesse nicht nehmen. Es machte mich traurig, da es sehr schöne Tiere sind und sie leider leicht zu Beute werden, da sie sich bei Gefahr tot stellen.

Mittlerweile war der 7. Mai und in der Nacht regnete es das erste Mal. Ich war schon sehr gespannt, wie die Natur sich verändern würde. Heute Nacht gaben die Frösche das erste Konzert. Wenn ich über das Grundstück ging, raschelte es immer wieder im trockenen Laub, das waren Krabben *(s. F46)*, die nun in gehäufter Form auftraten, und auch Glühwürmchen hatte ich schon gesehen. Das Froschkonzert war unglaublich. Ich war gerade mit der Taschenlampe schauen, da war es plötzlich mucksmäuschenstill still, wie wenn man das Radio per Knopfdruck abschaltet. Im kleinen Auffangbecken vom Infinity waren ungefähr sieben Frösche und fünf, sechs saßen am Rand vom Pool, genau so viele hatten die Frechheit, in meinem Pool zu schwimmen. Ich selbst hatte heute darauf verzichtet, da ich dabei nicht unbedingt so viel Gesellschaft brauchte. Und das jetzt, nachdem wir Herr über die Kröten geworden waren. Wir hatten täglich eine sehr große Kröte im Pool. Das war in Ordnung für mich, sie schwamm ein paar Runden und verschwand dann wieder. Aber als in der Früh immer ein Stück Ausscheidungsmaterial im Wasser auf den Stufen lag, da war es vorbei mit meinem Verständnis. Wir fingen die Kröte mit einem Eimer und sperrten sie mit etwas Wasser über Nacht ein. Am nächsten Tag transportierten wir das Tier ungefähr 600 Meter weit weg. So geschah das jeden Tag, bis wir den Verdacht hatten, dass es womöglich immer dasselbe Tier war. Also markierten wir die Kröte am Kopf. Es stellte sich heraus, dass es zwei verschiedene waren. Erst als wir die Kröten bis zum Strand mitnahmen, kamen sie nicht mehr zurück.

In der Früh wurde ich durch ein eigenartiges Geräusch am Fenster geweckt. Als ich die Augen öffnete, saß ein Zopilote (Rabengeier) auf der Fensterbank. Diese Vögel sind so groß wie Hühner. Er betrachtete sich im Spiegelfenster. Es war interessant zu beobachten, dass keine anderen Vögel kamen, um an das Fenster zu klopfen. Im Pool hatten die Frösche ganze Arbeit geleistet. Überall auf dem Wasser schwammen die frischen Froscheier. Ich fischte mit dem Netz möglichst viel vom Laich heraus und aktivierte die Poolpumpe, die den Rest erledigte. Eine Krabbe, die ich am Abend unter der Plastikplane, die ich gekauft hatte, verschwinden sah, war ausgeschlafen. Gemütlich krabbelte sie heraus und lief davon.

Ich fuhr in die Stadt. Im El Timón wollte ich die Kosten für mein Projekt, ein neues Dach für das Hausbesorger-Häuschen zu bauen, überschlagen und trank eine Lemonada. Juliette, die Rechtsanwältin, war auch da. Eine attraktive einheimische Frau, von der man hörte, dass sie nicht enthaltsam sei, was Männer anbelangte. Auch der Deutsche brüstete sich mit ihr. Sie hatte auf dem Tisch des Restaurants den Inhalt ihrer Tasche ausgebreitet, jede Menge Schminkutensilien, wer weiß, was sie damit vorhatte. Mir fiel das Bild ein, als sie mit ca. 15 cm hohen Bleistiftabsätzen mit dem Deutschen und dem Polizeichef von San Juan am Playa Maderas die Schotterstraße zur Hütte von Einheimischen hoch stolzierte, quasi in Amtshandlung. Das sah sonderbar aus. Sie begrüßte mich freundlich, ich setzte mich aber an einen anderen Tisch und sagte ihr, dass ich rechnen müsse. Als ich fertig war, hatte sie statt der Schminksachen das Essen vor sich und ich leistete ihr Gesellschaft. Zu Hause angekommen, kochte ich Hühnerfilet süßsauer mit Reis, dazu gab es Avocado und eine Tomate aus eigenem Anbau. Der Pool war wieder ganz sauber. Marco hatte alle Spuren der Fortpflanzungsorgie der Frösche beseitigt. Ich genoss die

Erfrischung. Als langsam die Dunkelheit hereinbrach, sah ich, dass es hinter dem Haus aussah wie in der Disco, ein Blinken und Leuchten war das. Ganz viele Glühwürmchen gab es, über der Hügelkette sah ich Wetterleuchten und das Konzert der Frösche begann von Neuem.

Später am Abend hatte ich unerwarteten Besuch. Ich hörte ein Auto, es blieb aber beim Häuschen von Marco stehen. Ich schaute nach und sah, dass es der Deutsche war. Etwas später – ein Schuss, ich schreckte mich. Noch ein Schuss. Ich hörte Stimmen, der Deutsche und Joachim kamen zu mir zu Besuch. Eine neue Schrotflinte für Marco war es, mit der treffe man alles, erfuhr ich, auch wenn man so zittrig sei wie er, meinte der Deutsche. „Du brauchst auch eine Pistole hier und einen Hund solltest du hier beim Haus anbinden, damit du sicher bist." Ich sagte nicht viel dazu. Schließlich sollte ich mich fürchten, tat es aber nicht. Ich dachte nur, wie will Marco zwei Schusswaffen gleichzeitig benutzen. Oder ist er beidhändig? Leute, die sich fürchten, denken, auch andere müssen ängstlich sein. Am nächsten Morgen stand ich früh auf. Schon ein Glück, dass ich einen guten Schlaf habe. Das Froschkonzert dauerte die ganze Nacht. Erst als es dämmerte, hörte es auf. In der Früh registrierte ich, dass die Frösche im Auffangbecken immer noch in derselben Stellung waren wie am Abend. Ich dachte, die machen Gruppensex, dabei waren sie anscheinend tot. Marco hatte dort mehr Chlor hineingegeben. Das überlebten sie nicht und er entsorgte sie.

Mark und Mariella kamen zu Besuch. Sie sind sehr nett und ich mag sie. Die zwei sind die holländischen Nachbarn, auch wenn man ihr Domizil von meinem Platz aus nicht sieht. Ungefähr 15 Minuten ist es zu Fuß bis zu ihnen. Sie sind die Besitzer des Buena Vista Surf Clubs, des exklusiven Urlaubsparadieses mit den ganz liebevoll gestalteten kleinen Holzhäuschen und dem Haupthaus mit der großen Terrasse und dem tollen Blick zum Strand. Sie haben auch ein Solarsystem und waren damals autark vom öffentlichen Stromnetz. Mittlerweile haben sie die öffentliche Leitung gemeinsam mit den Nachbarn herangeführt. Mark arbeitete auch für einen Immobilienmakler und kam, um mein Haus zu fotografieren und zu listen.

Das neue Dach für das Hausbesorger-Häuschen wurde durch den sehr unprofessionellen Anbau, den Marco in meiner letzten Abwesenheit gemacht hatte, notwendig. Anscheinend regnete es nun hinein. Außerdem war dieser Anbau kein schöner Anblick. Die Hundehütte ließ ich ihn gleich nach meiner Ankunft im Herbst abreißen, die vermittelte den Eindruck eines Slums. Das neue Dach sollte auch den Platz vor dem Häuschen beschatten. In der Ferretería (Baumarkt) hatte ich das Material bestellt. Silvio rief den Chef an, damit wir einen guten Preis bekamen. Vor der Bezahlung musste ich vom Geldautomaten Bares beheben. Das mit den Geldautomaten war so eine Sache. 4 Tage wartete ich nun, bis die Maschine repariert war. Wenn viele Leute in der Stadt waren, ging außerdem oft das Geld aus. Gut, dass ich mittlerweile auch in Nicaragua ein Konto habe. Dadurch hatte ich bei zwei verschiedenen Automaten die Möglichkeit, Geld zu beheben. Ich hatte Glück, dass Silvio ein guter Bankkunde war, er hatte mir geholfen, ein Konto zu eröffnen. Das wurde mittlerweile immer schwieriger und Leute, die schon lange im Land sind, haben oft noch immer keines. Am Tag des Arbeitsbeginns sollte das Material bis 8 Uhr geliefert werden. Es passierte nichts. Marco und Ramón begannen mit dem Abreißen des alten Daches und des Vorbaus. Erst um 10 Uhr wurde geliefert, alles außer den Ziegeln. Ich machte mich auf den Weg, welche zu besorgen. Aber auch in der zweiten Ferretería gab es keine. Silvio sagte, ein Typ in Rivas, der Ziegel produziere, schulde ihm 2.000 Cordoba. So fuhren wir nach Rivas, um Ziegel zu holen. Silvio und Eunice kamen mit mir zum Maderas und blieben da. Ich war froh, da es natürlich einfacher war mit den Bauarbeiten.

Silvio half mir, die eine Sonnenliege abzuschleifen, damit ich sie streichen konnte, und er reparierte mir das eine Küchenkästchen, das nicht mehr richtig schloss. Gut, dass es noch Beschläge in Reserve gab. Wir hatten Spaß miteinander und Eunice und ich putzten, dann gingen wir schwimmen. Zu Mittag gab es einen Regenguss, das zweite Mal in der jetzigen Regenzeit. Ich hoffte, dass es nun noch ein paar Tage dauerte, bis richtiger Regen kam, solange, bis die Bauarbeiten fertig waren. Am Nachmittag kamen Theodor und seine Eltern zu Besuch. Die drei Deutschen sind sehr nett. Die Eltern waren vor kurzem zu ihrem Sohn nach Nicaragua übersiedelt. Über 6.000 Dollar bezahlten sie beim Zoll für den Container mit den persönlichen Sachen aus Deutschland. Auch mit der Aufenthaltsgenehmigung klappte es nicht so schnell, wie sie hofften. Ich zeigte ihnen Quinta la Paz. Wir saßen noch beim Kaffee, als Bekannte von Eunice kamen, ungefähr zehn Leute, eine richtige Invasion war das. Sie waren zum Teil aus Managua, zum Teil aus Rivas und sie brachten das Bier und die Cola selbst mit. Einer besitzt eine Finca mit fast 100 Hektar direkt neben dem Pellas Projekt in Guacalito, das ist, wenn man von Rivas über Tola ans Meer fährt. Die Pellas Familie ist eine der Reichsten in

Nicaragua, man sagt sogar in Mittelamerika. Ursprünglich stammen sie aus Italien und seit mehr als 100 Jahren sind sie in Nicaragua. Sie produzieren das Bier Toña und Victoria, den Rum Flor de Caña, und es gehören ihnen das Autohaus Casa Pellas, jede Menge Ländereien, Hubschrauber ... In Guacalito errichteten sie ein Projekt mit Golfplatz, ca. 40 Villen für Reiche, Restaurant usw. Anscheinend wurde die Straße gepflastert und ausgebaut, genau an der Finca des Bekannten vorbei. Ein Amerikaner war mit, der hatte als einziger Übergewicht und zwar in einem Ausmaß, dass ich dachte, der Pool gehe über, als er, kaum dass er da war, auch schon hinein sprang. Die Damen schnatterten aufgeregt durcheinander. Eineinhalb Stunden später war der Spuk vorbei. Der Bruder von Eunice blieb bei uns. Silvio grillte für uns, wir aßen ausgezeichnet – Carne asado (Rindfleisch gegrillt), Würste, Folienkartoffel, Guacamole – und verbrachten einen gemütlichen Sonntag. Silvio und ich fingen alle Frösche im Pool, legten sie in einen Eimer und deckten ihn mit einem Holzbrett zu. Ich transportierte die Quaker auf die andere Seite des Hauses. Wirklich viel half es nicht, es kamen andere, um vor meinem Schlafzimmerfenster Konzert zu machen. Mitte Mai gab es den ersten richtig starken Tropenregen, der am Abend begann und erst heute im Laufe des Vormittags aufhörte. Er hinterließ Spuren auf den Straßen.

Aus Kanada hörte ich, dass sich mein Papa nach einem kurzen Krankenhausaufenthalt nur sehr langsam etwas erholte. Ich beschloss nach Kanada zu fliegen und Zeit mit meinen Eltern zu verbringen. Es ging mir gut bei dem Gedanken, da man nie weiß, wie viele Jahre ihnen noch bleiben. Silvio würde für mich die Baustelle überwachen. Wir wollten das Auto verkaufen und ließen es gründlich putzen, inkl.

Motorwäsche, und warteten in Rivas auf einen Interessenten aus Managua. Leider kam er nicht. So funktionierte das oft in Nicaragua. Terminvereinbarung ist keine Garantie, kann sein, muss aber nicht. Am Nachmittag fuhr ich dann mit dem Bus nach Managua, Abfahrt in Rivas war um drei Uhr. Am Busbahnhof in Managua, am Huemble, überfielen mich die Taxifahrer, jeder wollte die Fahrt übernehmen. 200 Cordoba wollten sie von mir. Als ich klar machte, ich fahre nur mit Colectivo, wollten sie 100 Cordoba. Bei 60 Cordoba willigte ich ein. Um halb sechs war ich bereits geduscht im Zimmer des Hotels. Ich traf mich mit Lisa zum Abendessen, einer Wienerin, die seit zweiundzwanzig Jahren in Managua wohnt. Sie arbeitet bei American Airlines am Flughafen. Da lernte ich sie vor etwas mehr als einem Jahr kennen. Sie hatte einen Einheimischen geheiratet, den sie während seines Studiums in Wien kennen lernte. Damals übersiedelte sie mit ihm nach Nicaragua.

Meine innere Uhr hatte gut funktioniert, ich war kurz vor dem Wecker aufgewacht. Es war schon etwas grau draußen, als ich das kleine, ruhige und saubere Hotel – um 20 US-Dollar für die Nacht – mit der netten Besitzerin, Flachbildschirm und Ventilator verließ. Vier Minuten zu Fuß waren es zur Hauptstraße und dort stoppte ich ein Taxi. Zum Flughafen 80 Cordoba meinte der Fahrer, doch ich hatte nur noch 70. Das war auch ok für ihn. Die Cordoba sind einer ständigen Entwertung ausgesetzt. Im Laufe eines Jahres bezahlte man fast eineinhalb Cordoba mehr pro Dollar. Nun saß ich beim Gate am Flughafen in Managua und wartete auf das Boarding.

Auto kaufen in Nicaragua

Marian, mit dem ich fast jeden Tag über Skype telefonierte, wollte, dass wir für ihn ein Auto kauften. Als Silvio und ich in Managua waren, schauten wir uns etliche Modelle an. Sie waren meistens viel zu teuer oder hatten offensichtlich irgendwelche Mängel. Zwei, die wir in die engere Wahl nahmen, ließen wir von einem Mechaniker überprüfen. Da stellte sich heraus, dass sie gravierende versteckte Mängel aufwiesen. Silvios Mechaniker in Rivas meldete uns, dass jemand einen Toyota Hilux, einen Pickup Truck in bestem Zustand, verkaufen wolle, der immer von ihm gewartet worden war. Nur einen kleinen Blechschaden wies er auf, den man leicht beheben konnte. Wir handelten ihn noch etwas herunter. Marian gab sein Okay dazu – anhand der Fotos und unserer Beschreibung entschied er sich für das Auto. Das war Vertrauen. Somit schlossen wir den Handel ab und meldeten das Auto auf meinen Namen um. Dazu musste bei einem Anwalt ein Vertrag gemacht werden. Dieser Vertrag muss im Auto mitgeführt werden, da die Papiere immer dieselben bleiben, muss man bei einer Polizeikontrolle damit den rechtmäßigen Besitz nachweisen. Auch die Nummerntafel bleibt immer dieselbe, und die Versicherung auf das Auto war noch für ein halbes Jahr bezahlt. Die Autoversicherung wird immer für ein Jahr im Voraus bezahlt. Für den Pickup Truck waren das 50 US-Dollar jährlich für Haftpflicht. Die Reparatur der Stoßstange und der kleinen Delle vorne rechts erledigten wir und entfernten die alten Sitzbezüge. Die Innen- und Außenreinigung kostete knapp drei Euro und das Auto war wieder wie neu. Vor allem fuhr es sich sehr gut damit. Das Auto war perfekt, verlor keinen Tropfen Öl und tat uns gute Dienste. Öl wechseln bei der Tankstelle kostete nichts, wenn man das Öl dort kaufte, inklusive Reinigung der Luftfilter mit dem Luftkompressor.

Wahlen in Nicaragua

Das zweite Mal erlebte ich Wahlen im Land. Die Wiederwahl von Daniel Ortega 2011 und nun die Gemeinderatswahlen 2012. Den Präsidentschaftswahlen ging eine Manipulation der Verfassung voran. Ursprünglich war es jedem Präsidenten vorbehalten, nur eine Periode zu regieren. Das hatte Ortega ohne die erforderliche Mehrheit im Parlament ändern lassen. Die Wahlveranstaltungen waren in diesem Land immer ein furchtbar lautes Trara. Ein Spitzenkandidat der Opposition hatte in Rivas eine Wahlkundgebung, als ich mich in der Stadt befand. Auf der Ladefläche von Pickup Trucks standen er und andere Spitzenfunktionäre der Partei. Riesige Lautsprecher verkündeten die Wahlpropaganda, während sich die Autokolonne langsam vorwärts bewegte. Jede Menge Menschen folgten diesem Zug oder standen interessiert am Straßenrand. Für uns war die Lautstärke unerträglich. Ortega hatte überproportional viel Medienpräsenz. Die überdimensionalen Wahlplakate zeigten sehr oft Ortega mit seiner Frau Rosario Murillo. Gibt es Wahlveranstaltungen des Präsidenten, werden aus der ganzen Umgebung Anhänger und Interessierte kostenlos mit Bussen zum Ort des Geschehens transportiert. Da fallen dann öffentliche Verkehrsverbindungen aus, da die Busse anderweitig eingesetzt sind. Entsprechend mehr Menschen gibt es natürlich bei seinen Veranstaltungen. Die Streitereien innerhalb der Oppositionsparteien, aber auch zwischen ihnen, trugen sicher sehr viel zum Wahlsieg Ortegas bei. Man muss aber erwähnen, dass in seiner ersten Amtsperiode viel für das Land passiert ist. Am offensichtlichsten für mich war die Verbesserung des Straßennetzes. Auch viele Hilfsprogramme für die Armen wie kostenlose ärztliche Versorgung und Bildung haben zur Steigerung der Lebensqualität beigetragen. Das Programm „Cero hambre" (null Hunger), im Zuge dessen Kinder in der Schule Frühstück (Gallo Pinto) bekommen, ist zusätzlich auch Motivation für die Eltern, die Kinder in die Schule zu schicken. Für die ganz Armen gab es kostenlos Hühner und Bleche zur Reparatur der desolaten Dächer ihrer Hütten.

Den Gemeinderatswahlen ging ein zentraler Beschluss voraus. Die sandinistische Partei entschied, mehr Frauen an die Macht zu bringen, also wurde von ganz oben beschlossen, in welchen Gemeinden das passieren sollte. Grundsätzlich ist das sicher eine gute Entscheidung, jedoch müsste laut Parteistatut von der Basis der Spitzenkandidat gewählt werden. In San Juan war bisher der Onkel meiner Schwiegertochter Bürgermeister. Er war von dieser Regelung betroffen, obwohl er sehr beliebt war in der Stadt, wurde er durch eine Frau abgelöst. Die Wahlbeteiligung bei den Gemeinderatswahlen lag bei ungefähr 57 % der wahlberechtigten Bevölkerung, und die Anzahl der ungültigen Stimmen war angeblich sehr hoch. Hier in San Juan del Sur war es ein ruhiger Wahlsonntag, einerseits, weil die Einheimischen aus Managua ausblieben, andererseits, weil an Wahlwochenenden kein Alkohol ausgeschenkt wird. Wir waren zum Sonnenuntergang im El Timón. Marian fragte nach einem Bier, dann nach einem Rum. Darauf hieß es, es dürfe kein Alkohol angeboten werden, nur Cocktails. Wir bestellten zwei Mojitos und diese wurden uns serviert. Das war sehr interessant. Im Cocktail war der Alkohol anscheinend nicht so offensichtlich. Das war eine interessante Logik.

Die Wahlsiege werden in San Juan ordentlich gefeiert, egal ob es Präsidentenwahlen oder Gemeinderatswahlen sind. Seit ich das Land kenne, sind die Sandinisten an der Macht. Daher sind es die Sandinisten, die beim Feiern den Ton angeben. Da wird vor dem Parteilokal eine Bühne aufgebaut und dann ordentlich laut gefeiert mit Ansprachen, Musik und Tanz bis nach Mitternacht. Da spielt es gar keine Rolle, dass das Nachbarhaus ein 4-Sterne-Hotel ist und die Gäste nicht schlafen können.

Verlobung

Noch vor Weihnachten 2011 gab es ein besonderes Ereignis. Marian hatte da ein bisschen seine Finger im Spiel. Er meinte: „Wie wäre es, wenn ihr euch verlobt, damit die Beziehung offiziell wird?" Ein paar Tage später erhielten wir die Einladung zur Verlobung in Ostional im Haus vom Opa. So fuhren wir also die Straße vorbei am Playa El Coco und am Playa La Flor Richtung Süden, nachdem wir in Rivas einkaufen waren und alles an Getränken und Lebensmitteln für die 40 Leute besorgt hatten. Silvio, Eunices Bruder und ich kochten gemeinsam. Es gab Hühner Cordon Bleu, Reis, Mayonnaise Salat, Gemüse und als Nachspeise Papaya Kompott. Neben dem Opa, den Eltern, den Onkeln mit Anhang waren noch zwei befreundete Paare aus Österreich und ein Freund von Eunice aus Schweden da. Es war eine sehr offizielle Feier, sogar mit Ansprachen der beiden Verlobten, der Mama, eines Onkels, einer Großtante, und ich musste auch etwas dazu sagen, auf Spanisch natürlich. Darauf war ich nicht vorbereitet, aber ich schaffte eine kurze Rede. Silvio versäumte es nicht, auch eine bevorstehende Hochzeit zu erwähnen. Darauf wurde mit Fruchtsekt angestoßen und dann gegessen. Die Cordon Bleus schmeckten exzellent. Gegen Mitternacht ging die ganze Gesellschaft an den Strand, wo es Musik in der Strandbar gab. Nun wurde getanzt und am Meeresufer machten die Kinder und Jugendlichen ein Feuer. Die Stimmung war gut, alle waren zufrieden und die Hauptbeteiligten schienen glücklich über die Situation und das gelungene Fest.

Straßenprojekte

Marian arbeitete am Straßenprojekt. Er ist vom Fach. Die bestehende Straße zu meinem Haus fand er zu steil und vor allem, sagte er, gehe sie mitten durch die besten Grundstücke. Wir trafen Chris und das Gespräch kam auf dieses Thema. Chris wollte sein Grundstück erschließen, das er Richtung Süden von mir aus gesehen besitzt. Marian hatte bereits eine Trasse eruiert, die wäre anstatt eineinhalb Kilometer nur ungefähr 500 Meter lang, würde am Grundstück von Chris vorbei führen, er könnte einen Teil der Straße außerhalb seines Grundstückes legen, was ihm natürlich Vorteile bringen würde, und die Steigungen wären maximal zwölf Prozent. Das wäre so genial, dass ich mich gar nicht darauf zu freuen wagte. Dazu kam, dass ein Vertrag mit dem Deutschen die Investition in die Straßen klar regelte. Alles ging in die richtige Richtung. Bei der Gemeinde hatte Chris das Projekt eingereicht und es wurde bewilligt. Marian hatte sich erkundigt, was das Ausborgen der Maschinen kosten würde und wollte das Projekt ohne Arbeitszeitkosten umsetzen, da ich sehr davon profitieren würde. Nun schickte der Deutsche die Vermesser, um die Straße auch in die Pläne einzutragen. Marian sollte ihnen den Straßenverlauf zeigen. Im Vorfeld waren Marian und ich oft diesen Weg entlanggegangen,

Hügel auf, Hügel ab auf die andere Seite spaziert, und mit Chris war er sogar mit dem GPS durch das Gebüsch gewandert. Mit Marco hatte er die Trasse vom Gebüsch gesäubert und überall rote Fähnchen angebracht, damit klar war, wo die Straße entlangführen würde. Auch Chris war dabei, als die neue Straße vermessen wurde. Irgendwann rief mich Marian an, Chris habe durchgedreht. Er erzählte mir, dass Chris fragte, ob man hier eine zweite Anbindung zu seinem Grundstück machen könne. Marian meinte, dass das viel zu steil wäre. In dem Moment fing Chris zu schreien an, beschimpfte ihn als Lügner, er habe ihn betrogen, er wolle nicht, dass er diese Zufahrt bekomme, die Straße interessiere ihn nicht mehr und überhaupt, die ganze Landschaft würde zerstört werden usw. Chris soll völlig aus der Fassung geraten sein. Die Einheimischen, die sein Englisch nicht verstanden, nannten ihn „Colérico" (Jähzorniger) und waren ganz verdattert. Wir verstanden die Welt nicht mehr, da er am allermeisten davon profitiert hätte, abgesehen vom Deutschen, der einige Grundstücke damit aufschließen könnte. Für mich wäre es Komfort, aber ich fuhr auch bisher zu meinem Haus. Das war es dann. Mit vielem hatten wir gerechnet, aber nicht damit. Langsam kristallisierte sich für uns immer mehr heraus, dass etliche Ausländer, die hier gelandet waren, irgendein größeres Problem haben. Zumindest lernte ich einige kennen, die seltsam auf das Umfeld reagierten. Noch einer mehr in der Sammlung. Wir erkannten überhaupt keinen Grund, der diese Reaktion gerechtfertigt hätte. Die Straße könnte trotz allem gebaut werden, aber das Projekt wurde dann auch vom Deutschen auf Eis gelegt.

Eines Morgens hörten wir einen Bagger, das heißt, einen Bulldozer. Chris begann mit dem Straßenbau zu seinem

Grundstück. Als Marian mit Marco auf die andere Seite fuhr, um zu kontrollieren, was da passierte, sahen sie, dass Chris die Route nahm, die er für den Deutschen vermessen hatte, die ihm aber laut bestehendem Vertrag nicht zustand. Er hatte lediglich die Möglichkeit, entlang der Grundstücksgrenze seine Straße zu bauen. Das war ein großer Nachteil für ihn, da sie dadurch unglaublich steil wurde. Marian machte ihn darauf aufmerksam und fragte ihn, ob er den Deutschen wegen des Materials, das er verwendete, gefragt hatte. Da zuckte er wieder aus und schrie, beschimpfte Marian auf das Wüsteste, über den Deutschen und mich kamen da Verleumdungen an den Tag und böse Aussagen und das alles vor laufender Kamera. Das hatte Chris nicht bemerkt, Marian hatte den Fotoapparat mit und, als er anfing zu schreien, auf Videoaufnahme gedrückt. Ich gebe zu, wir amüsierten uns köstlich. Ich verstand seinen Frust, aber er hatte sich alles selber eingebrockt. Ein unglaublich steiles Einfahrtstück und ein Teil der von Marian geplanten Straße wären an seinem Grundstück entlang verlaufen, nun musste er alles auf seinem eigenen Areal bauen und selbst bezahlen, sonst wäre das Budget vom Deutschen für den Straßenbau herangezogen worden.

In diesem Jahr (2012/2013) hatte Marian doch noch Erfolgserlebnisse. Die Straßen des Deutschen am Maderas, auch die zu meinem Haus, wurden saniert, und er war der Berater und Supervisor. Das Ergebnis überzeugte den Deutschen. Er entschied sich, von Marian auch die Straße bei seinen Grundstücken in Marsella planen und teilweise errichten zu lassen. Davon profitierte ich auch, da ich dort mein zweites Grundstück besitze. Marian hatte im Jahr davor schon auf dem gesamten Grundstück nach der besten Route geforscht.

Nun stellten wir den Bewilligungsantrag bei der Gemeinde. Die Genehmigung dauerte Wochen. Wir kreuzten immer wieder beim zuständigen Mitarbeiter auf und er erzählte uns jedes Mal, die Alcalde (Bürgermeisterin) müsse genehmigen und er warte immer noch. Als wir beim Vizebürgermeister, den wir persönlich kannten, nachfragten, klappte es gleich am nächsten Tag. Inzwischen war der nagelneue Bulldozer, den die Alcaldía (Gemeinde) bestellt hatte, geliefert worden. Marian war begeistert. Wir wollten die Arbeiten mit den Maschinen und den Mitarbeitern der Stadt machen, genauso wie das Reparieren der Straßen am Maderas. Die Zusammenarbeit gestaltete sich äußerst spannend. Die neue Maschine sollte von Montag bis Mittwoch in einem anderen Projekt eingesetzt werden. Wir beobachteten ganz genau und stellten fest, dass die Maschine am Dienstag immer noch am selben Fleck stand, wo sie geparkt war. Wir befragten Francisco, den Vorarbeiter, den Marian bereits vom ersten Projekt kannte. Er sagte, wir müssten einen Antrag stellen. Da wir diese Information nun hatten, setzten wir uns sofort dahinter. Wir schrieben handschriftlich die Stunden, die wir laut Marian benötigen würden, auf ein Papier und gaben den Zettel dem zuständigen Ingenieur. Da wir am Montag darauf immer noch nichts gehört hatten, marschierten wir wieder ins Gemeindeamt. Der Ingenieur hatte die genaue Kostenaufstellung auf dem Tisch liegen. Ob wir am Donnerstag beginnen könnten? Wir reisten am darauffolgenden Dienstag ab, somit war es die letzte Möglichkeit, das Projekt unter Aufsicht von Marian umzusetzen. Ja, sagte der Ingenieur, am Mittwoch werde das andere Projekt fertig, dann könne die Maschine zu uns transportiert werden. Okay, ob wir das glauben wollten? Die Maschine stand am Vormittag um zehn Uhr immer noch am üblichen Ort. Doch am Nachmittag war sie weg. Wir waren am Mittwoch in der Früh wieder beim Ingenieur. Die Hälfte der geplanten Kosten mussten angezahlt und der Transport an Ort und Stelle dem Fahrer des Tiefladers bezahlt werden. Die Rohre für einen Graben, der in der Regenzeit Wasser führt, waren bereits geliefert und bezahlt. Nun war es nötig, dem Deutschen klar zu machen, dass er die Anzahlung zu leisten hatte. Wir hatten vereinbart, dass er zwei Drittel bezahlte, ich eines. Nun sei ich dran mit dem Zahlen, meinte er. Ich machte ihm klar, bevor ich einen unterschriebenen Vertrag mit der Nutzungsbewilligung hätte, würde ich gar nichts bezahlen. Mein Vertrauen in seine Geschäftspraktiken hatte ich längst verloren. Da rastete er aus und sagte, er hätte sowieso keinen Nutzen von der Straße und überhaupt, nur damit ich einen Vorteil habe, werde er sicher keinen Dollar mehr investieren. Eine interessante Aussage, wenn man bedenkt, dass er mit dieser Straße Zugang zu mindestens 10 Grundstücken bekäme, ich nur zu einem. So hatten wir nun die unangenehme Aufgabe, bei der Gemeinde zu erklären, warum wir, nachdem wir ständig dahinter waren, alle ihren Teil der Arbeit erledigt hatten und es laut Plan klappen könnte, das Projekt abblasen mussten. Marian rief den Deutschen an, erklärte ihm, wenn er hier bei den Einheimischen aufgrund seiner Eskapaden sein Gesicht verliere, dann solle er ihn in Zukunft weder ansprechen noch jemals wieder irgendetwas von ihm haben wollen, nicht einmal mehr anschauen werde er ihn. Auf der Gemeinde kannten sie anscheinend bereits den unsteten Charakter des Deutschen. Sie waren trotzdem sehr freundlich und der Ingenieur meinte, ich solle mir nicht zu viele Sorgen machen deswegen, nachdem ich den Grund des Scheiterns erklärt hatte. Ich hatte eine Alternative, die ich mit meiner Grundstücksnachbarin umsetzen hätte können, wahrscheinlich sogar etwas billiger, aber die Straße hätte mehr Gefälle. Am Abend um neun Uhr läutete mein Telefon, der Deutsche war dran und erklärte mir, er werde mit dem Anwalt und dem Vertrag zu uns kommen. So war es auch. Wir gingen gemeinsam mit dem Anwalt den Vertrag durch. Wir machten klar, dass wir alles abgeblasen hatten und dass er mit dem Ingenieur reden müsse, ob es überhaupt noch möglich sei. Er hatte keine Hemmungen, um 9.30 Uhr am Abend anzurufen, in einem Land, wo die Leute mit den Hühnern schlafen gehen. Der Ingenieur hob ab und dank des guten Willens aller Beteiligten begann am nächsten Tag der Straßenbau, sogar schon vor der Anzahlung. Ich holte das Geld von der Bank in Rivas, Silvio kam mit und prüfte noch einmal den Vertrag mit dem Anwalt, der Deutsche unterschrieb und bekam von mir das Geld zur Anzahlung bei der Gemeinde. Der erste Arbeitstag war sehr erfolgreich. Marian instruierte den Fahrer des Bulldozers und überprüfte, ob alles richtig gemacht wurde. Auch der zweite Tag lief sehr zu seiner Zufriedenheit. Die Bulldozerarbeiten konnten abgeschlossen werden und die Straße führte bis zu meinem Grundstück hoch. Natürlich gab es noch viel zu tun. Am dritten Tag wurde mit einem Bagger und einem Lastwagen gearbeitet, um festes Material auf der Straßentrasse zu verteilen. Dann wurde das Ganze gewalzt und wir hatten eine tolle Straße. Ich konnte es gar nicht fassen, dass wir das geschafft hatten. Nur noch das Eingraben des Rohres für den Wasserdurchlass musste erledigt werden. Das passierte aber erst nach unserer Abreise.

Ausflug zur Finca bei Colón

Wir standen früh auf. Ich fuhr mit Silvio und Eunice zu einer Finca im Süden des Nicaraguasees. Das war im Mai 2012. Ich wollte mir diesen Sonntagsausflug nicht entgehen lassen. Wir trafen uns in Rivas. Die Straße nach Cárdenas war sehr schön gepflastert und führte am Nicaraguasee entlang. Kurz vor Cárdenas war die Abzweigung. Hier schlossen sich ein Fincero und einige andere Bekannte unserer Gruppe an. Ungefähr fünf Kilometer weit gab es noch Strommasten, dann begann die Zone, wo die Menschen noch leben wie bei uns vor 150 Jahren, ohne Strom und mit Wasser aus dem Brunnen. Die Straße gab es auch noch nicht allzu lange. Erst kürzlich wurden die fünf Brücken gebaut, die letzte, die wir überquerten, war gerade fertig geworden. Vorher gab es nur Boot oder Pferd, um zur Finca zu gelangen. Silvio erzählte, die Leute hier wollten bis vor kurzem lieber zu Costa Rica gehören, da sie von der Welt vergessen worden waren. Jetzt waren sie Anhänger der Sandinisten. Kein Wunder, da erst die Regierung Ortegas ihre Anwesenheit wahrgenommen hatte. Auch die Stromleitungen sollten der Straße entlang verlegt werden. Knapp ein halbes Jahr früher waren wir schon einmal dort gewesen, damals musste man noch mit dem Boot hin fahren, da die Straße erst im Bau war. Das war ein Erlebnis. Zuerst mussten wir das Boot, das voll mit Sand war, seetüchtig machen. Da halfen einige Männer, doch das war nicht so einfach, einer schöpfte Sand und Wasser mit einem Eimer aus dem Boot, aber das schien sehr unergiebig zu sein. Nun wurde versucht, das Boot zu kippen, um den Sand heraus zu bekommen. Die Wellen auf dem See vereinfachten die Prozedur nicht. Silvio wollte die Männer koordinieren, da jeder irgendwas anderes versuchte, ohne die Kräfte zu bündeln. Zum Schluss hatte einer die Idee, zwei Ochsen vor das Boot zu spannen, damit diese das Boot so weit ins Wasser zogen, um es von den Wellen ausschwemmen zu lassen. Zwei Stunden dauerte die gesamte Prozedur, dann ging die Fahrt erst los. Seither wurden noch zwei Brücken fertig gebaut und die Straße war bis zur Finca befahrbar. Nur die eine Brücke in Richtung der Ortschaft Colón fehlte, die südlich von Solentiname (Inselgruppe im See) liegt. Diese Ortschaft war bisher nur mit dem Boot oder mit dem Pferd erreichbar. Südlich vom See ist der Streifen Land bis zur Grenze von Costa Rica nur ein paar Kilometer breit. Onkels Finca reicht vom See bis zur Grenze. Es ist ein wunderschönes Stück Land mit sehr viel erhaltenem Regenwald. Das Besondere sind die heißen Quellen, das Wasser ist so heiß, dass man die Füße erst wenn das Wasser auf der Oberfläche etwas abgekühlt war in ein kleines Naturbecken hineinstellen konnte. Wir spazierten den See entlang. Es gab dort einen tollen weißen Sandstrand, der könnte auch in der Karibik sein. Nur das Wasser ist nicht türkisblau, sondern eher braungrün. Entlang des Strandes gibt es größere und kleinere Höhlen, in denen wir Fledermäuse sahen. Dort wurden immer wieder altes Tongeschirr und Skulpturen aus vorspanischer Zeit gefunden. Solentiname sah man von hier aus gut und es wäre nur eine kurze Bootsfahrt bis dort hin. Unter einem Baum bei den heißen Quellen machte ich ein Mittagsschläfchen auf einer mitgebrachten Matte, daneben rauschte das kleine Bächlein und rundherum war herrliche Natur. Vor Ort am See wohnte eine Familie, die die Grundstücke beaufsichtigte und etwas Anbau betrieb, Plátanos (Kochbananen) und Frijoles (Bohnen). Etliche Fruchtbäume gab es, Mango, Avocado, Kokospalmen usw. Später saßen wir unter dem Mangobaum. Ab und zu machte es plumps und eine reife Frucht fiel herunter. Die Schweine und Hühner stritten sich darum. Aus der Küche, in der ein Feuer brannte und gekocht wurde, kam ab und zu Wasser durch eine Luke in der Wand, und jedes Mal kam ein Schwein und genoss das Bad. Zwei kleine Papageien mit gestutzten Flügeln gehörten zum kleinen Zoo. Plötzlich raschelte es über uns laut. Beim genauen Hinschauen sahen wir einen Spinnenaffen mit Riesensätzen auf den Mangobaum springen, genauso schnell wie er kam, war er wieder weg, mit einer gestohlenen Frucht in der Schnauze. Einige Meter weite Sprünge brachten ihn in Sicherheit und dann sahen wir, wie er genüsslich zu speisen begann. Eunice brachte einen Plastikbeutel voll mit einer Baumfrucht, die geöffnet ganz viel flaumiges Material enthielt, weicher als Wolle und ohne Schafgeruch. Mit diesem Flaum wurden Polster gefüllt. Wir machten uns auf den Weg zurück. Auf der Finca eines Freundes in der Nähe von Cárdenas waren wir zum Suppe Essen eingeladen. Wir warteten auf der überdachten Terrasse, die rund um das sehr schöne und großzügig gebaute Haus angelegt war. Ich las, die Nicaraguaner warteten eine Stunde in der Hängematte baumelnd oder im Schaukelstuhl sitzend. Die Suppe war köstlich, mit sehr großen Stücken Karotten,

Yucca, anderen für hier typischen, bei uns unbekannten Gemüsesorten und großen Fleischstücken. Das Fleisch war sehr zart, untypisch für Nicaragua, und es schmeckte ausgezeichnet. Es war von einem Kalb der Finca, erfuhren wir. Dazu gab es Reis, Kochbananen, Nicakäse. Bevor wir uns verabschiedeten, zeigte uns der Besitzer der Finca eine gefällte Palme, in die er ein Loch geschnitten hatte. Darin sammelte sich der Saft der Palme, zirka 20 Tage lang täglich mindestens 2 Liter, erzählte er uns. Diese Flüssigkeit fermentierte und wurde in Alkohol umgesetzt. Wir bekamen vom Chicha de Coyol, wie es genannt wird, eine Kostprobe. Ich war etwas skeptisch, da es ein bisschen wie Molke aussah und die mag ich nicht, aber es war süß und ausgezeichnet. Der Alkoholgehalt war sicher noch gering.

Mittlerweile hatte Silvio auf einem Feld Kochbananen angebaut. Bei meinem nächsten Besuch auf der Finca gelangten wir in Gummistiefeln über einen Pfad durch den Regenwald, bergauf und bergab, zu Silvios Plátanos. Die Stauden waren schon sehr hoch und schauten sehr gesund aus. Ungefähr im April sollte die Ernte beginnen, neun bis zehn Monate nach dem Pflanzen. Das Feld lag an einem Hügel, umgeben von unberührter Natur, so schien es. Doch teilweise wurde vor einigen Jahren gerodet, nur wächst in der Regenwaldgegend alles unglaublich schnell. Als angebaut wurde, übernachteten Silvio und Eunice ein paar Tage hier im Zelt. Eunice konnte anscheinend überhaupt nicht schlafen, die Geräusche des Urwaldes hielten sie wach. Und ihre Mutter war in Panik geraten beim Gedanken, dass ihre Tochter in der Wildnis war, und konnte ebenfalls kein Auge zumachen. Silvio engagierte Otto, der gegen Bezahlung nach dem Rechten sah. In einem kleinen Feld hatte er Tomaten,

Paprika und Melanzani gesät, die schön gewachsen waren. Ich zeigte Silvio und Otto, wie man Tomaten umpflanzt, dass der Salat viel zu eng gesät war, wie viele Pflanzen stehen bleiben konnten und dass die anderen umgepflanzt werden sollten. Die Karotten schauten gut aus. Ich gab ihnen den Tipp, Gras zum Mulchen zu verwenden. Otto war ein guter Arbeiter. Silvio erzählte mir, dass er sehr tüchtig sei und immer alles zu seiner Zufriedenheit erledigte. Das andere war, es sollte dringend ein Regen kommen. Es war bereits relativ trocken. Die diesjährige Regenzeit hatte nicht ausreichend Wasser gebracht. Bei meinem nächsten Besuch, als meine Brüder aus Kanada mit waren, sah man, wie die Erde an den Stellen wunderschön war, wo Otto meinen Tipp umgesetzt hatte und mit Gras die Erde abgedeckt worden war.

Mein siebenter Aufenthalt in Nicaragua

Nach sechs Wochen in Kanada kam ich am 26. Juni 2013 wieder in Managua am Flughafen an, nur für kurze Zeit, da Silvio heiratete. Der Aufenthalt war nur für zwei Wochen geplant. Silvio, Eunice, ihr Bruder, ihre Mutter und ihr Onkel holten mich ab. Die Zeit mit meinen Eltern war sehr wertvoll. Ich wusste es damals noch nicht, aber ich würde meinen Vater nicht mehr lebend wieder sehen. Ich wohnte bei Ray im Secret Cove. Im Barrio Café wurde ich begrüßt wie ein besonderer Gast, jeder Kellner fragte, wo ich so lange war. Mit Eunice und Silvio traf ich mich, um die Hochzeitsvorbereitungen zu besprechen. Wir hatten ein sehr schönes Fest.

Am Playa Maderas traf ich Martin aus Wien, der Mitverantwortlicher der Partnerschaft des 16. Wiener Gemeindebezirkes mit dem Barrio Villa Austria in Managua war. Er reiste mit minimalem Gepäck, da sein Koffer nicht ankam. Die wenigen Dinge, die er im Rucksack untergebracht hatte, wurde er los, als beim Mietauto in Managua ein Fenster eingeschlagen und sein Rucksack entwendet wurde. Er besuchte unter anderem das Schulprojekt für 900 Kinder, das die Wiener aufgebaut hatten und unterstützten. Er erzählte mir von den neuesten Projektentwicklungen, davon, dass nun Musikinstrumente angeschafft würden, die den Kindern für den Musikunterricht zur Verfügung gestellt werden sollten. Weiters wurden Schuluniformen, Schulmaterial usw. finanziert. Auch Straßen wurden mit Hilfe der Wiener Unterstützung gepflastert. Martin erzählte mir, dass einigen sehr armen Leuten Baumaterial bezahlt wurde, um ihre Hütten zu verbessern. Als er kam, um die Fortschritte zu begutachten, stellte er fest, dass bei etlichen die Ziegel noch ungenutzt im Garten standen. Ich habe für mich in der Zeit in Nicaragua eine wichtige Erkenntnis gewonnen. Wir können nicht das Leben anderer verändern. Es muss immer von den Menschen selbst ausgehen. Meiner Meinung nach ist sinnvolle Entwicklungshilfe, Unterstützung bei Bildungseinrichtungen und vor allem auch bei beruflicher Ausbildung junger Leute zu bieten. Die Wasserversorgung, Abwasserreinigung und Müllentsorgung sind ebenso wichtige Themen. Das Unterstützen von privaten Personen habe ich nicht als sehr zielführend erlebt, da immer der Antrieb von den Betroffenen selbst ausgehen muss, die Lebensqualität zu verbessern. Bildung ist ein wesentlicher Faktor, dies zu erkennen und auch die Basis für grundlegende Verbesserungen zu schaffen. Wir können diesen Menschen nicht unseren Lebensstil aufzwingen. Armut ist nicht schön, aber das einfache Leben ist etwas anderes und viele Menschen in Nicaragua leben ein einfaches Leben, haben das Wichtigste, aber keinen Luxus und scheinen damit glücklich zu sein und zufriedener als die meisten Menschen bei uns.

Wir besuchten das Barrio Café am Playa Maderas. Es war auch nicht mehr das, was es war. Mittlerweile war es das Café Revolution und der Preis für den Espresso hatte sich fast verdoppelt. Wir trafen uns am Tag darauf in der Stadt und ich machte eine kleine Führung. Die zwei Wochen ver-

gingen wie im Flug und ich machte mich auf nach Nord-
amerika, traf dort Marian und besuchte mit ihm meine
Familie.

Hochzeit

Eigentlich hatten wir zwei Hochzeiten. Die erste war Anfang April 2012. Es sollte eine kleine Feier in der Ecolodge Casa Maderas werden, eine wie sie hier sagen, zivile Hochzeit, also nur mit einem Standesbeamten. Der Standesbeamte ist hier ein Anwalt und diesen Part übernahm eine Kusine von Eunice. Wir waren insgesamt neun Leute. Es war eine ausgesprochen nette, gemütliche und lustige Feier. Doch in Nicaragua muss die Hochzeit ein Familienfest sein und da gehören nicht nur die Eltern dazu. Das wurde ganz klar vermittelt.

Familie ist wichtig in diesem Land. Das Resultat war daher, dass der kleinen Hochzeit am 30. Juni eine große Feier folgte. Ich kam zeitgerecht aus Kanada zurück. Die Vorbereitungen waren ein paar Tage Stress pur für das Brautpaar. Sie erledigten alles selbst mit Hilfe der Familie. Jeder brachte seinen Anteil ein. Ein Onkel war der Chauffeur für Besorgungen, einer organisierte und bezahlte die Musik, einer stellte sein Hotel zur Verfügung, eine Tante nähte das Hochzeitskleid usw. Um sieben Uhr Früh nahmen sie den Bus nach Managua. Die Schuhe für die Braut und ein paar Kleinigkeiten fehlten noch. Ich hörte, das war eine besondere Herausforderung, da Eunice schlichte weiße Schuhe wollte, bei der Schnörkel- und Kitschvorliebe der Nicaraguaner ein schwieriges Unterfangen. Nach dem Besuch unzähliger Geschäfte und fünf Stunden waren sie endlich fündig geworden. Am Freitag holten mich die beiden ab und wir fuhren gemeinsam nach Rivas. Einige Besorgungen waren noch zu erledigen, zum Beispiel antialkoholische Getränke, Obst, Gemüse und Hühner für das Essen. Auch ich musste neue Schuhe haben, daher waren Eunice und ihre Freundin aus Deutschland mit mir unterwegs. Ich hatte Glück im ersten Geschäft, das erste Paar, das ich probierte, passte und ich kaufte es innerhalb von fünf Minuten. Auch der Rum musste noch besorgt werden. Silvio und Eunice erzählten mir von der Geschichte mit den Ringen. Das Brautpaar brachte die Goldmünzen zu einem Goldschmied, einem Bekannten von Eunices Opa. Der Auftrag lautete, schlichte, einfache Eheringe zu produzieren. Als sie diese abholten, waren sie voll mit eingravierten Herzen, eine „besondere Zugabe" des Produzenten. Die Enttäuschung war groß. Den Gönner vor den Kopf zu stoßen war nicht möglich, da er ja ein Freund des Opas war. Sie mussten nun einen anderen Goldschmied beauftragen, die unerwünschte Verzierung wieder wegzumachen, was auch zusätzliche Kosten bedeutete. Am Tag vor der Hochzeit blieb die Braut in Rivas bei den Eltern, wie es sich gehörte. Silvio und ich brachten die Lebensmittel zum Haus des Onkels, da dort gekocht wurde. Dann besichtigten wir das Hotel, in dem die Hochzeit stattfinden würde, ein sehr schönes, nettes Ambiente. Eingerahmt von zwei Gebäuden gab es eine großzügige Pool Landschaft, von Terrassen umgeben. Ein perfekter Platz für eine Hochzeit.

Samstag, Tag der Hochzeit. Nach dem Frühstück nahm ich ein Taxi und fuhr zum Hotel, um bei den Vorbereitungen zu helfen. Silvio, Eunice und die Freunde aus dem Ausland waren da. Wir begannen mit dem Aufstellen der Tische, dann kam die Dekoration, weiße Tischdecken und blaue, selbst gefertigte Schleifen wurden von Ecke zu Ecke angebracht. Darauf wurde eine Glasschale positioniert, mit wunderschönem, schwarzweißem Sand gefüllt und eine Kerze hinein gestellt. Um 12 Uhr fuhren Silvio und Eunice nach Rivas, um die Torte und die Blumen abzuholen. Ich ging ins Hotel, um mich etwas auszuruhen und für die Hochzeit fertig zu machen. Toni und ich trafen uns zeitgerecht und tranken noch einen Kaffee. Er ist ein Studienkollege von Eunice aus Kalifornien. Auf dem Weg zum Taxi sahen wir Eunices Bruder, in Arbeitskleidung, noch mit Besorgungen für das Hochzeitsmahl beschäftigt. Als wir im Hotel ankamen, wurden gerade die Blumen platziert, um vier Uhr, dem geplanten Beginn. Es war praktisch niemand hier außer den Ausländern. Ich half mit den Blumen. Die Hochzeitstorte schaute toll aus und war sehr selbstironisch. Das gefiel mir an Eunice. Auf der Torte wurde eine Braut dargestellt, die den vor ihr davon kriechenden Bräutigam mit der Angelrute erwischt. Die gesamte Dekoration hatte Eunice selbst entworfen, es war alles sehr schön und harmonisch. Franklin, Silvios Freund und Trauzeuge, sagte uns, dass die Hochzeit sicher nicht vor sechs Uhr beginnen würde. Das ist so in Nicaragua, meinte er, die Leute kommen immer alle später. Er sollte Recht behalten. Silvio war zwar auch zu spät, aber nur zirka eine halbe Stunde. Kurz vor sechs Uhr kam die Braut mit dem ganzen Gefolge. Ich war beeindruckt, wie alles sehr geschmackvoll aufeinander abgestimmt war, auch die Kleider der Trauzeugin und der Mädchen passten zum gesamten Dekor, die Handschrift meiner Schwiegertochter. Eunices

Papa übergab die Braut und der evangelische Pastor begann die Zeremonie. Schlicht, nicht zu lang, nicht zu kurz, rührend. Die zwei waren ein hübsches Paar und sie waren sich sicher, was sie wollten, das konnte man sehen. Im Nachhinein erfuhr ich, dass der ursprünglich engagierte Pastor um halb vier Uhr, also eine halbe Stunde vor dem geplanten Beginn, zum Haus von Eunices Eltern in Rivas kam und absagte. Er könne nicht kommen, da die Hochzeit in San Juan war, und das, obwohl das Brautpaar einige Termine mit ihm hatte und ihn nie im Zweifel ließ, wo die Hochzeit sein sollte. Nun musste ein neuer Pastor her, eine halbe Stunde vor dem offiziellen Beginn der Zeremonie.

Der gemütliche Teil begann. Es gab Discomusik. Das Vorspeisenbuffet wurde eröffnet, sicher waren alle hungrig. Silvio erzählte mir, um sieben in der Früh sollten die drei von ihm engagierten Köche mit der Arbeit beginnen, erst um zehn waren sie gekommen. Es dauerte etwas, bis die Hauptspeisen kamen, der Andrang war groß, 200 Leute waren satt zu bekommen. Irgendwann gegen Ende war kein Huhn mehr da und der Nachschub ließ auf sich warten. In Nicaragua war das kein Problem. Geduldig wurde die nächste Lieferung abgewartet. Rum gab es zur Genüge, genauso wie andere Getränke. Zur Musik wurde fleißig getanzt. Die Stimmung war sehr gut. Zwischen Vorspeisen und Hauptspeisen wurde ein offizieller Teil eingeschoben mit ein paar Reden. Silvio kurz, Franklin, Silvios Freund und Trauzeuge, Eunices Papa, auch ich musste etwas sagen – in Spanisch. Eunices deutsche Freundin hatte eine längere Ansprache vorbereitet über die gemeinsame Studienzeit in Costa Rica. Eunice war zu Tränen gerührt, als sie das Mikrofon bekam, aber sie beherrschte dieses Element wie ein Profi. Den Abschluss übernahm die

Mama und sie sagte vor den 200 Gästen, Silvio sei jetzt wie ein Sohn für sie und gehöre zur Familie. Da spürte man richtig, dass er jetzt als Teil der großen Familie aufgenommen wurde. Der Großvater sagte mir später, egal wo in der Welt ich sei, ich müsste mir keine Sorgen um Silvio machen, da er jetzt zu seiner Familie gehöre. Das war sehr schön. Ich spürte, wie diese Familie zusammen hält, und dass das nicht nur so daher geredet war. Zu fortgeschrittener Stunde wurde der Brautstrauß geworfen. Zwei Mädels rissen sich darum, keine ließ ihn los. Die Hochzeitstorte wurde angeschnitten, genug für alle. Am Höhepunkt der Feier musste Silvio das Strumpfband von Eunices Oberschenkel holen. Ich beschrieb dem Onkel, der über Mikrofon kommentierte, bei uns müsse das der Bräutigam ohne Hände machen. Das gefiel ihm und das Theater war groß, als Silvio unter ihrem langen Kleid verschwand und mit den Zähnen das Strumpfband zum Vorschein brachte. Die ledigen Burschen stellten sich an, um es zu erwischen. Nach Mitternacht ging die Hochzeit dem Ende zu. Die Nicaraguaner sind nicht wirklich Nacht-menschen, sondern eher die, die mit den Hühnern schlafen gehen und auch mit ihnen aufstehen.

Für mich war es eine tolle Erfahrung. Mein älterer Sohn heiratete in Japan eine Japanerin. Nun hatte ich eine inter-nationale Familie, und es war äußerst spannend, beide Kulturen auch von einer anderen Seite kennen zu lernen, nämlich inmitten einer Familie. In Japan war alles bis ins letzte Detail geplant und organisiert gewesen und auf die Minute genau wurde alles abgewickelt. Familientraditionen werden in beiden Kulturen äußerst groß geschrieben. Inter-essant ist auch, dass meine Söhne jeweils die Kultur fanden, die mehr ihrem Naturell entspricht. Ich muss sagen, für nicaraguanische Verhältnisse ist Silvio noch gut organisiert. Der Vorteil ist hier, alle bleiben ruhig und gelassen, auch wenn etwas länger dauert und nicht genau nach Plan abläuft. Da könnte man in Japan ganz leicht das Gesicht verlieren. Ein anderer großer Unterschied sind die Kosten für die Hochzeit. In Japan bezahlte ich mehr für das Essen und Trinken einer Person als hier für allen Rum (das einzige angebotene alkoholische Getränk) für zwei- bis dreihundert Leute.

Mein achter Aufenthalt in Nicaragua

Am letzten Oktobertag 2012 kamen Marian und ich fast gleichzeitig in Nicaragua an. Am Flughafen wurden wir von Silvio und Eunice abgeholt, auch Frank, ein Amerikaner, den ich durch Silvio kenne, und ein anderer Bekannter waren mitgekommen. Bei Frank übernachteten wir. Mit dem Bus fuhren wir am nächsten Tag nach Rivas. Auf dem Weg hatte ich gar keine Zeit, mir die Landschaft anzuschauen. Silvio und ich hatten uns unglaublich viel zu erzählen, was alles so passiert war in der Zwischenzeit. Im Haus hatten wir Langzeitmieter, die waren daran interessiert, das Haus zu kaufen. Nach dem gemeinsamen Mittagessen fuhren Marian und ich mit dem Taxi durch die grüne, saftige Land-schaft nach San Juan, vorbei an unserem Vulkan Concepción. Er zeigte sich von der besten Seite, wolkenfrei, nur mit einem Mini-Nebelhäubchen, majestätisch. Zurück in San Juan del Sur spürte ich ein besonders intensives Gefühl, so etwas wie nach Hause kommen. Wir nahmen bei Ray ein Zimmer, da mein Haus ja vermietet war. Im Barrio Café trafen wir Bismarck, dem ich aus Amerika einen neuen Akku für seinen Fotoapparat mitgebracht hatte. Alle Kellner freuten sich uns wiederzusehen. Mein Spanisch trainierte ich wieder und es machte mir richtig Spaß. Wir machten uns gleich auf die Suche nach einem Haus, in dem wir das halbe Jahr verbringen wollten. Später verbrachten wir die Happy Hour Zeit im El Timón. Da gibt es einige kleine Speisen, Rum und Bier um jeweils einen Dollar. Das war ein guter Deal. Am liebsten aßen wir Fischcarpaccio oder Hühnerflügel mit rohem Gemüse und Dip, das war köstlich. Das Erste, was ich machte, war schwimmen. Der Himmel war traumhaft blau, die Natur tiefgrün, das Wasser richtig angenehm warm. „Wir sind zurück im Paradies", sagte ich zu Marian. Dann beobachteten wir den Sonnenuntergang bei einem Glas Rum Flor de Caña mit Orangensaft. Ich fühlte mich sehr glücklich. Der Sonnenuntergang war ganz außergewöhnlich, der Himmel orangerot, und als die Sonne verschwunden war, stiegen blaue Strahlen durch das Orange vom Horizont hoch. Ich hatte das nie zuvor in dieser Art gesehen. Ein paar kleine Häppchen aßen wir und beobachteten die Szenerie. Der Besitzer begrüßte uns freundlich und freute sich, dass wir wieder hier waren. Als wir ins Hostal kamen, umarmte mich Ray. Er war ganz überrascht, da er bei unserer Ankunft nicht hier war, und er wusste auch nicht, dass wir kommen würden. Ein schöner Empfang rundherum, ein Tag zum Wohlfühlen und wie aus dem Bilderbuch.

Die Suche nach einem Apartment oder Haus stellte sich als nicht so einfach heraus. Entweder waren die Quartiere zu teuer für das Gebotene, richtige Absteigen oder nicht mehr frei. Am dritten Tag der Suche waren wir erfolgreich. Im Süden von San Juan, vorbei an den Fischverkäufern, fanden wir ein Haus mit 3 Schlafzimmern, 2 Badezimmern, eines sogar mit Bidet, einem großen Wohnraum mit integrierter Küche und einer tollen Terrasse mit Blick über die gesamte Bucht. Wir freuten uns auf unser privates Reich, wo wir selber kochen konnten. Kabelfernsehen und Internet waren inkludiert. Zweimal in der Woche wurde geputzt und es gab frisch bezogene Betten und frische Handtücher. Auch Klimaanlage hatten wir, benutzten sie aber nie, mit offenem Fenster und offener Türe war die Schlafzimmertemperatur genau richtig, und in der wärmsten Zeit im März und April, wenn kein Luftzug wehte, konnte man den Deckenventilator einschalten. Der Strom war teuer und wir mussten ihn extra bezahlen. Der Besitzer erzählte uns, dass es Mieter gab, die 300 US-Dollar im Monat ausgaben, da sie Tag und Nacht die Klimaanlage benutzten. Knapp 8 Cordoba kostete die Kilowattstunde, ungefähr 24 Eurocents, der Preis in Österreich liegt bei etwa 19 Eurocents. Beim geringen Einkommen hier im Land ist das ein heftiger Preis. Gekocht wird mit Gas. Das letzte Stück der Zufahrtsstraße zur Residenzia Nicovale ist sehr steil und ein gutes tägliches Fitnesstraining. Da wir einen zwanzig Liter Behälter mit Trinkwasser kauften, fuhren wir mit dem Taxi zurück. Prompt blieb das Taxi hängen. Er sagte „No Problema", gab den Gang heraus und ließ das Auto zurück rollen. Das konnte nicht gut gehen. Das Auto fuhr in vollem Karacho auf den Randstein hinter uns. Die Stoßstange hatte einen Riss, aber auch Wasser floss irgendwo aus, vielleicht aus dem Kühler? Unsereiner würde ja für so eine Aktion den Rückwärtsgang benutzen. Er wollte es noch einmal versuchen, aber wir lehnten dankend ab und bezahlten ihm den vereinbarten Preis, obwohl er uns nicht bis zum Haus gebracht hatte. Er tat uns leid. Reich werden sie sowieso nicht als „Taxista". Wir erzählten dem Besitzer von diesem Ereignis. Ab diesem Zeitpunkt mussten wir nur den leeren Behälter vor seinem Haus abstellen und spätestens am nächsten Tag stand ein voller dort. Wir waren sehr zufrieden mit unserer Bleibe und dem Service. Vor allem die Besitzer hatten immer sofort eine Lösung parat, wenn es irgendetwas zu tun gab und waren außerdem sehr zurückhaltend und freundlich.

Der Fischhändler war bergab 4 Minuten entfernt. Was sollten wir nehmen? Diese Frage war schnell entschieden. Zwei schöne, bunte Fische lagen auf dem Filetiertisch. Wir fragten den Fischer nach dem Namen. Es waren Loros (Papageienfische). Der Körper des Fisches ist ganz hell, die Flossen und das Maul sind leuchtend blau und um die Augen hat er eine wunderschöne Zeichnung, auch in blau. Das Maul hat Ähnlichkeit mit einem Papageienschnabel. Ist der Fisch gut? Ja, vor allem für Ceviche, aber auch zum Kochen. Das Fleisch ist ganz weiß, saftig, zart, von dezentem, ausgezeichnetem Aroma, aber nicht fischig. Einfach köstlich. Wir nahmen den kleineren der beiden und bezahlten 40 Cordoba, das sind nicht einmal eineinhalb Euro für den ein Kilogramm schweren Fisch. Natürlich wurde er filetiert. Den Kopf und das Skelett nahm ich mit für eine gute Fischsuppe. Wir kamen uns vor wie im Schlaraffenland, das tolle Essen und dazu der Traumausblick über die Bucht. Besser geht nicht. Am Nachmittag spazierten wir ins Zentrum, tranken einen Espresso im Barrio Café. Wir trafen Lydia. Sie kannte Roberto, den Besitzer unseres Hauses und vermutete, dass wir das schöne Haus mit Ausblick gemietet hatten und nicht eines der kleinen Häuschen. Als ich ihr das bestätigte, lachte sie herzlich. Ein herrlicher Sonnenuntergang wertete unseren Spaziergang auf.

Ich saß auf der Terrasse mit Blick auf die Bucht, auf die Christusstatue auf dem gegenüber liegenden Hügel und auf den Hafen. Rundherum war es sehr grün, richtig idyllisch.

Wir sahen einen Kolibri und Urracas flogen von Baum zu Baum. Es war nicht so paradiesisch wie in meinem Haus, dafür waren der Strand, der Fischmarkt und die Stadt nur einige Gehminuten entfernt. Man lebte hier gemütlich ohne Auto. Gestern war ich bei untergehender Sonne schwimmen, bis, ja, bis ich an meinem rechten Bein ein Brennen wie Feuer spürte. Das war eine Qualle, ganz sicher. Gleich darauf dasselbe an meinem linken Oberschenkel. Das war, wie wenn man eine Brennnessel ordentlich erwischt. Ich schwamm sofort Richtung Strand. Das Brennen hörte nach ein paar Minuten auf. In der Nacht begannen die betroffenen Stellen zu jucken. Das Jucken hielt ungefähr vier Tage an, die roten Flecken sah man viel länger.

Wir bekamen von unserem Vermieter ein ausgezeichnetes hausgemachtes Genueser Pesto von selbst angebautem Basilikum. Dazu kauften wir original italienische Spaghetti in einer Pulpería in San Juan. Auch das gibt es. Und es durfte noch ein bisschen mehr Italien sein. Die Pizzerien sind fest in italienischer Hand. Heute wollten wir die Pizzeria am Strand besuchen und wurden, bevor wir es uns versahen, von Susi auf das herzlichste begrüßt. Sie war mit ihrem Mann da. Die beiden besitzen ein Haus am Majagual, im Development los Balcones. Sie ist Kanadierin und er aus Kalifornien. Wir setzten uns zu ihnen und verbrachten einen lustigen und netten Abend. Unsere Nachbarn im Nicovale arbeiteten in der Pizzeria und servierten uns vor dem nach Hause gehen einen Limoncello auf Kosten des Hauses.

Bevor Susi für unbestimmte Zeit zurück nach Kalifornien übersiedelte, zog sie in ein kleines Haus hier im Nicovale ein. Ich kochte für uns und wir aßen gemeinsam und später gingen wir ins El Timón. Wir trafen Ray. Smalltalk mit ihm war immer ein Vergnügen. Er hatte seine liebe Mühe mit den zwei Amerikanerinnen, die für uns in den drei Tagen in seinem Haus zur Qual geworden waren. Sie rauchten dauernd, hatten ein unmögliches Benehmen, als ob sie allein wären und standen nach Mitternacht in der Küche, um mit ordentlichem Krawall Eiswürfel aus den Behältern zu klopfen. Ungeniert und lautstark telefonierten sie im Gemeinschaftsraum stundenlang über Skype. Ray erzählte uns, sie ließen ihre ganzen Sachen da und zwar ein ganzes Zimmer voll. Für einen Monat hatten sie Miete bezahlt, aber er wusste nicht, wann sie zurückkommen würden. Wir hatten uns gewundert, wie gelassen er diese Gäste ertrug, aber wir erfuhren, dass auch er eine Schmerzgrenze hatte. Später erzählte uns Susi bei einem Glas Wein, dass sie im Filmbusiness war und Schauspieler für bestimmte Rollen aussuchte. Sie gab uns Einblicke in das Business, wie interessant, aber auch wie unmöglich das oft war, wie junge Menschen in Schönheitsoperationen getrieben und oft entstellt wurden. Wir hatten noch öfters Spaß zusammen bei einem Gläschen und plauderten über alles Mögliche und Unmögliche. Bald hieß es Abschied nehmen. Ein gutes und ausgiebiges Abendessen bot eine gute Voraussetzung für einen Umtrunk. Wir trafen uns mit einem jungen Paar aus Orlando, Jessica und Ashton. Susi kannte die beiden. Wir verbrachten mit ihnen den Abend. Zuerst gab es den donnerstäglichen Folkloreabend im El Timón. Das Gebotene ist sehr nett, Musik und Tänze einheimischer Folklore Tanzgruppen in tollen, traditionellen Kostümen. Wir sahen die Vorführung schon oft, es ist mehr oder weniger immer wieder dasselbe, und mittlerweile verließen wir das Lokal vor dem Beginn der Veranstaltung, außer wir hatten Gäste, die sich dafür interessierten. Weiter ging es zu Henrys Iguana Bar auf ein Fläschchen Rum, um dies dann im Black Whale noch zu doppeln. Da gab es ab elf Uhr Livemusik, nämlich Punkrock. Die Musik gefiel mir ganz gut, obwohl, ich weiß nicht genau, vielleicht lag das am Alkoholkonsum. Der nächste Tag fiel nicht sehr aktiv aus. Nur Susi war um sechs Uhr in der Früh schon fleißig. Sie verließ die Stadt und hatte zu packen. Alle nicht aufgegessenen Lebensmittel brachte sie uns, und das war ganz schön viel.

Wir waren fast täglich im Meer schwimmen und machten einen Spaziergang um die ganze Bucht herum. Das war unser Wohlfühlprogramm. Das Wasser hatte angenehme Temperatur. Immer wieder sahen wir verschiedene Schmetterlinge über das Wasser fliegen, zum Teil ganz nahe der Oberfläche. Fischer hatten ihr Netz am Strand ausgebreitet und ungefähr 80 Zentimeter lange, schlanke Fische aus dem Meer geholt. Darüber kreisten Fregattvögel. Die kleinen Fischlein im Netz warfen die Fischer den Vögeln zu und diese fingen sie im Flug. Beim Zurückgehen erstanden wir Kokosnüsse, um unseren Mineralstoffhaushalt in Schwung zu bringen, und am Samstag beim Farmers Market frisch geräucherten Schinken vom Amerikaner Marc aus Wenatchee, das ist die Gegend in Washington State, in der auch Marian lebt. Marc wohnt hier am Marsella Beach und betätigt sich im Real Estate Business und Catering. Wir genossen diesen kulinarischen Ausflug, nachdem wir sonst hauptsächlich von Fisch lebten.

Schwimmen in der Bucht, das gefiel uns, obwohl wir eine kurze Reminiszenz an unser Erlebnis am Playa Maderas hatten. Wir schwammen nach draußen und glaubten, die großen Wellen hinter uns gelassen zu haben. Doch da baute sich vor uns ein Berg auf und obwohl ich glaubte, einfach darüber zu schwimmen, erwischte ich einen ordentlichen Schluck. Marian wurde gleich nervös und meinte, lass uns zurückschwimmen. Ich weigerte mich. Ich musste zuerst richtig entspannen und vor allem mein Salzwasser loswerden. Man glaubt nicht, wie so ein Erlebnis hängen bleibt und bis zum gewissen Grad immer noch traumatische Auswirkungen hat. Wir schwammen an das Ende der Bucht und gelangten dort ohne Mühe an den Strand. Man muss dazu sagen, dass es hier in der geschützten Bucht von San Juan selten höhere Wellen gibt und ehrlich gesagt, sie waren ja sowieso nie so mächtig wie am Playa Maderas.

Bei einem anderen Ausflug an den Strand beobachteten wir einen Einheimischen, wie er eine Schnur immer wieder ins Wasser ließ. Wir gingen zu ihm und fragten ihn, wonach er hier suche. Antonio war sein Name. Er hatte einen Korb mit vielen Krabben drinnen. Er sagte, die seien sehr gut für Suppe und gäben viel Kraft, vor allem den Männern, ergänzte er augenzwinkernd. An der Schnur hatte er Fischhaut hängen, die er ins Wasser ließ und wenn er sie herauszog, waren jedes Mal ein paar Krabben dran. Besonders viel Fleisch ist an diesem Getier nicht, das wusste ich von der Fischsuppe beim El Timòn, aber das Aroma der Suppe war ausgezeichnet. Einmal kauften wir Antonio um einen Euro ein Pfund dieser Krabben ab und bereiteten die Suppe nach seiner Empfehlung zu.

Gerade erlebten wir einen der spektakulärsten Sonnenuntergänge, die ich je gesehen hatte. Zuerst gab es einen kurzen Regen und anschließend fegten die Wolken in ordentlichem Tempo über den Himmel. Später färbte die Sonne die verbliebenen Wolken in den unterschiedlichsten

Orangetönen. Je weiter die Wolken vom Horizont entfernt waren, desto mehr wandelte sich die Farbe in ein Lila. Die ganze Bucht war wie in Feuer getaucht. Wir konnten die Augen nicht davon lösen. Ein Fotograf aus Kanada, den wir im El Timón trafen, hatte von diesem Ereignis zwei Stunden lang geniale Zeitraffer Aufnahmen gemacht und auf Facebook veröffentlicht. Für mich war der Sonnenuntergang immer einer der Höhepunkte des Tages. Unzählige Male saß ich gebannt und betrachtete die Farbenpracht des Himmels, das sich immer wieder ändernde Schauspiel, diese unendliche Ruhe ausstrahlende Szenerie, und eine unerklärliche Zufriedenheit breitete sich in mir aus. Man kann sich nie satt sehen und ist jeden Tag gespannt auf das Amphitheater Himmel.

Oft sagten sich Marian und ich, wir können ja gar niemandem sagen, wie gut es uns geht. Während andere Leute Tag für Tag ins Büro oder sonst zur Arbeit fahren müssen, die einen mehr, die anderen etwas weniger Stress haben, genossen wir jeden Tag unseres Aufenthaltes im Nicovale, in unserem gemieteten Haus. In der Früh, wenn ich munter wurde, las ich. Marian lag daneben und träumte noch und zwar wirklich. Kürzlich hatte er auf einmal zwar leise und ganz undeutlich, aber doch gesprochen. Seine Oberarmmuskulatur zuckte. Das dauerte einige Minuten, dann entspannte er sich. Tatsächlich hatte er geträumt, dass er sich verteidigen musste. Zwischen acht und halb neun Uhr standen wir irgendwann auf, Marian machte Kaffee und ich das Frühstück. Entweder gab es einen Teller voll mit Früchten und dazu ein gekochtes Ei oder ich machte Palatschinken mit selbstgemachter Marmelade. Für die Marmelade nahm ich Papaya, gemischt mit etwas Wassermelone, Mango oder

Ananas, eventuell Banane. Da ich sie im Kühlschrank auf-
bewahrte, gab ich nur so viel braunen Zucker dazu, dass die
Marmelade angenehm süß war, etwas Zimt und Muskatnuss,
ab und zu ein kleines Stück Ingwer und dann kochte ich sie
so lange, bis sie eine gute Konsistenz hatte. Zum Schluss
presste ich den Saft einer Limone und einer halben Orange
dazu. Köstlich. Geschirr abwaschen war Marians Arbeit.
Danach las ich die E-Mails und schaute kurz auf Facebook,
was meine Freunde so trieben, ab und zu plauderte ich über
Skype mit Bekannten und ich las sehr oft in meinem E-
Book. Elektronische Bücher sind ein Muss in einem Land
wie Nicaragua, um nicht zu sagen überhaupt beim Reisen.
Überall wo WLAN zur Verfügung steht, kann man damit
Bücher aus dem Internet herunterladen und muss nicht
schwer tragen. An meinem Buch schrieb ich fast täglich, das
war für mich wie ein Hobby. Üblicherweise gingen wir am
Vormittag an den Strand schwimmen. Dann wurde Mittagessen gekocht. Das Essen hatte einen großen Stellenwert bei
uns und mir machte das Kochen Spaß, jetzt wo ich so viel
Zeit hatte. Meistens gab es Fisch oder Meeresfrüchte und
Kartoffeln oder Reis, oft Bohnen und Salat. Besonders gerne
hatte ich Maduros, die süßen Kochbananen, in Butter kurz
angebraten. Auf der Terrasse zu sitzen war bereits ohne Essen
ein Genuss, aber mit einem Teller voller Köstlichkeiten unbeschreiblich. Wir beobachteten die Aktivitäten am Hafen
und in der Bucht und seit uns Eunice ihr Fernglas gebracht
hatte, war das Beobachten der Fischer, des Treibens im Hafen
ein wichtiger Zeitvertreib Marians. Als die Bäume rundherum zu blühen begannen, trug der Wind immer wieder
Wolken von unbeschreiblich guten Düften zu uns, gleich
einem Parfüm. Nach dem Essen gab es öfters eine Mittagsrast

und da wir meistens eher spät zu Mittag aßen, war es anschließend Zeit, ins Barrio Café auf einen Espresso zu gehen. Dann führte der nächste Weg ins El Timón, vor allem von Dienstag bis Freitag zur Happy Hour Zeit und zum Sonnenuntergang. Da trafen wir oft nette Menschen zum Plaudern. Der Weg zurück zu unserem Haus war ein gutes Training, so richtig zum Tiefdurchatmen.

Weihnachten hatten wir bereits hinter uns gebracht. Marian und ich feierten getrennt. Einerseits wollte er die Fahrt nach Ostional wegen der schlechten Straße meiden, und außerdem hatten wir Besuch von zwei jungen Kanadiern, einem Paar, das auf Vancouver Island Bäume pflanzt. Die zwei wohnten sechs Nächte bei uns. Am Heiligen Abend kochten sie für Marian und ihre Freunde aus Israel, die sie auf der Reise kennengelernt hatten. Ich fuhr mit Silvio und Eunice zur Familie in Ostional, um mit ihnen Weihnachten zu verbringen. Als wir ankamen, musste Silvio den Christbaum am Dorfplatz reparieren. Ganz traurig hatte das Gebilde aus Lichtern ausgesehen. Nur einige wenige Lichter leuchteten. Anscheinend störte das niemanden im Dorf. In fünf Minuten war alles erledigt und nun nahmen die leuchtenden Kerzen eine Baumform an. Wir beschlossen, heuer ein Gulasch zu kochen. Ich begann gleich die Zwiebeln und die drei Kilogramm Fleisch zu schneiden. Im Gegensatz zum letzten Jahr war heuer nicht viel mit Feiern. Silvio und Eunice hatten den Verkauf von Getränken für den Folkloretanzverein bei der Disco übernommen und mussten alles vorbereiten. Die Einnahmen kamen dem Verein zugute. Die Musik war furchtbar laut und für mich fast unerträglich. Nach der Disco gab es für alle Dagebliebenen ein gemeinsames Weihnachtsessen um Mitternacht. Wir aßen Reis und

Gulasch, das wirklich ausgezeichnet schmeckte, und die Mama von Eunice öffnete eine Flasche Sekt zum Anstoßen. Der Folkloretanzverein war ein wichtiger Bestandteil der Freizeitbeschäftigung der Kinder und Jugendlichen in Ostional. Eunices Mama war die Organisatorin. Auch sämtliche Kleider für die Tanzerei nähte sie. Das war wochenlange Arbeit. Bis Mitternacht hatte sie genäht. Auch am 25., dem Weihnachtstag, wurde weiter für die Veranstaltung vorbereitet. Laufend kamen die Kinder und holten ihre Kleider für die Veranstaltung am Abend ab. Ich schnitt und beschriftete ganz viele Kärtchen, damit der Getränkeverkauf einfacher funktionierte, vor allem, damit nur einer mit dem Geld zu tun hatte. Um sieben Uhr abends begann die Tanzvorführung aller Jugendlichen in ihren neuen Kostümen. Das halbe Dorf war anwesend. Das Gebotene war sehr anmutig und die Kinder mit ihren Trachten hübsch anzusehen. Anschließend gab es Disco bis Mitternacht und ich half mit beim Getränkeverkauf. Eunice kassierte, gab den Leuten ein entsprechendes Kärtchen mit der Aufschrift des Bezahlten und bei Silvio und mir bekamen sie das Gewünschte. Das klappte bestens und die Kärtchen können nächstes Mal wieder verwendet werden.

In Ostional bekam ich Einblick in das nicaraguanische Dorfleben. Als wir für die Tanzveranstaltung Eis benötigten, um das Bier zu kühlen, fragte Silvio einen einheimischen Burschen, ob er welches besorgen könne. Nach einiger Zeit kam dieser zurück und sagte, es gäbe keines. Silvio ließ es nicht darauf beruhen und ging selbst auf die Suche. Er brauchte ungefähr gleich viel Zeit und brachte zwei Eimer voll davon mit. Das, obwohl er nicht vom Dorf war. Bei der Tanzveranstaltung waren Leute aller Altersklassen, bei der

Disco dann hauptsächlich junge. Es war eine der wenigen Veranstaltungen im Dorf. Viel Abwechslung gab es hier sicher nicht für die Jugend. Dem Alkohol wurde fleißig zugesprochen, aber da um Mitternacht Schluss war, hielten sich die Folgen in Grenzen. Der Altersdurchschnitt der nicaraguanischen Bevölkerung liegt bei ungefähr 23 Jahren, im Vergleich dazu in Österreich bei ungefähr 43. Entsprechend viele Kinder gibt es in so einem Dorf. Der Opa erzählte mir, als er in den 40er Jahren mit seiner Frau hierher übersiedelte, gab es ungefähr fünfzehn Häuser im Dorf, heute sind es zirka zehn Mal so viele.

Das in Flaschen abgefüllte Trinkwasser kostete in der Pulpería in Ostional zirka ein Fünftel mehr als in San Juan. Das galt auch für andere Produkte wie Obst, Gemüse usw. Silvio erklärte mir, das liege am Transport, und das wegen vierundzwanzig Kilometern. Für diese kurze Strecke fuhr der Autobus fast eineinhalb Stunden, da die Straße nur ein paar Kilometer weit gepflastert ist und dann ziemlich schlecht wird und natürlich bleibt der Bus überall stehen, wo jemand wartet oder aussteigen will. Was mir besonders gefiel, den ganzen Weihnachtstag lang gingen junge Leute im Haus von Eunices Großvater aus und ein. Alle begrüßten ihn, der immer vor dem Haus im Schaukelstuhl saß, und von den Mädchen bekam er immer eine Umarmung und ein Küsschen. Es war schön zu sehen, wie die alten Menschen von den Jungen einbezogen und geschätzt wurden. Am nächsten Tag stand ich früh auf, da ich um sieben Uhr bereits mit dem Bus zurück nach San Juan fuhr. Die Mama und der Opa waren schon fleißig. Opa ließ es sich nicht nehmen, am Morgen den ganzen Platz vor dem Haus zu kehren. Hier lag auch einiges an Müll, den der Wind zusammengetragen

hatte. Das war wirklich ein leidiges Thema. Auf der einen
Seite gab es zu wenige Mülleimer und -tonnen, auf der anderen wurden sie sehr oft nicht benutzt, selbst wenn sie vorhanden waren. Und es schien, die Nicaraguaner wurden
nicht müde, täglich in Sisyphusarbeit von Neuem den Müll
vor dem Haus wegzukehren.

Zurück in San Juan del Sur hatten wir Besuch von Martinus, einem Freund Silvios, und Maria, seiner nicaraguanischen Frau. Die beiden machten hier Urlaub und besuchten
ihre Familie in Managua. Sie ist eine tolle junge Frau, steht
mit beiden Beinen im Leben, hat eine Universitätsausbildung
und verdiente hier einiges über dem Durchschnittsein-
kommen von etwas mehr als 200 US-Dollar, bevor sie nach
Österreich übersiedelte und Martinus heiratete. Silvio spielte
eine große Rolle beim Kennenlernen der beiden. Am Anfang
musste er immer übersetzen und wir hatten sehr viel Spaß
beim „Aufwärmen" dieser Geschichten. Wenn Martinus
Sachen sagte, die eine Frau nicht so gerne hört, wurde das
von Silvio sehr diplomatisch für Maria in schöne Worte gekleidet. Die beiden sind heute sehr glücklich miteinander,
sie spricht mittlerweile fast perfekt deutsch und lernt Englisch. Ich sagte, wenn ich so fleißig wäre beim Spanisch
lernen, wäre ich mittlerweile auch gut. Selbst im Urlaub
hier bei uns machte sie ihre Schreibübungen. Silvio, Marian
und Martinus hatten eine feuchtfröhliche Nacht miteinander.
Wir Frauen gingen etwas früher schlafen. So versäumten
wir die junge Dame, die um Mitternacht kam und nach
Mirko fragte. Marian sagte, er sei Mirko, darauf Silvio, nein
er und zu guter Letzt war auch noch Martinus Mirko. Mirko
wohnte unter uns. Aber das war ja nicht das erste Mal, dass
sich der Damenbesuch verirrte. Am Weihnachtstag, besser

gesagt die Nacht darauf um halb vier, hörte Marian ein Klopfen an der Tür zu unserem Schlafbereich und ging nachschauen. Er dachte, die Kanadier brauchen etwas, doch da stand eine Dame vor ihm und eine andere hatte den Kopf bereits im Kühlschrank. Sie fragten nach Mirko und waren ganz erstaunt, dass er nicht hier war. Marian hatte vergessen, die Türe zuzusperren. Wir machten unserem italienischen Nachbarn klar, dass er in Zukunft seinen leichten Mädchen genauere Adressbezeichnungen zukommen lassen solle.

Im Februar hatten wir Besuch aus Wien. Sonja mit Familie kam nach San Juan del Sur und fragte nach mir. Zufällig kannte die Rezeptionistin des Hotels Silvio und informierte ihn. Der richtete mir aus, dass ich erwartet würde. Wir kannten uns nicht, aber durch die Bezirkspartnerschaft des Wiener Bezirkes Ottakring mit dem Bezirk Barrio Villa Austria in Managua wusste sie, dass ich in San Juan war. Wir verbrachten einige nette Stunden miteinander und feierten ihren Geburtstag gemeinsam im El Timón.

Sehr schnell verflog die Zeit, der Straßenbau beschäftigte uns und auch beim Haus gab es einiges zu tun. So kam die Abreise Ende April 2013 und dieses Mal hatte ich als Ziel, nach Zwischenstopp in Kanada, wieder Wien.

Ausflug nach Costa Rica

Wir beobachteten, dass immer wieder Segelboote und Katamarane in die Bucht fuhren, zwei bis drei Tage blieben und dann wieder weg segelten. Wir vermuteten, dass diese aus Costa Rica herkamen, um ihr Visum zu verlängern, so wie es viele auf dem Festland machten. Beim Kaffeetrinken im Barrio Café trafen wir Fletcher, einen Amerikaner aus Atlanta, Georgia, der nach der Wahl von Obama zum Präsidenten nach Costa Rica ausgewandert war. Auch er hatte sein Visum zu verlängern. Ich erzählte ihm von dem Buch, das ich gerade las. Der Titel lautet „In Search of Peace – An American Doctor in Sandinista Nicaragua"; der Autor Fred Kronen ist ein amerikanischer Arzt, der während der Konterrevolution in Estelí im Krankenhaus arbeitete. Ich kann dieses Buch jedem empfehlen, der einen Einblick in diese Zeit bekommen will. Ich schnitt an, dass Reagan diesem Land leider sehr übel mitgespielt hatte. Das wollte er nicht hören. Wir beschlossen, politische Gespräche zu vermeiden und dann unterhielten wir uns gut. Er war schon öfters in Österreich und liebte unser Land. Zum Abschied lud er uns zu sich nach Coco Beach in Costa Rica ein. Als Ausländer müssen wir alle drei Monate das Land verlassen, einen Stempel eines anderen Landes in den Reisepass holen, dann steht einem weiteren 90 Tage Aufenthalt nichts im Wege. Üblicherweise machte ich das in kurzem Wege in Peñas Blancas, ging zu Fuß über die Grenze und kam mit dem Stempel zurück. Nun beschlossen wir, der Einladung von Fletcher zu folgen. Wir fuhren mit dem Taxi zur Grenze, von dort mit dem Bus bis Lieberia und dann mit einem anderen bis Coco Beach. Es ging alles klaglos und wir trafen Fletcher in der Strandbar, die er uns genannt hatte. Ein netter gemeinsamer Abend und ein gutes Essen waren der Einstand. Anschließend fuhren wir mit ihm zu seinem Apartment. Er hatte eine Freundin aus Georgia zu Besuch. Wir bezogen das Zimmer und gönnten uns eine Dusche, bevor wir als Gute Nacht Drink ein Glas Rum tranken. Am nächsten Morgen machten wir einen ausgiebigen Spaziergang und nahmen diese Ortschaft etwas genauer unter die Lupe. Die Bucht ist sehr nett, aber nicht so schön wie in San Juan del Sur. Egal, ob wir eine Kokosnuss kauften oder die Gemüse- und Obstpreise am Markt prüften, alles war hier mindestens doppelt so teuer als in Nicaragua, auch in den Restaurants und Bars. Fletcher machte mit uns nach dem Mittagessen eine Rundfahrt, zeigte uns praktisch fertige Baustellen, die seit zwei, drei Jahren nicht bezogen werden konnten, da es kein Wasser gab. Dann besuchten wir einen seiner Freunde, der hier ein großes Haus gebaut hatte, das kurz vor der Fertigstellung war. Daneben hatte er eine große Garage mit schönem Apartment oben drauf, das er dann als Gästehaus benutzen wollte. Derzeit wohnte er selbst drinnen. Er zeigte uns alles. Da wurde bestes Baumaterial verwendet und schönes, perfekt verarbeitetes Holz. Wir waren uns sicher, dass er viel dafür bezahlt hatte. Die Nicaraguaner hatten hier einen guten Ruf als Bauarbeiter. Der Bauherr beauftragte eine

Partie aus Nicaragua, dann, erzählte er uns, gelang endlich der gewünschte Baufortschritt. Der negative Höhepunkt war seine Erzählung über die vier Einbrüche – und das in einer sogenannten „Gated Community". Der letzte war am Tag vor unserer Ankunft verübt worden, als er für drei Stunden nicht da war. Er hatte tolle Gitter vor den Fenstern und der Terrassentüre. Die Einbrecher hebelten das in einer Schiene beiseite schiebbare Gitter aus und verschafften sich so Zutritt. Dieses Mal nahmen die Diebe alle alkoholischen Getränke, alles Fleisch aus dem Gefrierfach und den Mikrowellenherd mit. Man merkte, wie zermürbend diese Situation für den Besitzer war.

In der Ortschaft gab es ganz viele zweistöckige Condominiums, wie die Nordamerikaner sagen, bei uns sind das Wohnbauten. Und entsprechend fühlte man sich wie in Klein-Florida. Hauptsächlich wohnten Amerikaner und Kanadier hier. Die meisten sprechen kein Spanisch und bleiben unter sich. Wir hatten eine nette Zeit mit Fletcher. Unser Resümee über diesen Teil Costa Ricas: Wieso hier wohnen, wo es in San Juan del Sur schöner ist und viel billiger.

Hausverkauf

Ich liebe diesen Platz mit dem traumhaften Ausblick, der Swimmingpool ist top, nach der Sanierung noch schöner als vorher und wir genossen jeden Tag hier. Doch da gab es die andere Seite der Medaille. Wenn ich nicht da war, musste ich immer hoffen, dass alles gut betreut wurde und das war halt nicht immer so und nicht so einfach für mich. Silvio wohnte mittlerweile nicht mehr in San Juan. Und ich hatte vor allem Lust, auch andere Teile der Welt zu bereisen. Warum also nicht das Haus verkaufen?

Ende September machten mir die Langzeitmieter ein Kaufangebot. Ich wollte mich mit den Interessenten treffen, um Details zum Verkauf des Hauses zu besprechen. Aber so schnell passierte da gar nichts. Es ging sich nicht mehr aus, sagten sie, da es schon finster wurde, und von Freitagabend bis Samstagabend durften sie keine Arbeit und kein Geschäft irgendwelcher Art machen, religionsbedingt. Also wurde der Termin verschoben.

Erst eine Woche später kam dann das erste Treffen zustande. Ich war froh, dass Marian mit dabei war, da hatte ich einen Zeugen, das konnte nicht schaden. Für die drei Kinder hatten sie ein Kindermädchen mit. Die drei Mädchen waren wirklich ganz süß und brav. Vor allem die Kleine schlief fast immer, nur als sie Hunger hatte, meldete sie sich. Das Gespräch verlief sehr gut. Wir konnten uns in den wichtigen Punkten einigen. Einige Details waren zu diskutieren, konnten aber von meiner Seite nach ihrer Vorstellung akzeptiert werden. Ich fasste alle Punkte in einem E-Mail zusammen.

Vor Weihnachten hatten wir den ersten Termin beim Anwalt mit den Käufern. Sie hatten den Anwalt ihres Vertrauens ausgesucht. Ich würde den Vertrag bei meinem Anwalt überprüfen lassen. Die Details hatten wir bereits im Vorhinein per E-Mail und bei unserem letzten Treffen ausgehandelt. Der Anwalt hatte uns erklärt, welche Papiere für die Abwicklung besorgt werden müssten. Marian und ich spazierten anschließend zur Alcaldía (Gemeindeamt). Ich brachte die Bestätigung, dass ich die Steuer für mein Grundstück bezahlt hatte und auf Grund dessen wurde mir ein Papier ausgestellt, das zehn Euro kostete. Dieses Papier war für das Register (Grundbuch) notwendig. Dort wiederum hatte sich der Anwalt zwei Dokumente ausstellen zu lassen, einmal die Historie der Vorbesitzer und die Bestätigung, dass das Grundstück frei von Belastungen war. Dafür bezahlte ich ungefähr 35 Euro. Ich freute mich sehr, dass alles so gut lief. Ich lud die Käufer zum gemeinsamen Essen ein. Es war sehr nett. Das älteste der drei Mädchen saß bei mir und wir spielten mit einigen Zahnstochern. Sie konnte sich die längste Zeit damit unterhalten. Die Kleinste war unglaublich brav. Sie weinte den ganzen Nachmittag nur einmal, als sie Hunger hatte. Marian und ich wollten den Tag mit einem Mojito bei El Timón abschließen. Das war heute ein großer Schritt in die richtige Richtung. Ich fühlte mich glücklich und zufrieden.

Das Jahr ging nun dem Ende zu. Das Thema Hausverkauf schritt voran, aber sehr zäh. Immer, wenn von den Käufern etwas kommen sollte, ging nicht viel weiter. Die Käuferin sprach perfekt Englisch und Spanisch und sollte für den Anwalt alle Daten auf Spanisch übersetzen. Wir warteten und es passierte nichts. Da bat ich Eunice und Silvio dies zu tun und informierte die Käufer darüber. Keine Reaktion. Aber der Anwalt machte nun einen Vertragsentwurf fertig und der konnte nun von den Beteiligten geprüft werden. Eine Woche Zeit sollte dafür reichen und am nächsten Freitag wollten wir uns wieder treffen. Ich ließ den Vertrag von meinem Anwalt prüfen. Es war ja alles in Spanisch und daher nicht so einfach für mich. Mein Anwalt sprach Englisch und er machte mir klar, dass im Vertrag wesentliche Punkte fehlten, die für mich grundlegend wichtig wären. Der Anwalt der Käufer hatte anscheinend noch nie ein ähnliches Werk verfasst. Das schien ziemlich offensichtlich. Das war dann der Anfang vom Ende. Die Nicaraguaner sind ein sehr stolzes Volk. Ihnen zu sagen, dass etwas nicht so gut gemacht wurde, das mögen sie gar nicht. Und dass mein Anwalt dem anderen klar machte, dass sein Vertrag ziemlich schlecht aufgesetzt war, das kam nicht gut an. Noch schlimmer war aber der Amerikaner, der Käufer. Er verweigerte ein Gespräch mit meinem Anwalt und begann auf stur zu schalten. Die für mich wichtigen Punkte wollte er nicht akzeptieren, war aber auch nicht bereit, darüber zu diskutieren. Somit verzichteten wir auf weitere Verhandlungen und ich listete mein Haus aufs Neue bei den Immobilienmaklern.

Herausforderungen im Paradies

So paradiesisch dieses Land ist, ich glaube, es gibt das Paradies nicht wirklich. Oder besser gesagt, es gibt kein Paradies ohne Herausforderungen. Über einige habe ich schon geschrieben, da kam eine neue dazu, als ich wieder zurück in Wien und mit dem Schreiben meines Buches praktisch fertig war. Mein Sohn informierte mich per E-Mail, es gäbe eine schlechte und eine gute Nachricht. Das ist ja wieder einmal spannend, immer wieder gibt es Überraschungen. Unser Hausbesorger rief ihn an und erzählte ihm, dass in unser Haus eingebrochen wurde. Wir hatten den Generator im Haus deponiert und genau der fehlte. Dieser war ein tolles Stück und erst etwas mehr als ein Jahr alt. Silvio informierte die Polizei, die auch umgehend an den Ort des Geschehens kam und den Sachverhalt aufnahm. Sie wollten am Nachmittag noch einmal kommen, auf Spurensuche gehen und die Fingerabdrücke nehmen. Silvio und Eunice machten sich auf den Weg zu „Quinta la Paz". Ins Haus gelangten die Eindringlinge durch das Schlafzimmerfenster, verlassen hatten sie es mit dem Generator über die Terrassentüre. Silvio, Eunice und der Hausbesorger begannen die Spurensuche. Sie erkannten, dass die Fußabdrücke hinter dem Haus bergauf Richtung Nachbarn zeigten. Zuerst waren sie noch nicht sehr gut ersichtlich, doch später konnten sie durch den aufgeweichten Boden in der Regenzeit leicht verfolgt werden. Vor den Nachbarhäusern am Hügel bogen die Bedürftigen nach links, gingen den Weg entlang nach unten und dann über die Hügelkuppe Richtung Norden, um auf der Rückseite wieder Richtung Süden zu gehen. Die Detektive liefen und liefen, immer den Spuren nach, mehr als eineinhalb Stunden in schnellem Schritt, bis sie bei Mango Rosa, einem Ferienressort in Marsella, auf die Straße nach San Juan gelangten. Das waren locker fünf Kilometer Fußmarsch. Das muss ganz schön viel Mühe gewesen sein, in diesem unwegsamen Gelände, teilweise sehr steil, den schweren Generator bis dahin zu schleppen. Hier brachen die drei die Suche ab und gingen zur Polizei, um die neuesten Erkenntnisse mitzuteilen. Gemeinsam kehrten sie zum Ort des Geschehens zurück. Meine privaten Ermittler zeigten der Polizei, wo die Fußspuren endeten. Gemeinsam suchten sie die Umgebung im Feld ab und siehe da, die gute Nachricht, ganz in der Nähe eines Hauses von Einheimischen entdeckten sie im hohen Gras, mit Hemden zugedeckt, unseren Generator. Zwar etwas schmutzig, doch durchaus in sehr gutem Zustand. Er wurde von der Polizei sichergestellt und zur Spurenermittlung mitgenommen. Eine Woche später holte Silvio den Generator wieder ab. Er erzählte mir, dass die Hemden, mit denen er verdeckt war, irgendwo achtlos am Boden lagen, der Generator keine Spuren der Sicherung der Fingerabdrücke aufwies und die Polizei noch niemanden zur Rechenschaft gezogen hatte. Der Generator wurde anschließend einbruchsicher verstaut. Unter dem Strich ist uns dank meiner Detektive kein Schaden entstanden.

Ausländer in Nicaragua

Es war sehr erstaunlich, welche Charaktere ich hier traf. Da war zum Beispiel Joachim mit seinem Moped und seinem Vogel, ein Oberösterreicher. Seine Markenzeichen waren der Papagei und die Zigarre. Er sagte er habe zwei Vögel, den gefiederten und seinen persönlichen. Der gefiederte durfte überallhin mit ihm mitkommen, auch auf dem Motorrad. Lorena saß dann auf einem am Lenkrad festgebundenen Stöckchen. Und die Zigarre hatte er auch im Mund, wenn er mit dem Moped fuhr. Er steckte einen Zahnstocher hinein und biss drauf, damit er sie nicht verliere. Grundsätzlich war er ein liebenswürdiger Mensch, aber er schien vom Leben gezeichnet zu sein. Er hatte die Eigenschaft, über alle und alles zu schimpfen. Er kaufte ein altes Segelboot, das er von Grund auf restaurieren und generalüberholen wollte. Er rechnete noch ca. ein Jahr Arbeit, dann wollte er bei günstigem Wind nach Galapagos aufbrechen. Von dort wollte er weiter in die Südsee und Richtung Indien segeln. Mittlerweile war er sehr frustriert, hatte jede Menge Probleme mit der Hafenbehörde und dem Zoll und bekam sein Boot nicht aus dem Hafen heraus, obwohl er schon sehr viel Geld dafür ausgegeben hatte. Das Restaurieren konnte er im Hafen nicht weiter verfolgen und das Verstellen des Bootes wurde ihm durch endlose Hürden verhindert, da der Deutsche einmal den Hafenmeister in seiner Anwesenheit grob beschimpft hatte. Schlussendlich hatte er die Genehmigung und alle Papiere, die er dafür benötigte. Ein halbes Jahr Arbeitszeit und einige tausend Dollar hatte ihn das Ganze gekostet. Das hatte ihn unglaublich zermürbt. Wir mussten ihn einige Male aufbauen in seiner Verzweiflung über die ganze Situation. Schlussendlich hat er es dann doch geschafft.

Als wir Marians Pickup Truck verkaufen wollten, meldete sich ein Interessent, der sich mit mir in Rivas treffen wollte. Nicht wenig erstaunt war ich, als ich den potentiellen Käufer für unser Auto sah. Es war ein Amerikaner, der eine Harley besaß und eine sehr junge Nica als Freundin hatte. Wir trafen ihn ein paarmal im Kaffeehaus in Rivas und plauderten mit ihm. „Hab ich mir gedacht, dass du das bist", sagte er und lud mich auf einen Drink ein. Er erzählte, er suche ein Auto für einen Freund. Sein Freund suche einen Jeep Wrangler. Ich dachte, warum bin ich dann eigentlich hier? Wir unterhielten uns noch etwas, bevor wir uns das Auto anschauten. Auf dem Weg dorthin meinte er, ich hätte schöne Beine und als Draufgabe, ich sei sexy. Sowas! Und wenn ich wieder in Rivas sei, solle ich mich melden, wir könnten dann gemeinsam Essen gehen. Das steckte also dahinter. Für mich war das vergeudete Zeit.

Auf dem Weg nach San Juan ging ein junger Bursche zu Fuß und deutete, dass er mitfahren wolle. Er stieg hinten auf die Ladefläche. In San Juan wollte er für das Mitnehmen bezahlen. Ich sagte: „Nein, das will ich nicht". Daraufhin lud er mich auf einen Drink ein. Wir tranken einen Macuá im Black Whale und unterhielten uns sehr gut. Carl war aus Kalifornien, hatte einige Jahre in Tokio gelebt, kam gerade aus Panama und Costa Rica und wollte jetzt einen Monat auf Ometepe als Freiwilliger auf einer Finca arbeiten. Und er hatte heute Glück im Unglück, erzählte er mir. In San José, Costa Rica, hatte ihm jemand den Reisepass und etwas Geld gestohlen. Er bemerkte es gar nicht, bis er einen Anruf bekam, sein Reisepass sei gefunden worden. Also musste er zurückfahren und der Finder wollte auch noch Geld dafür haben. Daher war er so spät unterwegs und er dachte, vielleicht nimmt der Tag doch noch ein gutes Ende – und so war das auch für ihn, als ich ihn mitnahm. Er freute sich sehr darüber. Kürzlich, ein Jahr später, traf ich ihn wieder, dieses Mal mit einem mächtigen Vollbart. Er war inzwischen in Guatemala gewesen und hatte dort nach dem Erdbeben den Menschen geholfen, ihre Häuser wieder aufzubauen. Seine Reisen finanzierte er sich durch einen Internetjob.

Lydia, die kanadische Miteigentümerin und Managerin von zwei Hotels in San Juan del Sur, wurde mittlerweile eine Freundin von mir. Wir lernten sie im Casa Maderas kennen. Wir waren uns von Anfang an sympathisch. Sie ist außerordentlich tüchtig, freundlich und lieb. Ich bewunderte sie sehr, in diesem Land so ein Projekt zu verwirklichen. Da gibt es ständige Herausforderungen, wie andere Ausländer, die ein Projekt starten und keinen Genierer haben, Leuten, die auf Zimmersuche in ihr Hostal gehen wollen, vor der Haustüre abzufangen, um sie in ihre Unterkunft mitzunehmen. Oder ein Nachbar, der in Marsella keine zehn Meter neben dem Brunnen für ihr Hotel seinen Brunnen grub, und zwar tiefer, und somit in der Trockenzeit Wasserprobleme für ihr Hotel verursachte. Wir trafen uns öfter und hatten immer Spaß. Sie erzählte mir, dass es ganz schwer war, hier im Land richtige Freunde zu finden. Ihre Tochter ist neun

Jahre alt und sie unterrichtet sie persönlich in Englisch und Französisch, da sie sie in Kanada in die High-School schicken will. Jedes Jahr fliegt sie mit ihr nach Kanada, um die geforderte Prüfung abzulegen, mit der der Bildungsgrad getestet wird, um später die Einstiegsberechtigung zu bekommen.

Ein Doktor, der mit 70 mit einer 27-jährigen Einheimischen ein Baby hat. Er kam nicht ganz freiwillig nach Nicaragua. Er hatte in seinem Heimatland Steuern hinterzogen und verließ anscheinend fluchtartig das Land. Hier bietet er Patienten eine spezielle Behandlung an. Er ist sehr exzentrisch, spricht überall die Menschen an, am liebsten junge Mädchen. Das ältere Publikum sieht er als potentielle Kunden. Denen erzählt er dann, er sei der beste Doktor der Welt und macht Werbung für seine Therapie. Ich glaube, mittlerweile ist er sogar selbst davon überzeugt. Die Geschichten über ihn würden allein ein ganzes Buch füllen.

Ein ungefähr 50-jähriger Amerikaner, der in Costa Rica Surftrips angeboten hatte, kam mit seinem Boot zu nahe an einen Felsen und versenkte es. Daraufhin landete er in Nicaragua, da hier das Leben billiger ist. Hier baut er Kajaks und bietet Touren damit an. Er heiratete ein ganz junges Mädchen, keine zwanzig Jahre alt und hat ein Kind mit ihr. Als wir ihn trafen, war auch der Bruder seiner Frau, ein junger Bursche mit dabei. Anscheinend ermutigt durch die Anwesenheit des Schwagers, begann er ungeniert mit mir anzubandeln, obwohl Marian daneben war.

Mikel, ein Kanadier, aber in Tschechien geboren und als Kind mit den Eltern aus der Heimat geflüchtet, kaufte in San Juan del Sur die einzige Bäckerei, in der es für europäische Ansprüche gutes Brot und Kuchen nach unserem Geschmack gibt. Er mietete mein Haus für zwei Monate und wurde ein guter Freund von uns. Er ist auf der Suche nach einer weiteren Geschäftsmöglichkeit.

Josie, eine liebe Amerikanerin aus Florida, die in San Juan del Sur einen Spanischkurs besuchte, trafen wir etliche Male und unterhielten uns gut. Sie war früher bei der Airforce und ist jetzt in Pension. Sie und ihr Mann besitzen ein Haus am Redondo Beach, in der Nähe von Playa Gigante. Das ist über Rivas und Tola erreichbar. Sie lud uns dorthin zu einer Party ein. An einem heißen Tag im April machten wir uns auf den Weg. Das Haus liegt sehr schön in einer Felsenbucht. Der direkte Zugang zum Meer ist beschwerlich, aber möglich. Das heißt, ins Wasser kann man dort nicht, da die Brandung an den Felsen bricht. Aber es ist ein beeindruckender Platz. Das Haus ist sehr groß und in guter Qualität gebaut. Auch der Bauunternehmer war bei der Party. Der hatte gute Arbeit geleistet, in akzeptabler Zeit und sehr zur Zufriedenheit der Auftraggeber. Selbst die Möbel stellte er vor Ort her. Wir bekamen eine Führung durch das Haus und waren eingeladen, dort zu übernachten. Die Party war sehr lustig. Der Baumeister ließ es sich nicht nehmen, mit allen Damen zu tanzen. Am nächsten Morgen spazierten wir gemeinsam an den Strand, eine kleine Bucht, erreichbar über ein Hotelprojekt mit vielen Holzhäusern, die sehr umweltfreundlich in den Hang gebaut wurden und sich gut in die Natur integrieren. Bevor Josie nach Florida zurückflog, kam sie noch einmal nach San Juan, um ihr Spanisch zu verbessern. Sie war da sehr konsequent. Ich schätzte sehr, dass sie die Nähe zu den Einheimischen suchte, ganz im Gegensatz zu vielen anderen Amerikanern, die gerne unter sich blieben.

Tiere in Nicaragua

Vorweg muss man sagen, es gibt hier in Nicaragua keine Tiere, die so giftig sind, dass man nicht ausreichend Zeit hätte, in ein Krankenhaus zu kommen, es sei denn, man ist wirklich irgendwo weit weg von jeder Zivilisation im Dschungel. Ich erlebte alle möglichen Tiere *(s. F38, F39)* in freier Wildbahn, einige beschrieb ich in verschiedenen Kapiteln, auf andere will ich hier etwas näher eingehen. Schlangen habe ich einige gesehen. Einmal, als wir mit dem Pickup Truck auf der La Chocolata unterwegs waren, hat sich vor uns eine ungefähr zwei Meter lange Schlange, vermutlich eine Boa, recht flott über die Straße bewegt und weg war sie. Früher dachte ich, wenn ich einer Schlange begegne, falle ich aus Angst tot um. Die Realität bewies mir ganz Anderes. Schlangen sind faszinierende Tiere und machen sich aus dem Staub, wenn sie die Gelegenheit haben. So war ich entsprechend beeindruckt, als ich hinter meinem Haus Wasser holen wollte und eine etwas mehr als einen Meter lange Schlange beim tropfenden Wasserhahn sah. Da labte sie sich daran. Sie war sehr dünn, hatte einen kleinen Mund und war grün, blau, schwarz, längs gestreift. Mein Hausbesorger sagte, sie sei nicht giftig. Als ich rund um mein Grundstück Spuren der Bauarbeiter beseitigte und im Gebüsch nach vom Wind weggeblasenem Müll suchte, entdeckte ich in einem Busch einige Meter entfernt von mir eine Schlange *(s. F41)*, die gelb-grün, schwarz gefleckt war und vielleicht ungefähr zwei Meter lang. Laut Marco war sie nicht giftig, würde aber mit dem Schwanz schlagen, wenn man ihr zu nahe käme. Ich holte den Fotoapparat, beobachtete und fotografierte sie, wie sie sich langsam, aber sicher weiter bewegte.

Bei meinem letzten Aufenthalt hatten wir ein kleines Abenteuer auf der Terrasse unseres gemieteten Hauses. Ich sah, dass bei einem kleinen Abflussrohr etwas Rotes herausschaute und glaubte zuerst, es sei eine kleine Krabbe. Bei genauerem Hinsehen entdeckte ich, dass es eine kleine Schlange war, zirka 30 bis 40 Zentimeter lang, ungefähr so dick wie mein kleiner Finger, am Rücken rot, schwarz gestreift, die roten Streifen waren am Bauch weiß und am Kopf hatte sie einen weißen Streifen. Sie sah für mich ziemlich gefährlich aus, wie eine Korallenschlange. Ich rief Marian. Er hatte viel Erfahrung mit giftigen Schlangen, machte zuerst ein Foto, nahm dann eine Grillzange aus der Küche und versuchte sie zu fangen. Ich stieg sicherheitshalber auf einen Sessel und war ziemlich nervös. Als die Schlange eingezwickt war, spritzte sie Gift um sich und Marian meinte, sie sei sehr stark. Sie versuchte natürlich zu entkommen, was ihr auch kurz gelang. Aber dann hielt Marian das Tier mit der Zange fest und warf es über das Geländer und Vordach nach unten. Sie landete kurz am Dach und fiel dann hinunter in die Natur. Schade, dass ich nicht daran dachte, ein Video zu machen. Ich war einfach zu aufgeregt. Ich versuchte im Internet herauszufinden, um welche Schlangenart es sich handelte. Ein Bild dieser Art fand ich im Internet, die genau gleich aussah, aber es war kein Name dabei. Somit wissen wir nicht ganz genau, ob es eine Korallenschlange war. Wir zeigten dem Wächter des Areals das Foto und er meinte, dass sie sehr giftig sei. Die Korallenschlangen besitzen ein Nervengift, wodurch es zu Atemlähmung kommen kann. Man sollte zwei Tage im Krankenhaus unter Aufsicht bleiben. Bisse kommen anscheinend selten vor.

Auch Spinnen gibt es hier. Sind sie in meinem Haus, sage ich ihnen, dass es besser für sie gewesen wäre, draußen zu bleiben, dann hätten sie überlebt. Einmal hatten wir eine kleine Vogelspinne im Haus, der retteten wir das Leben, indem wir ein Glas darüber stülpten, ein Papier darunter schoben und sie so nach draußen trugen. Zwei bis dreimal habe ich in der Natur große Vogelspinnen gesehen. Diese haarigen Gesellen beeindruckten mich. Sie fressen Ungeziefer, sogar Skorpione *(s. F40)*. Ein Biss dieser Spinnen schmerzt zwar, ist aber nicht gefährlich.

Wesentlich öfter sieht man Skorpione, gelegentlich auch im Haus. Wie gesagt, das Eindringen in meine Privatsphäre mag ich nicht, so töte ich das ungebetene kleine Getier. Eines Abends sahen wir einen Skorpion und dieses Mal war das anders als üblich. Auf dem Rücken des Skorpions herrschte reges Treiben. Als wir genauer hinsahen, entdeckten wir viele ganz kleine Skorpione, die von der Mutter transportiert wurden. Es waren sicher ungefähr fünfzig Stück. Noch ein zweites Mal erlebten wir das in freier Natur. In Nicaragua vorkommende Arten sind für den Menschen nicht gefährlich. Meine Nichte spielte mit allem Getier, mit Heuschrecken, kleinen Einsiedlerkrebsen und allem Möglichen. Sie hob Riesenkröten auf und war ganz erstaunt, als diese vor Schreck mit einem ordentlichen Strahl urinierten. Nicht so empfehlenswert war der Spieltrieb beim Skorpion, den sie fand. Der hat natürlich zugestochen. Sie weinte fünf Minuten lang, dann war alles vorbei und vergessen. Einmal hat mich einer erwischt. Man sagt, falls sie stechen, ein Feuerzeug nehmen und die Stelle so heiß machen, wie man es vertragen kann, nicht verbrennen. Das machte ich und einige Minuten danach spürte ich nichts mehr.

Da war meine Erfahrung mit den Bienen schmerzhafter. Marian und ich waren im Gebüsch unterwegs. Er machte immer den Weg frei mit der Machete und so erkundeten wir das ganze Umland meines Grundstückes. Einmal drehte er plötzlich um und schrie „Run, run!" Da wir sonst immer deutsch sprachen, reagierte ich nicht sofort darauf, sondern fragte, was er meine. Er war ganz außer sich. Ich kannte mich gar nicht aus. Noch nicht. Dann hatte ich die erste Biene im Haar, die mich stach. Nun wusste ich Bescheid. Er hatte den Ast eines Gebüsches mit der Machete abgeschnitten, an dem ein Nest mit wilden Bienen hing. Die ließen sich das nicht gefallen. Wir rannten ein Stück weg vom Geschehen, aber drei erwischten mich. Diese Stiche schwollen an und schmerzten drei Tage lang.

Andere kleine Quälgeister sind die Ameisen. Da gibt es viele Arten davon. Im Gebüsch gibt es einen Strauch mit Stacheln, der eine Symbiose mit kleinen roten Ameisen bildet, die in den Stacheln ihre Wohnung haben. Die Säure dieser Ameisen brennt richtig und schmerzt zwei bis drei Tage lang. Einige Male haben wir ganze Kolonien von Ameisen beobachtet, die eine Route an der Hausmauer entlang nahmen. Das ist wie eine Autobahn, auf der viel Verkehr herrscht. Diese Invasion dauert vielleicht eine Stunde, dann ist der Spuk vorbei und die Ameisen suchen sich irgendwo in der Natur eine neue Bleibe. Schlimmer waren Ameisen, die ins Haus kamen. Das waren größere, rötliche Ameisen. Ich beobachtete, dass diese Tierchen immer wieder die Wand entlang krabbelten. Beim genaueren Inspizieren sah ich, dass sie hinter dem Bilderrahmen verschwanden. Als ich das Gemälde von der Wand nahm, zeigte sich ein interessantes Bild auf der Rückseite. Eine ganze Armee von Ameisen und Puppen mit dem Nachwuchs gab es da. Im Freien kehrte ich mit einem kleinen Besen das Getier weg und besprühte die Rückseite mit Spray, damit sie nicht mehr zurückkamen. Besonders interessant sind die Blattschneiderameisen. Im Garten will man die nicht haben. In der freien Wildbahn ist es spannend zuzuschauen, wie diese kleinen Krabbeltiere mit Stücken von Blättern, wesentlich größer als sie selbst, sich unermüdlich fortbewegen und das Futter in den Bau bringen.

Ich hatte in meinem Pool- und Elektrohäuschen zu tun. Als ich zur Tür hinein ging und das Licht einschaltete, sah ich, wie gerade zwei Ratten durch die Lüftungsrohre ins Freie verschwanden. Dann hörte ich es rascheln und ich sah noch eine davon huschen. Widerlich. Marco erklärte mir, dass zu Beginn der Regenzeit diese Vierbeiner ein trockenes Plätzchen suchen. Da musste ich etwas dagegen tun. Als ich das nächste Mal nach Rivas fuhr, kaufte ich eine Falle und Gift. Ich wollte Speck oder Käse für die Falle verwenden, aber Marco machte mir klar, wir müssten Früchte hineingeben. Am nächsten Tag war ein Tier in die Falle getappt, aber es schien, das Gift rührten sie nicht an. Ich versuchte es mit einem anderen. Das schien besser zu funktionieren. Ich hatte in jedes Lüftungsrohr ein kleines Stück davon gelegt. Danach sah ich die Nager nicht mehr.

In unserem gemieteten Haus in San Juan del Sur beobachteten wir Termiten. Sie kamen über die Steckdosen ins Haus und bahnten sich einen Weg Richtung Decke, die aus Holz war. Zuerst waren es ein paar und wir beachteten sie noch nicht wirklich. Am nächsten Tag hatten sich die Termiten bereits einen Tunnel gebaut. Das ging unglaublich schnell. Die Termiten mögen kein Licht, daher krabbeln sie durch den Tunnel und arbeiten in der Nacht. Diesem Ungeziefer muss man sofort zu Leibe rücken, da sie großen Schaden an der Bausubstanz anrichten können. Marian versuchte, mit dem Feuerzeug die Termiten zu bekämpfen. Wir beobachteten, wie sie sofort kehrt machten und die entgegenkommenden Tiere warnten. Diese drehten ebenfalls um. Feuer weckt anscheinend einen Urinstinkt. Diese Autobahn wurde nicht ausgebaut, die Termiten verschwanden so wie sie gekommen waren. Es gibt Ameisen, die diese Schädlinge erfolgreich bekämpfen.

Die Vögel könnte man stundenlang beobachten, da gibt es immer Interessantes zu sehen. Der Fregattvogel mit seinem spitzen Schnabel, der an dessen Ende einen Haken hat – ideal, um die Fische festzuhalten. Durch die spezielle Form des Vogels, die einem langgezogenen W ähnlich sieht und die beachtliche Flügelspannweite ist er leicht zu erkennen. Fregattvögel sind wahre Flugkünstler. Die Weibchen haben eine weiße Unterseite, die Männchen einen roten Fleck am Kehlkopf. Der Schwanz sieht aus wie eine Gabel mit zwei Zinken. Einmal beobachteten wir, wie zwei dieser Vögel eine Möwe jagten, so lange bis die Möwe den Fisch, den sie im Schnabel hatte, fallen ließ und einer der beiden Verfolger erwischte die Beute im Flug. Es ist sehr interessant, dass diese Vögel praktisch immer in der Luft sind, weder das

Wasser noch den Boden berühren und immer im Flug Beute machen. Zu ihrer Hauptnahrung gehören fliegende Fische. Kürzlich beobachteten wir beim Schwimmen einen Habicht, der seine Runden flog und dann über das Wasser segelte. Plötzlich angelte er mit seinen Krallen einen kleinen Fisch und flog damit in großen Kreisen Richtung Himmel. Zwischendurch schüttelte er seine Flügel, um das Wasser abzutropfen. Da sahen wir einen Fregattvogel, der den Habicht jagte und versuchte, den Fisch zu erwischen. Aber der Habicht entkam mit seiner Beute.

Ganz anders benehmen sich die Pelikane. Mit Vorliebe fliegen sie über die sich brechenden Wellen und stürzen sich mit hohem Tempo ins Wasser, um Fische zu fangen. Wenn sie erfolgreich waren, sah man oft die Ausbuchtung am Sack an der Unterseite ihres sehr langen Schnabels. Wir beobachteten hier zwei verschiedene Arten, die einen sind braun, die anderen haben einen weißen Kopf und hellgraue Flügel. Ich liebe diese Vögel und es ist toll, ihnen zuzuschauen, wie sie elegant über die Meeresoberfläche dahingleiten, oft entlang der sich brechenden Wellen. Teilweise flogen sie nur wenige Meter entfernt an uns vorbei, fast zum Greifen nahe.

Nachwort

Dieses Land schenkte mir unzählbar viele Stunden, in denen ich mich sehr glücklich fühlte. Das waren Momente von unbeschreiblicher Ruhe mit Blick in die Ferne, in die unendliche Weite des Ozeans, inmitten der schönen Natur, Momente der Zufriedenheit. Die Zeit und Muße zu haben, um sich selbst zu entdecken und zu finden, das gelang mir sonst nirgendwo in diesem Ausmaß. Diese Zufriedenheit zu spüren, die einem ein starkes Gefühl von Eins sein mit der Natur und der Welt vermittelt, war ganz besonders für mich. Die vielen Erfahrungen, die das Kennenlernen einer fremden Kultur mit sich bringt, möchte ich nicht mehr missen. Dieses Land zu erleben und zu fühlen, die vielen Menschen zu treffen, die unvoreingenommen freundlich sind, obwohl man fremd für sie ist. Selbst die versuchten oder gelungenen Gaunereien einiger Einheimischer waren oft amüsant und wurden durch die Hilfsbereitschaft der Menschen bei weitem aufgehoben. Das größte Gut jedoch, das dieses Land hütet, ist die teilweise noch unberührte Natur, die Tierwelt, diese vielen fast unberührten Traumstrände. Ich hoffe, dass es gelingt, diese weitestgehend zu erhalten. Das Land braucht Einkommen und Arbeitsplätze. Tourismus im Einklang mit der Natur, kleine Hoteleinheiten wie bisher statt Hotelkomplexen, ich hoffe, dass das dem Land gelingt. Ich hoffe, das vorhandene Potential wird von der Politik zum Positiven für die Bevölkerung im Einvernehmen mit der Umwelt genutzt. Ich werde sicher immer wieder zurückkommen nach Nicaragua, auch wenn mein Experiment vorerst beendet ist. Für mich war es wie im Paradies, aber auch das Paradies hat seine Herausforderungen.

F1) *San Juan del Sur – Blick vom Norden über die hufeisenförmige Bucht* (RH)

F2) *San Juan del Sur – Sonnenuntergang in der Bucht* (MS)

F3) Playa el Coco – Strand ungefähr 15 km südlich von San Juan del Sur (RH)

F4) Playa Maderas – beliebtester Surfstrand im Süden Nicaraguas, nördlich von San Juan del Sur (MS)

F5) *Playa Maderas – Blick Richtung Norden zum Felsen am Playa Majagual* (MS)

F6) *Der markante Felsen im Meer vor dem Playa Majagual nördlich von San Juan del Sur, der von jeder betrachteten Seite eine andere Gestalt annimmt* (MS)

F7) Granada - Parque Central vor der Kathedrale mit typischen Autobussen im Vordergrund (MB)

F8) Granada – Kirche San Francisco, ehemalige Klosterkirche (RH)

F9) *Granada – Bootsfahrt zu den Isletas* (RH)

F10) *Granada – Die Nester von Webervögeln auf den Isletas* (RH)

F11) *Granada – Einheimische mit ihrem Boot im Nicaraguasee bei den Isletas* (RH)

F12) *Granada – Insel San Pablo mit der Festung aus dem 18. Jht. gebaut zur Abwehr von Piraten* (RH)

F13) *Catarina – Laguna de Apoyo* (MS)

F14) *Masaya – Mercado Artesanal, die Markthalle mit dem bekannten Kunstmarkt* (MB)

F15) *Vulkan Masaya – Blick in den Krater* (MS)

F16) *Ochsen werden immer noch als Transportmittel verwendet* (MB)

F17) *Egal ob auf der Panamericana oder auf anderen Straßen – mit Kühen, Pferden oder gar Schweinen muss man immer rechnen* (MB)

F18) *San Juan del Sur – die Wasserleitung entlang der La Chocolata wird verlegt – Arbeitskräfte gibt es genug* (RH)

F19) *Selva Negra – der gepflückte Kaffee wird verladen* (MB)

F20) *Marktszene in Rivas* (MB)

F21) *Marktstand in Rivas* (RH)

F22) Platanos – Kochbananen sind in Nicaragua Grundnahrungsmittel (RH)

F23) Insel Ometepe – Blick vom Vulkan Concepción auf den Vulkan Maderas (MS)

F24) Insel Ometepe – Ojo de Agua, ein Paradies zum Entspannen und Schwimmen im Süßwasser (MS)

F25) *Río San Juan – Linienboot auf dem Fluss* (MS)

F26) *Río San Juan – Hütten am Fluss, ärmlich, aber alle mit Satellitenschüssel* (MS)

F27) El Castillo am Río San Juan – Die Festung auf dem Hügel (MS)

F28) El Castillo – Blick von der Festung auf das Städtchen und den Río San Juan (MS)

F29) *Reifen werden abgefahren bis zum Ende* (MS)

F30) *Straßenbau zum Haus* (MS)

F31) Quinta la Paz – mein Haus in der Nähe des Playa Maderas (RH)

F32) Renovierung des Pools (MS)

F33) Quinta la Paz – der Pool (RH)

F34) Abendstimmung bei Quinta la Paz (RH)

F35) *Quinta la Paz – die Früchte am Papaybaum hängen hoch* (MS)

F36) *Blüte des geschützten Pochotebaumes* (RH)

F37) Der Brüllaffe genießt seine Mahlzeit in Blickentfernung vom Haus (MS)

F38) Dieses Tier nennen die Nicaraguaner Zorro – es genießt die wilden Papayafrüchte (MS)

F42) Krabbe – zu Beginn der Regenzeit treten sie in Scharen auf (MS)

'43) Urracas – diese schönen Vögel gibt es überall. Sie imitieren bis zu 20 verschiedene Vogelstimmen (RH)

F44) *Leguan oder „Iguana" auf Spanisch – sie stellen sich tot, wenn sie sich bedroht fühlen* (MS)

F39) *Das Eichkätzchen knabbert an den Schoten am Baum neben unserer Terrasse* (MS)

F40) Skorpion – falls sie stechen, mit Feuerzeug die Stichstelle heiß machen (MS)

F41) Schlange im Gebüsch (RH)